Wael El-Gayar, Katrin Strunk (Hrsg.)

Integration versus Salafismus

Wael El-Gayar, Katrin Strunk (Hrsg.)

Integration versus Salafismus

Identitätsfindung muslimischer Jugendlicher in Deutschland

Analysen • Methoden der Prävention • Praxisbeispiele

WOCHENSCHAU VERLAG

Bibliografische Information der Deutschen Nationalbibliothek
Die Deutsche Nationalbibliothek verzeichnet diese Publikation in der Deutschen Nationalbibliografie; detaillierte bibliografische Daten sind im Internet über http://dnb.d-nb.de abrufbar.

www.wochenschau-verlag.de

Umschlag: Ohl Design
Titelbild: paulrommer – Fotolia.com
Gesamtherstellung: Wochenschau Verlag
Gedruckt auf chlorfreiem Papier
ISBN 978-3-89974944-1

Inhalt

III. Antworten und Angebote für junge Menschen aus der demokratischen Gesellschaft

Wael El-Gayar und Katrin Strunk

Einleitung

Mit den Anschlägen des 11. Septembers 2001 auf das World Trade Center in New York wurde die ganze Welt, sowohl die nichtislamisch als auch die islamisch geprägte, tief erschüttert. Mit London, Madrid und Boston folgten weitere Schauplätze, an denen religiös begründete Gewalttaten verübt wurden. Währenddessen sind islamisch geprägte Länder wie zum Beispiel Ägypten und Tunesien oder Syrien oder Afghanistan permanent im Fokus von Terroristen, die ihre Attentate mit dem Islam begründen. Die Gewalt hält an. Die Tatsache, dass in der Bundesrepublik Deutschland schwere islamistische Gewaltakte verhindert werden konnten, ist zum einen großes Glück, zum anderen nachrichtendienstlichen Ermittlungen zu verdanken.

Deutschland steht weiterhin bzw. seit einigen Jahren erst recht im Fadenkreuz islamistischer Akteure. Bedroht sind damit auch die 4,3 Millionen in Deutschland lebenden Musliminnen und Muslime. Die bestehende Bedrohung entstammt nämlich nicht dem Islam als Religion, sondern ist eine Form des Extremismus, die den Bezug zum Islam vorgibt und diese Religion damit missbraucht.

Zwischen Religiosität und religiös begründetem Extremismus wird im öffentlichen Diskurs zu wenig differenziert, so dass extremistische Angebote nicht immer auf den ersten Blick für Bürgerinnen und Bürger erkennbar sind. Vor allem junge Menschen in Deutschland sind seit einigen Jahren verstärkt durch eine ganz bestimmte Spielart des Islamismus bedroht – den Salafismus. Dabei sind es meist Menschen, die auf der Suche nach Identität und Orientierung sind. In den vergangenen Jahren haben insbesondere die Auftritte salafistischer Prediger in der Öffentlichkeit und im Internet stark zugenommen. Musliminnen und Muslime, die sich der salafistischen Bewegung anschließen, entwickeln zum Teil eine Gewaltorientierung, die sich gegen die demokratisch-pluralistische Gesellschaftsordnung richtet.

Mit diesem Buch wollen die Herausgeber mit Hilfe renommierter Autorinnen und Autoren beleuchten, wann und warum Jugendliche Opfer islamistisch-extremistischer Beeinflussung werden können. Dabei wird die Argumentation und Vorgehensweise salafistischer Gruppierungen analysiert und in diesem Zusammenhang über bereits laufende integrative und präventive Maßnahmen, die auf die Einbindung insbesondere muslimischer Jugendlicher in die Gesellschaft zielen, informiert.

Diese Publikation hat den Anspruch, das Thema Salafismusprävention in Deutschland als eine gemeinsame Aufgabe von Sicherheits- und Integrationspolitik zu sehen. Implizit spielen dabei auch Jugend- und Bildungspolitik eine wichtige

Rolle. Jugendliche und junge Erwachsene, die sich kognitiv bereits radikalisiert haben, müssen gezielt aus dem extremistischen Milieu zurückgeholt und solche, die Gefahr laufen, radikalisiert zu werden, davon abgehalten werden.

Die hier veröffentlichten Texte entsprechen den wissenschaftlichen persönlichen Meinungen der Autorinnen und Autoren. Aufgrund unterschiedlicher Ansätze desselben Themenkomplexes kann es in dieser Veröffentlichung vorkommen, dass unterschiedliche Bezeichnungen des Salafismusphänomens verwendet werden. In der Sache handelt es sich jedoch um dieselbe Thematik.

I. Identitäten und Orientierungssuche bei Jugendlichen

Hacı-Halil Uslucan

Jung, amoralisch und konfus?

Fragen der Moral und Identität junger Heranwachsender mit und ohne Zuwanderungsgeschichte

Einleitung

„Der Jugend von heute fehlt es an Anstand und Sitte; sie ist verroht und brutal; kennt kein Mitleid und keine Empathie mit den Schwächeren." Solche und ähnliche Lamentos hören und lesen wir allenthalben. Die Empörung ist noch größer, wenn es sich dabei um Jugendliche mit Zuwanderungsgeschichte handelt; denn dann wird ungewollt ein archaisches Bild, und zwar das des „fremden Ruhestörers", wachgerufen. Doch machen wir uns eines klar: Die Jugend gilt in allen Gesellschaften als eine höchst prekäre und gefährdete Phase. Als ein Schwellenzustand ist sie eine Zeit physischer (Pubertät) und psychischer Umbrüche (aktive Identitätsentwicklung). Der Jugendliche kann einerseits für seine Handlungen den Schutzraum des Kindes nicht mehr beanspruchen; er hat aber andererseits auch noch nicht die uneingeschränkten Möglichkeiten der Partizipation an der Lebenswelt des Erwachsenen. Auch markiert die Jugend eine Phase intensiver Sinnkonstruktionen, der die Individuen vor besondere Anforderungen und Entwicklungsaufgaben stellt.

Als typische Herausforderungen und Krisen in der Jugend sind folgende Aspekte zu nennen:

- Verwirrung wegen körperlicher Veränderungen,
- veränderte Gefühle zum anderen Geschlecht,
- Ablösung von Eltern und Einbindung in neue Peergroups,
- Entwicklung eines sozialen und personalen Selbst.

Die Psychologie widerspricht zwar der pauschalisierenden Vorstellung von der Jugend als einer Zeit heftiger Krisen, gleichwohl sind aber rebellisches Verhalten, Normübertretungen und Fehlanpassungen häufig vorzufinden und verweisen auf eine gewisse Problembelastetheit dieser Lebensphase.

Generell ist mit Beck (1986) festzuhalten, dass Jugendliche in modernen Gesellschaften unter gesteigerten Entscheidungsoptionen und zugleich erhöhtem Entscheidungsdruck stehen; d. h., sie können und müssen heute mehr entscheiden denn je. Zugleich öffnen sich ihnen neue Chancen, aber ebenso neue Risiken. Dieser Anstieg von Gestaltungsmöglichkeiten bedeutet, dass Jugendliche immer mehr zu Entscheidungsträgern werden und dass auch Kriterien für Entscheidungen gegenwärtig immer subjektiver werden, weil traditionale oder herkunftsspezifische Vorgaben mehr und mehr ihre Verbindlichkeit einbüßen.

Fokussiert man den Blick auf Jugendliche mit Zuwanderungsgeschichte, so wird deutlich, dass hier weitere Belastungsmomente vorliegen. So ist beispielsweise zu erwarten, um bei einer Migrantengruppe zu bleiben, dass türkische Migrantenfamilien bzw. türkeistämmige Jugendliche einem starken Akkulturationsstress und lebensweltlichen Verunsicherungen unterworfen sind. Sie haben in dieser Lebensphase mehrere Entwicklungsaufgaben zu bewältigen: Von ihrer frühen Sozialisation an beginnen Kinder und Jugendliche mit Zuwanderungsgeschichte, in mindestens zwei kulturellen Bezügen zu denken und sich zumindest geistig alternative Handlungsoptionen vorzustellen. In der frühen Adoleszenz haben sie, neben der allgemeinen Entwicklungsaufgabe, nicht nur eine angemessene Identität und ein kohärentes Selbst zu entwickeln (personales Selbst) und mit anderen gemeinsame Werte und Normen teilend ein soziales Selbst auszubilden, sondern sich auch noch mit der Frage der Zugehörigkeit zu einer ethnischen Minderheit auseinanderzusetzen und auch eine „ethnische Identität“ zu entwickeln. Ihre Identitätsbildung ist also von dieser dreifachen Spannung durchzogen.

Dies setzt einerseits hohe biografische Anforderungen voraus, schafft andererseits ein größeres Erprobungsfeld gelingender Identität. Denn ethnische Identitäten entstehen in der Regel erst im Kontext der Präsenz und des Kontakts von Menschen unterschiedlicher Herkunft und dem Gefühl der Bedrohung eigener Identität (Phinney 1998). Die ethnische Identität wird Migranten vielfach erst in der Migrationssituation als eine zentrale Dimension ihrer Persönlichkeit bewusst.

Gerade Jugendliche, die in einem multikulturellen Kontext leben und die Mehrheitskultur womöglich als ablehnend, feindlich und diskriminierend erleben, sind stärker der Gefahr ausgesetzt, ein gebrochenes Selbstbild zu entwickeln.

Psychologisch betrachtet sind kritische Distanz und reflexives Verhalten gegenüber Normen wichtige Momente der Identitätsentwicklung. Migranten befinden sich oft in einer Position, in der sie sowohl zu eigenkulturellen wie zugleich auch zu mehrheitskulturellen Normen eine kritische Distanz entwickeln müssen. Denn sie müssen einerseits über die Differenz zum Anderen die eigene Identität wahren, sich andererseits aber auch um Partizipation kümmern und ein Stück weit das Fremde übernehmen. Dadurch kann sich die Fähigkeit zur Rollendistanz, ein Aspekt gelingender Identität, potenziell stärker ausbilden. Darüber hinaus sind sie in ihrem Alltag häufiger als Einheimische mit Situationen konfrontiert, in denen Ambiguitätstoleranz gefordert wird, weil eine Unvereinbarkeit von unterschiedlichen kulturellen Zielen und Anforderungen erkannt wird. Ambiguitätstoleranz ist in der Moderne jedoch eine enorm wichtige Ressource. Statt nur als eine Defizit- oder Mangelsituation kann diese Erhöhung der Ambiguitätstoleranz also als eine potenzielle Stärke, als ein potenzieller Schatz der Bikulturalität betrachtet werden, weil nämlich Personen dadurch bemächtigt werden, „in vielen Traditionen zu Hause" zu sein und ein flexibles Selbst zu entwickeln, das unterschiedlichen Anforderungen gerecht werden kann. Deshalb sind, gerade mit Blick auf Jugendliche mit Zuwanderungsgeschichte, die bisherigen Deutungsschemata, die das „Zwischen-zwei-Stühlen-Stehen" vornehmlich als eine Zerrissenheit, Belastung und Überforderung verstehen, zu revidieren: Diese Nichtfestlegung der Identität in der Jugend kann entlang der Arbeiten von Marcia (1989) als die durchaus angemessenere Antwort auf heutige Anforderungen, sich in einer pluralen Gesellschaft multikulturell zu orientieren, betrachtet werden. Marcia spricht hierbei von einer kulturell adaptiven Form der Identitätsdiffusion insbesondere in Zeiten rapiden ökonomischen und sozialen Wandels. Diese Deutung lässt sich auch auf die Identitätsentwürfe Jugendlicher anwenden: So kann für einige von ihnen angesichts ungeklärter Bleibeperspektiven ihrer Eltern, ungeklärten Fragen der Einbürgerung bzw. der doppelten Staatsbürgerschaft usw., also immer dort, wo gesellschaftliche Bedingungen Unverbindlichkeit und Indifferenz nahelegen, im Einzelfall auch adaptiv sein, sich etwa in seiner ethnischen Identität nicht festzulegen bzw. sich andere Optionen offenzuhalten.

Moralität heute

Was bedeutet eigentlich heute noch Moral? Was verbinden wir gegenwärtig mit moralischen Maßstäben und Leitlinien? Solche Fragen suggerieren die Annahme, dass es ein definitiv verbindliches Set von Regeln gibt und wir uns einer der ältesten und anspruchsvollsten Fragestellungen der Geistesgeschichte recht leicht entledigen könnten.

Betrachtet man jedoch die geistesgeschichtliche Tradition, so hat sich schon immer um den Begriff und die Inhalte der Moral ein langer Streit entzündet. Fragen der Moral waren lange Zeit eine Domäne der Philosophie. So hat es beispielsweise seit den platonischen Dialogen *Menon* (Frage nach der Lehrbarkeit der Tugend) und der *Politeia* (Frage über die richtige Staatsführung), der aristotelischen Ethik der Mäßigung und des Ausgleichs, der Kant'schen Kritik der praktischen Vernunft etc. unzählige Versuche gegeben, Moral nicht nur zu postulieren, sondern auch theoretisch zu begründen. Ich möchte jedoch im Folgenden nicht die philosophischen Begründungsansprüche rekonstruieren, sondern vielmehr eine kurze Skizze der empirisch-psychologischen Rekonstruktion der Moralgenese geben.

Doch noch einmal die Frage gestellt: Was ist Moral? Unter Moral werden zunächst allgemein spezifische Einstellungs- und Verhaltensnormen verstanden, welche die bloße individuell-private Lebensführung des Einzelnen überschreiten und das soziale Leben der Menschen regulieren. Es sind jedoch nicht nur Regeln, die das Soziale regulieren, sondern die ihrerseits selbst sozial konstituiert sind; also Regeln, die in einer Kultur, in einer Gruppe oder Gesellschaft über einen längeren Zeitraum von der Mehrheit ihrer Mitglieder als verbindlich betrachtet werden. Im Gegensatz zu Gesetzen sind aber moralische Regeln vielfach nicht schriftlich fixiert, sondern wirken implizit und indirekt über erzieherische Normen; sie wirken aber auch als der ethische Gehalt von Gesetzen in die Lebenswelt des Einzelnen hinein. Auf moralische Regeln lässt sich nur fiktiv verzichten; in der konkreten Gestaltung des Lebens bilden Normen und Regeln einen wesentlichen Bestandteil unseres Zusammenlebens. Sogar eine Räuberbande, so hat Platon überzeugend dargelegt, bedarf einiger verbindlicher Regeln, um die Beute unter sich einigermaßen gerecht aufzuteilen.

Moral, wie sie z. B. der Psychologe Lawrence Kohlberg im Anschluss an Thomas Paine konzipiert, ist als eine Art Rückgrat des Lebens, als eine *Conditio sine qua non* (Bedingung, ohne die es nicht geht) gesellschaftlicher wie individueller Freiheit zu verstehen. Begrifflich leitet sich Moral aus dem lateinischen *mos* (Sg.) bzw. *mores* (Pl.) ab und bedeutet so viel wie Sitten, Bräuche und Gewohnheiten.

In diesem Beitrag werden die Grundlinien des kognitiv-entwicklungspsychologischen Ansatzes der Moral skizziert, wie sie sich in der gegenwärtig dominanten moralpsychologischen Theorie von Lawrence Kohlberg niedergeschlagen haben.

Lawrence Kohlberg und die moderne Moralpsychologie

Wie kaum eine andere Theorie sind die moraltheoretischen Arbeiten von Lawrence Kohlberg (1996) von der Psychologie, Philosophie und der Pädagogik kritisch aufgenommen worden und haben fruchtbare Diskussionen ausgelöst sowie unzählige Replikationen und Umsetzungen erfahren. Die Implikationen der Kohlberg'schen Theorie waren für einige Kritiker zu radikal – sie sahen darin eine Einführung in den „Marxismus für Kinder“ –, anderen Autoren wiederum nicht radikal genug, weil sie in seiner Theorie eine „Erziehung zum Mitglied in der postkonventionellen Welt des Kapitals“ vermuteten (Garz 1996).

Theoretische Grundannahmen und das Konzept der stufenförmigen Moralentwicklung

Die Idee, dass die Entwicklung einer reifen Gerechtigkeitsvorstellung zu den zentralen Aufgaben einer Gesellschaft gehört, übernimmt Kohlberg von dem Philosophen John Rawls. Diese Konzeption hat entscheidende Implikationen für Disziplinen, die sich mit Fragen der menschlichen Entwicklung und der Sozialisation, aber auch den

Inhalten und Zielen von Erziehung beschäftigen. Moralität ist bei Kohlberg, darin John Rawls folgend, eng an die Idee der Gerechtigkeit gekoppelt. Eine alternative Vorstellung zur Idee des „gerechten Lebens“ wäre z. B. die Orientierung an einem „guten Leben“. Insgesamt hat Kohlberg mehr als 30 Jahre an seiner Moraltheorie gearbeitet und diese während dieser Zeit mehrfach umgearbeitet. In seiner Theorie unterscheidet er drei Ebenen des moralischen Urteilens, wobei jede Ebene in zwei Stufen unterteilt wird.

Tab. 1: Stufen der moralischen Entwicklung

Ebene	Stufe	Inhalt bzw. Orientierung des moralischen Urteils
Präkonventionell	1	Orientierung an Strafvermeidung und Gehorsam
	2	Instrumentelle Zweckorientierung
Konventionell	3	Orientierung an interpersonellen Erwartungen, Beziehungen und an Konformität mit anderen
	4	Orientierung an öffentlichen Gesetzen, an der Erhaltung des sozialen Systems
Postkonventionell	5	Orientierung an einem Sozialvertrag
	6	Orientierung an universellen, die gesamte Menschheit umfassenden ethischen Prinzipien

Zu den einzelnen Stufen:

Auf Stufe 1 wird im Grunde die moralische Intention nicht verstanden, sondern nur der Wortlaut eines moralischen Gebotes befolgt; so werden die Intentionen des Interaktionspartners auf dieser Stufe kaum nachvollzogen. Das moralisch Gute geht auf im Gehorsam oder in der Erwartung von Belohnung. Exemplarisch hierfür könnte z. B. die Orientierung sein: „Die Mächtigen bestimmen, was richtig und was falsch ist.“

Ein Urteil auf der Stufe 2 bezeichnet eine wesentlich stärker instrumentelle, an einem Austausch orientierte Haltung. Der Egozentrismus der ersten Stufe weicht ein Stück einem „Händlergeist“, es wird so etwas wie ein „Deal“ abgeschlossen; eigene Bedürfnisse und Bedürfnisse des Anderen werden zumindest prinzipiell berücksichtigt. „Wie du mir, so ich dir“ könnte die bezeichnende Maxime lauten.

Die Stufe 3 hingegen zeigt schon eine ausgeprägtere Idee der wechselseitigen interpersonellen Erwartungen auf. Die vermuteten Erwartungen des Anderen werden im moralischen Urteil berücksichtigt; darin deutet sich auch eine reifere Form der Rollenübernahme an. Bezugspunkt der moralischen Orientierung ist die Primärgruppe bzw. der soziale Nahraum, wie etwa die eigene Familie, die Gleichaltrigen, die Freunde etc. Vorherrschend ist hierbei eine „Good boy“- bzw. „Good girl"-Orientierung, eine an positiver Wertschätzung in den Augen der relevanten Anderen orientierte Betrachtung der moralischen Phänomene.

Ein Urteil auf der Stufe 4 hat das umfassende soziale System im Blick. Der enge soziale Nahraum wird überwunden, es dominiert die Referenz zu den national verbindlichen Gesetzen. Auf dieser Stufe ist ein bewusstes Verhältnis zur Idee einer sozialen Ordnung zu erkennen, die eine ausgezeichnete Rolle im Denken spielt. Abstrakte institutionelle (religiöse oder juristische) Sinnsysteme bilden die Richtschnur moralischer Vorstellungen.

Die Stufe 5 kennzeichnet die erste postkonventionelle, der jeweils bestehenden konkreten Gesellschaft vorgeordnete Perspektive. Es ist die „Perspektive eines rationalen Individuums, das sich der Existenz von Werten und Rechten bewusst ist, die sozialen Bindungen und Verträgen vorgeordnet sind" (Kohlberg 1996, S. 131). Mit der Orientierung am Sozialvertrag und einer Referenz auf Menschenrechte wird auf der Stufe 5 der nationale Bezug der Stufe 4 überwunden; denn Stufe 4 kennzeichnet letztlich auch eine Binnenmoral.

Die Stufe 6 beschreibt bei Kohlberg eine außerordentlich anspruchsvolle Orientierung an universellen moralischen Prinzipien, die für alle Menschen und überall Geltung beanspruchen. Sie bezeichnet einen moralischen Standpunkt, von dem sich erst gesellschaftliche Ordnung herleiten lässt. Die Prinzipien, um die es sich hierbei handelt, sind universale Prinzipien der Gerechtigkeit, wie etwa: Alle Menschen haben die gleichen Rechte und die Würde jedes einzelnen Individuums ist zu respektieren.

Bei der Stufe 6 des moralischen Urteils handelt es sich um ein hypothetisches Postulat. In den konkreten empirischen Untersuchungen konnte Kohlberg hingegen kaum eine sechste Stufe nachweisen, sie aber in Äußerungen berühmter moralischer Leitbilder wie Martin Luther King oder Mahatma Gandhi identifizieren.

Kohlberg ist der Frage nachgegangen, wieweit seine Theorie auch interkulturell anwendbar ist und hat zu diesem Zweck mehrere kulturvergleichende Studien in den USA, Israel, Taiwan und der Türkei durchgeführt. Allerdings konnte das von ihm postulierte Muster der Entwicklung nicht überall wiedergefunden werden. So hat beispielsweise die in der Türkei durchgeführte Untersuchung kaum Befragte auf dem postkonventionellen Niveau identifiziert; und die Studie zeigte ein typisches Stadt-Land-Gefälle auf: Die Moralentwicklung auf dem Land verlief etwas langsamer und pendelte sich eher auf unteren Stufen ein.

Jedoch muss man fairerweise, statt den Bauern vorzuhalten, sie hätten die postkonventionelle Stufe der moralischen Orientierung nicht erreicht, bedenken, dass es für die Probleme einer agrarischen Gemeinschaft völlig ausreichend sein kann, ihre interpersonellen moralischen Probleme auf einem konventionellen Niveau zu lösen. Möglicherweise verspüren sie keinen Bedarf nach einem Rekurs auf eine abstrakt postkonventionelle Ebene.

Kohlberg selbst hat das als „ökologischen Funktionalismus" bezeichnet. Gleichzeitig erweist es sich gerade in eher traditionellen Gesellschaften als schwierig, moralische von religiösen und konventionellen Regeln inhaltlich wie auch methodisch sauber auseinanderzuhalten.

Beziehungen zwischen moralischem Urteil und Handeln

Die Beziehungen zwischen moralischem Urteil und moralischem Handeln sind recht komplex: Es ist denkbar und voller empirischer Evidenzen, dass Menschen moralisch urteilen, aber nicht moralisch handeln, wenn es geboten ist. Um eine spezifische Handlung als moralisch zu qualifizieren, ist ein Rückgang auf die Motive und Gründe des Handelns wichtig. Denn wir können uns den Fall ausdenken, dass jemand in einen Fluss springt, um einen Ertrinkenden zu retten, weil ihm das menschliche Leben als heilig gilt; er kann aber diese Handlung auch begangen haben, um eine Belohnung zu bekommen. Eine Orientierung an der Handlung, hier in beiden Fällen der Sprung in den Fluss und die Rettung des Ertrinkenden, könnte das genuin Moralische der Tat nicht aufzeigen. Deshalb spielen die *Begründungen* des moralischen Urteilens die zentrale Rolle in der Moraltheorie Kohlbergs.

Förderung der Moral

Für die Entwicklung (insbesondere im Jugendalter) ist die Frage danach, wie sich moralische Sensibilität fördern lässt, zentral.

Diese pädagogisch wie sozialpolitisch höchst bedeutsame Fragestellung kann hier nicht umfassend beantwortet werden, dennoch sollten zwei wichtige Erkenntnisse zur Förderung des moralischen Bewusstseins kurz besprochen werden:

1. Moralische Erziehung, wie sie im Anschluss an Kohlberg vielfach umgesetzt wurde, beabsichtigt, eine „just community", eine „gerechte Gemeinschaft" hervorzubringen, die moralische Handlungen des Individuums sowohl unterstützt als auch stimuliert. In diesem Sinne besteht die moralerzieherische Intervention in der Schaffung einer „gerechten", moralförderlichen Umgebung. Sie setzt eine Demokratisierung der Handlungsumwelten voraus und schafft sie zugleich. So bedeutet das etwa für die Schulen, in denen der „just community"-Ansatz erprobt wurde, dass eine partizipatorische Demokratie geschaffen wird, in der jedes Mitglied der Schulgemeinde eine Stimme hat, die Lehrkraft – formal betrachtet – Gleiche unter Gleichen ist und ihre Stimme nur durch die Kraft der Rationalität ihres Arguments, nicht aber durch die Kraft ihrer Amtsautorität zählt. Die Idee einer „just community"

impliziert, in der Schule eine Gemeinschaft zu schaffen, die sich die Normen, denen sie sich verbindlich unterwirft, selbst erarbeitet und als modellbildend für die ganze Gesellschaft wirkt. Demokratie in und Demokratie durch die Schule, wie sie bereits der große amerikanische Philosoph der Demokratie, John Dewey, formulierte, markiert die Zielsetzung einer Erziehung zur moralischen Persönlichkeit.

2. Darüber hinaus besteht eine wesentliche Strategie der Moralförderung in der Induktion von moralisch-kognitiven Konflikten, d. h. der Inszenierung von moralischen Konfliktsituationen und der Diskussion über die beteiligten Rechts- und Moralpositionen an dem jeweiligen Konflikt. So konnte beispielsweise bereits 1968 Moshe Blatt mittels Prä- und Posttests zeigen, dass sich durch die Diskussion um moralische Dilemmata rund ein Drittel der Kinder um eine ganze Stufe in dem Kohlberg'schen Stufenmodell, die meisten anderen etwas geringer, weiterentwickelten. Hintergrund dieses Ansatzes bildet die Piaget'sche Hypothese, dass kognitive Konflikte ein Ungleichgewicht (sowohl logischer als auch emotionaler Art) erzeugen und zu einem stabileren Gleichgewicht auf einer höheren Stufe (durch reflektierende Reorganisation) drängen. Insofern sind solche mentalen „Störungen" fruchtbare Entwicklungsfaktoren (Piaget 1976).

Daher kann und sollte die Induktion oder Konfrontation mit Widersprüchen bzw. das Bewusstmachen von Widersprüchen und sozialen Ungerechtigkeiten bei Jugendlichen mit und auch ohne Migrationshintergrund im Unterricht gezielt methodisch eingesetzt werden, um höherstufige, komplexere Verstehensebenen bzw. Verstehensprozesse auszulösen. Dabei sollten die Konflikte, die eine kognitive Aktivität fördern, einen mittleren Schwierigkeitsgrad nicht überschreiten. Sie sollten idealerweise zwischen den bereits erarbeiteten Schemata und dem nächsthöheren kognitiven Schema stehen, um motivierend für den Erwerb der höheren Stufe zu wirken.

Dabei muss die Diskussion um moralische Konflikte inhaltlich präzisiert werden: Sie sollten „Real life"-Konflikte sein, damit Jugendliche auch die Gelegenheit haben, sich mit den Ereignissen und handelnden Personen zu identifizieren und aus Betroffenheit moralisches Engagement zu zeigen. Die Probleme, die zur Diskussion stehen, sollten potenziell auch eigene sein können (beispielsweise Diskriminierung von sozialen Minderheiten, Frauen, Migranten etc.).

Die Rolle des Moralpädagogen sollte nach Berkowitz darin bestehen, offene Peerdiskussion über moralische Themen zu erleichtern (Berkowitz 1986). Den Charakter der Diskussion um moralische Konflikte präzisierend, konnte er zeigen, dass insbesondere eine „transaktive", d. h. auf die Argumentation des Anderen einwirkende Argumentation bzw. Diskussion die Stufe des moralischen Bewusstseins zu fördern vermochte. Insofern wird eine pädagogische Intervention, die auf eine

Verbesserung kognitiv-kommunikativer Fähigkeiten (Argumente finden, Zuhören, Auf-den-Anderen-eingehen etc.), insbesondere bei Jugendlichen mit Migrationshintergrund, abzielt, auch zu einer Sensibilisierung in moralischen Fragen führen.

Darüber hinaus gilt es, für eine effektive Moralförderung im Unterricht, aber auch in anderen pädagogischen Kontexten, mit Jugendlichen den sogenannten *naturalistischen Fehlschluss in der Moralpsychologie* zu diskutieren, und zwar, dass Werte nicht allein deshalb legitim sind, weil sie in einer Kultur gelten. Gerade wenn Jugendliche mit anderen kulturellen Wurzeln bei der Rechtfertigung ihres möglicherweise moralisch bedenklichen Handelns auf dieses Argument *(„Bei uns in der Kultur ist das so")* zurückgreifen, gilt es, in der Reflexion auf die Differenz zwischen Geltung und Geltungswürdigkeit hinzuweisen bzw. diese auseinanderzuhalten. Dadurch kann der Kitt der konventionellen Moralauffassung zugunsten einer universellen Moral ein Stück weit aufgebrochen werden.

Literatur

Beck, U. (1986): Die Risikogesellschaft. Frankfurt/M.

Berkowitz, M. V. (1986): Die Rolle der Diskussion in der Moralerziehung, in: F. Oser/R. Fatke/O. Höffe (Hrsg.): Transformation und Entwicklung. Grundlagen der Moralerziehung. Frankfurt/M.

Blatt, M./Kohlberg, L. (1975): The effects of classroom moral discussion upon children's level of moral judgement, in: Journal of moral education, 4, S. 129-161.

Garz, D. (1996): Lawrence Kohlberg zur Einführung. Hamburg.

Kohlberg, L. (1996): Die Psychologie der Moralentwicklung. Frankfurt/M.

Marcia, J. E. (1989): Identity Diffusion Differentiated, in; M. A. Luszcz/T. Nettelbeck (Eds.): Psychological Development. Perspectives Across the Life-Span. North-Holland Amsterdam: Elsevier, S. 289-295.

Phinney, J. S. (1998): Ethnic Identity in Adolescents and Adults. Review of Research, in: P. Balls Organista/K. M. Chun/G. Marin (Hrsg.): Readings in Ethnic Psychology. London: Routledge, S. 73-100.

Piaget, J. (1976): Die Äquilibration der kognitiven Strukturen. Stuttgart.

Riem Spielhaus

Ein Muslim ist ein Muslim, ist ein Muslim … oder?

Jugendliche zwischen Zuschreibung und Selbstbild

Seit einigen Jahren wird über Muslime in Deutschland gesprochen. Während dabei unter anderem hinterfragt wird, ob sie zu Deutschland gehören, sind sie zum wesentlichen Teil der Debatten darüber, *was deutsch ist*, geworden. Im Folgenden stehen die neue Realitäten schaffenden Wirkungen dieses Diskurses im Blickpunkt; eines Diskurses, der Muslime erschafft, indem er Menschen mit Vorfahren aus mehrheitlich islamischen Ländern mit wiederkehrender Regelmäßigkeit vor die Frage stellt, *ob* und *wie* sie sich als Muslime verstehen.

Als „Schaffung der Subjekte des Dialogs“[1], „Islamisierung von Debatten und Gesellschaftsmitgliedern islamischen Hintergrunds“[2], als „Muslimisierung von Migrantinnen und Migranten“[3] oder das Sprechen über „die Religion der Anderen“[4] wird dieser Prozess in der Fachliteratur zum Islam in Europa seit einigen Jahren beschrieben. Die neue Nomenklatur, mit der Ausländerthematik und Integrationsdebatte zunehmend in einen engen Zusammenhang mit der Zugehörigkeit zum Islam gestellt wurden, markierte Migranten aus mehrheitlich islamischen Ländern und deren Nachkommen dabei als hinsichtlich ihrer Religion besondere „Problemgruppen“, die von nun an vornehmlich in der Kategorie „Muslim“ gefasst werden.[5] Dabei wurden türkisch-, kurdisch- oder arabischstämmige Menschen in unterschiedlichen Verwendungskontexten und bei weitem nicht nur in den häufig kritisierten Medien pauschal und undifferenziert dem „islamischen Kulturkreis“ zugeordnet, der anschließend zur Interpretation für Verhalten oder Konfliktsituationen herangezogen wird.[6] Auch in Wissenschaft, in Politik und Bildungsinstitutionen fallen die beiden Kategorien Migration und islamische Religion zunehmend ineinander. Anhand von Studien zu verschiedenen Segmenten der Bevölkerung wie Jugendliche[7] oder Prominente[8] ließ sich bisher nachvollziehen, dass ein solcher gesellschaftlicher Diskurs keineswegs ohne Auswirkungen auf derartig markierte Menschen bleibt.

Als Wendepunkte für das hier angesprochene Zusammenfallen der Diskursstränge Ausländerthematik und Islamdebatte werden zumeist der 11. September 2001[9] oder die Änderungen im Staatsangehörigkeitsgesetz[10] benannt. Ein Blick in die Forschungsliteratur zeigt allerdings, dass die ersten vorwiegend qualitativen Forschungen zur Religiosität von Musliminnen und Muslimen aus den späten 1990er Jahren bereits Beschreibungen individueller Entwicklungen, die die Ausformung eines religiösen Selbstverständnisses in Reaktion auf die vorherige Anrufung entweder als Muslime oder als Experten für Islam, vor allem im schulischen Umfeld präsentierten.[11] Auch wenn der Aspekt der reaktiven Religiosität aufgrund vorheriger Zuschreibungen in den Analysen dieser Arbeiten keine Rolle spielte, bieten sie einerseits die Grundlage für eine nachträgliche Auswertung und zeigen andererseits, dass dieses Phänomen keineswegs neu ist. In den folgenden Ausführungen werden daher einige der bisher in Forschungsveröffentlichungen dokumentierten Fallbeispiele zusammengetragen und vor dem Hintergrund eines zunehmenden Interesses am Bedeutungszuwachs islamischer Identitäten ausgewertet.

Muslime ebenso wie Menschen mit Migrationshintergrund sowie als nichtdeutsch aussehend, sprechend oder heißend Markierte erleben immer wieder, nicht als selbstverständlich dazugehörend oder sogar als *selbstverständlich nicht* dazugehörend behandelt zu werden.

Dass das Muslimsein für derartige Markierungen und Ausgrenzungen nicht ausschlaggebend ist, zeigt, dass auch christliche, jüdische und andersreligiöse Jugendliche mit einem (sichtbaren) Hintergrund in mehrheitlich islamischen Ländern dann als Muslime oder zumindest ebenfalls als Nicht-Deutsche adressiert werden. Ein anderer Mechanismus wirkt, wenn Personen solchen Hintergrunds, unter Umständen auch ohne als solche adressiert zu werden, sich in stereotypisierenden und ausgrenzenden Debatten als Muslime empfinden, also mit den Ausgegrenzten identifizieren und solidarisieren.[12] Ob durch Internalisierung einer Zuschreibung oder in Solidarisierung als Reaktion auf Ausgrenzung gegenüber anderen Muslimen, als Ergebnis der dominanten Debatten entwickeln bzw. betonen Jugendliche selbst nicht selten ihr Muslimischsein.

Mit dem Hinweis auf die Zuschreibungen und auf solche reagierende Identitäten ist keinesfalls gemeint, dass Muslime als solche gar nicht existierten, vor der Islamdebatte etwa (noch) nicht da gewesen wären oder nicht authentisch seien. Menschen islamischen Glaubens lebten und praktizierten ihre Religion in Deutschland bereits vor und dann vermehrt nach der Arbeitsmigration in den 1960er und -70er Jahren und der folgenden Zuwanderung im Rahmen von Familienzusammenführungen und der Gewährung von Asyl. Allerdings wurden Musliminnen und Muslime zunächst nicht als solche wahrgenommen, diskutiert und angesprochen. Ihre Religionspraxis organisierten sie selbst, zumeist in angemieteten Ladenlokalen, ehemaligen Fabriketagen und Wohnungen, die sie in ihrer Freizeit zu den sogenannten Hinterhofmoscheen umbauten.[13] Diese Praxis und auch die Forderungen der sich zu Dachverbänden zusammenschließenden Moscheevereine blieben über viele Jahre von Politik und Verwaltung auf lokaler, regionaler und nationaler Ebene unberücksichtigt. Im ersten Jahrzehnt des neuen Jahrhunderts wendete sich dieses Desinteresse an islamischer Präsenz allerdings um in eine Obsession damit. So wurden schließlich nicht nur als Muslime organisierte und als solche um Aufmerksamkeit im öffentlichen Leben ringende Personen und Gemeinschaften als durch den Islam charakterisiert markiert, sondern auch die vielen anderen Menschen mit einem Migrationshintergrund in mehrheitlich islamischen Ländern. Die Auswirkungen von Islamdebatten und Sicherheitsdiskursen auf genau diese zunächst nicht in erster Linie religiös verorteten Personen stehen hier im Mittelpunkt.

In dem hier eingehender untersuchten Prozess konzentriert sich nicht nur die Wahrnehmung ganzer Bevölkerungsgruppen auf ihre (häufig auch nur vermeintliche) Religionszugehörigkeit, es ändert sich in der Folge eben auch das Selbstverständnis zahlreicher Menschen islamischen Glaubens. Fremdwahrnehmung und Zuschreibung – wie also bestimmte Personen in den Medien beschrieben und markiert und im Alltag, beispielsweise in der Schule, angesprochen werden haben Auswirkungen auf das Selbstbild, die Wahl von Handlungsoptionen und nicht zuletzt religiöse Praxis und Vergemeinschaftung. Die kontinuierliche Zuschreibung als einer ‚fremden' Religion zugehörig bis hin zur offenen Ausgrenzung aus dem nationalen Selbstverständnis nicht nur in populistischen Diskursen, sondern auch in öffentlichen Debatten des Mainstreams erfüllt jedoch auch eine Funktion in der Regelung der sozialen Ordnung. Um es mit den Worten des Soziologen Levent Tezcan zu formulieren, „die Zuschreibung als islamisches Kollektiv erscheint damit nicht bloß als eine nichtintendierte Folge flottierender Zuschreibungen", sondern müsse als strategisches Mittel einer integrationspolitischen – und man möchte hinzufügen machtpolitischen – Entscheidung betrachtet werden.[14]

Zunahme von Religiosität unter Muslimen laut quantitativer Befragungen

Wie ich andernorts ausführe, ist die wissenschaftliche Befassung mit Islam und Muslimen an solchen Entwicklungen nicht ganz unbeteiligt. Mit dem neuen Fokus auf Menschen mit bestimmtem Migrationshintergrund als Muslime wurde dieses religiöse Bekenntnis zu einer soziologischen Kategorie insbesondere quantitativer Untersuchungen.[15] Eine wesentliche Grundfrage solcher Untersuchungen ist die These, dass Religion für Menschen aus mehrheitlich islamischen Ländern eine größere Rolle spielt als für andere in Deutschland lebende Menschen und dass ihre Religiosität zunimmt und nicht entsprechend dem Säkularisierungskonzept abnimmt.

Das Zentrum für Türkeistudien (ZFT) leitete aus den Ergebnissen von Telefonumfragen einen Bedeutungszuwachs der Religion in allen Altersstufen im Zeitraum von 2000 bis 2005 ab. Während sich im Jahr 2000 mit 57 Prozent aller befragten türkeistämmigen Muslime etwas mehr als die Hälfte als *sehr* oder *eher religiös* bezeichnet hatten, waren es im Jahr 2005 mit 76 Prozent der Befragten in Nordrhein-Westfalen signifikant mehr.[16] Bundesweit verzeichnete das Zentrum für Türkeistudien im gleichen Zeitraum für diese Klassifizierung einen Anstieg der Religiosität von Muslimen von 73 Prozent auf 83 Prozent.[17]

Allerdings lässt uns die Formulierung der Frage im Rahmen der Telefonerhebung des ZFT im Unklaren darüber, was genau die Antwort aus Sicht der Befragten bedeutet. So stellt sich die Frage, ob sich wirklich die Religiosität oder gar die Religionspraxis oder nicht vielmehr die Bedeutung der religiösen Identität als Resultat von Fremdzuschreibung verstärkt hat. Veränderungen in den Antworten auf die Frage nach der Selbsteinschätzung der Religiosität könnten gerade im Kontext äußerer Zuschreibungen und Stereotypisierungen im Rahmen der nach September 2001 an Fahrt gewinnenden Islamdebatte äußerst unterschiedlich interpretiert werden. Neben der Schlussfolgerung, die Religiosität von Muslimen habe reell zugenommen, könnte man auch die Ergebnisse der Befragung lediglich als Hinweis auf eine Verstärkung der Selbst- und Fremdwahrnehmung und womöglich auch der öffentlichen Selbstdarstellung der Befragten als Muslime werten. Anders gesagt, erfahren wir aus der Erhebung erst einmal nur, dass mehr Menschen, die sich als Muslime zu erkennen geben[18], auch von sich sagen, dass sie religiös seien.[19]

Hier wird deutlich, dass die Selbstdefinition als Muslim ein schwieriges Kriterium für quantitative Befragungen ist, da es sich hierbei um eine durch die Befragten definierte und damit äußerst instabile Erhebungskategorie handelt. Einerseits eröffnet diese Form der freien Selbstdefinition von Individuen den Blick für ein subjektives Verständnis von Muslimsein. Die Entscheidung über die Religionszugehörigkeit wird dabei dem Individuum überlassen und nicht von außen festgelegt – sei es durch Bürokraten, Wissenschaftler oder eine religiöse Autorität. Diese für die Identifikation von Personen offene Erfassung steht zudem im Gegensatz zu sekundären Erhebungen, die beispielsweise Familie, Ethnie oder Herkunftsnationalität als Indikatoren für eine islamische Religionszugehörigkeit heranziehen. Über die Selbstdefinition werden auch all jene erfasst, die sich in einer Erhebung zum Islam bekennen. Damit werden auch all jene *nicht* oder *anders* praktizierenden Muslime mitgezählt, die darauf beharren, sich im Islam zu Hause oder der islamischen Kultur verbunden zu fühlen.

Andererseits birgt die Erfassung des Muslimseins über die Selbstdefinition das Problem, dass hierbei eine subjektive Perspektive abgefragt wird, die starken, für die Forschenden nicht unbedingt erkennbaren Veränderungen unterliegen kann. Die Bedeutung der erfragten Kategorie wird im Gegensatz zum Ausländerstatus, zur Einkommens- oder Altersgruppe nicht vom Befragenden, sondern vom Befragten bestimmt. Daher ist sie eine für Vergleiche äußerst instabile und für die Dateninterpretation unsichere Kategorie.

Denn mit dem Bekenntnis ist noch längst nicht klar, was Muslimsein für die befragte Person bedeutet. Ein solches Bekenntnis bedeutet zunächst einmal nur, dass eine Person sich unter bestimmten Bedingungen, hier in einer Befragung, als dem Islam zugehörig kategorisiert hat. Unter anderen Bedingungen, bei einer anderen Befragung oder in einer anderen Lebenssituation könnte die Antwort also anders lauten. Solche instabilen Kategorien sind größeren Veränderungen ausgesetzt als staatlich normierte oder festgelegte Kategorien wie Staatsangehörigkeit oder Wohnort.

Umgekehrt bedeutet es also auch nicht unbedingt, dass eine Person *kein* Muslim ist, wenn sie sich in einer Befragung nicht zum Islam bekennt, indem sie die Frage schlicht nicht beantwortet. Die Nichtangabe der Religionszugehörigkeit kann, genauso wie das Bekenntnis zu einer solchen, besonders in der Minderheitensituation aus unterschiedlichen Motiven erfolgen: weil die Frage fehlerhaft oder missverständlich gestellt ist, aus Angst vor Repressalien oder aus einem strategischen Interesse an einer kleineren Sichtbarkeit der religiösen Minderheit.

Wenn die Frage nach dem religiösen Bekenntnis oder der Religionszugehörigkeit bereits solche Schwierigkeiten hervorruft, so ist die Frage nach der Einschätzung der eigenen Religiosität noch weitaus größeren Variablen unterworfen. Hier wird ebenfalls erfragt, wie sich eine Person selbst einschätzt. Eine solche Einschätzung kann vom sozialen Umfeld genauso abhängen wie von unterschiedlichen Definitionen von Religiosität. Wie der Religionsmonitor 2008 in fünf Ländern mit relevantem muslimischem Bevölkerungsanteil ergab, hängt die Selbsteinschätzung eher mit dem kulturellen Umfeld als mit der eigenen Religionspraxis zusammen. Hier wurde sowohl die Selbsteinschätzung der Befragten erhoben als auch die Zentralität ihrer Religiosität anhand verschiedener Dimensionen der Religionspraxis wie Glaube, religiöse Reflexivität, Gemeinschaftsgebet, individuelles Gebet und praktische Konsequenzen. Den hohen Werten bei der Religionszentralität aufgrund sekundärer Indikatoren, also der objektivierten durch die Wissenschaftler definierte Kategorie, stehen niedrigere Werte bei der Selbsteinschätzung der Befragten gegenüber. Muslime in Marokko, Indonesien, Israel und der Türkei schätzen sich selbst also als weniger religiös ein, als sie vom Religionsmonitor aufgrund der Einzelitems eingestuft wurden. Lediglich in Nigeria schätzte sich eine Mehrheit der muslimischen wie auch der christlichen Befragten als sehr religiös ein.[20]

Wir müssen also davon ausgehen, dass Befragte, wenn man sich nach ihrem religiösen Selbstkonzept erkundigt, die gesellschaftliche Norm spiegeln. Nun kann eine solche Norm oder das, was als Norm wahrgenommen wird, insbesondere in der Minderheitensituation von vielerlei Aspekten geprägt sein, wie z. B. den Religiositätskonzepten im Herkunftsland, im gesellschaftlichen Umfeld oder den dominanten Normvorstellungen in der Residenzgesellschaft. Neben den Ansprüchen an sich selbst werden in der Antwort auf diese Frage unter Umständen also auch mediale Darstellungen und die Fremdwahrnehmung als religiöse Minderheit gespiegelt. In welcher Weise dies genau geschieht, lässt sich allerdings auf der Grundlage der bisherigen quantitativen Erhebungen nicht nachvollziehen. Hierfür eignen sich vielmehr die in qualitativen Forschungen dokumentierten Narrationen von Muslimen über ihre Religiosität und deren Entwicklung.

Islam als Zuschreibung im Klassenzimmer

Einige Fallbeispiele aus Befragungen insbesondere, aber nicht ausschließlich türkeistämmiger Musliminnen und Muslime verdeutlichen, dass das soziale Umfeld und hier insbesondere die Schule einen erheblichen Einfluss auf die Selbstwahrnehmung als religiös und als religiös anders entfalten kann. Dies trifft vor allem für Jugendliche aus Familien zu, die von den Protagonisten selbst als wenig religiös oder nicht praktizierend beschrieben werden.

In ihrer Untersuchung zur Religiosität sunnitisch geprägter Türkinnen in Deutschland schildert Gritt Klinkhammer die Aneignung des Islams durch ihre Interviewpartnerin Ayla. Nach einer Distanzierung von der ‚türkischen Migrantengesellschaft' und der Einnahme einer ‚eher atheistischen Haltung' im Anschluss an den Besuch der Koranschule in einer lokalen Moscheegemeinde beschreibt Ayla sich im Rückblick auf die Pubertät als auf der Suche nach dem Sinn des Lebens.

> *„Mit etwa 16 Jahren – das gleiche Jahr, in dem sie dann das Kopftuch anlegte – habe sie dann eine ‚sehr intensive Phase' gehabt, in der sie sich aktiv mit ‚Glauben' und dem ‚Leben nach dem Tod' beschäftigt habe. […] Den Anstoß für eine Beschäftigung mit dem Islam habe sie in der Schule bekommen. ‚Und dann sollte ich damals auch ein Referat halten, ‚Frau im Islam'. Das war für mich dann der große Anstoß für mein Leben. Mein religiöses Leben. Mein religiöses Leben hat damit angefangen. Ich hab' mit sechzehn dann von mir aus angefangen, bewusst islamisch zu leben.' Durch die Vorbereitung des Referats begann sie, sich mit dem Islam zu beschäftigen und über die Inhalte des Islam etwas nachzudenken. Dabei sei sie immer wieder auf Unbekanntes und Neues gestoßen."*[21]

Beim nächsten Türkeiaufenthalt mit der Familie hat sie dann von sich aus das *„starke Bedürfnis gehabt, islamisch zu leben"* und trägt schließlich auch in Deutschland das Kopftuch im Alltag. Klinkhammer fasst zusammen:

„Ayla schildert ihre Geschichte der Annäherung an den Islam als eine Mischung aus bewusster intellektueller Beschäftigung mit den Inhalten des Islams im Referat, einer eher traditionellen Annahme und Identifikation mit dem Islam durch den Türkeiaufenthalt und einer existentiell und emotional motivierten Suche nach Sinn in den Tagebuchaufzeichnungen und später beim Gebet nach einer Beziehung zu Gott."[22]

Zum Zeitpunkt des Interviews trägt Ayla weiterhin ein Kopftuch, lebt im Studentenwohnheim, ist gegenüber „islamischen Organisationen distanziert kritisch eingestellt"[23], hofft in absehbarer Zeit zu heiraten und eine Familie zu gründen.

Auch bei Mihriban, einer weiteren Fallstudie, erkennt Klinkhammer den Ausgangspunkt für die Hinwendung zum Islam in einer pubertären Sinnkrise, die hier aber eher mit dem Konformitätsdruck in der Familie zusammenhängt. Diese versucht die Gymnasiastin und langjährige Klassensprecherin im familiären Kontext zum Kopftuchtragen zu bewegen. Mihriban empfindet sich als zwischen ihren von ihr als ‚traditionell islamische Muslime' beschriebenen Eltern und *„bestimmten emanzipativen Grundpositionen, die sie mit ihrem deutschen Umfeld teilte"*, stehend. *„Die Situation änderte sich für sie"*, schreibt Klinkhammer über Mihriban,

„als zum Ende der neunten Klasse vom Klassenlehrer eine Projektwoche zum Thema ‚Islam' angeregt wurde. Zum ersten Mal wurde sie nun als Türkin und Muslimin von ihren Mitschülerinnen und Mitschülern befragt. ‚[…] unser Lehrer durfte das Projektthema aussuchen. Und der hat dann das Thema Islam gewählt. Ich weiß auch nicht, wie er dazu gekommen ist. Ich war die einzige Muslima und auch die einzige Ausländerin in der Klasse. Alle anderen waren halt Deutsche. Und dann war's halt so, dass man mich in der ganzen Woche befragt hat über den Islam: ‚Ja, wie ist denn das mit der Frau im Islam, warum wird denn die so unterdrückt?', und ‚Wie ist denn das mit den Kindern, wieso werden die halt' was weiß ich, ‚Wieso werden die beschnitten?', oder ‚Warum fastet ihr?', ‚Warum betet ihr?' und so. Und da hab ich irgendwie gemerkt, daß ich über meine eigene Religion nichts weiß, ja? Und das hat mich irgendwie schon deprimiert. […] Und eija, da hat mich mein Lehrer halt gefragt: ‚Warum trägt man Kopftuch?'. Und ich hab' immer nur meine Arme geschüttelt und halt so, ‚uach, was weiß ich' und so, ja? Und er sagt: ‚Du bist doch eine Muslima, du musst das doch eigentlich wissen'. Und das war so ein Anschub für mich, und dann hab' ich gedacht, ‚nee das geht doch nicht, dass ich nichts über meine Religion weiß'. Und da hab' ich erst gemerkt, dass ich bis heute also wirklich nichts darüber weiß. Ich wusste zwar, OK, man betet fünfmal am

> *Tag und man fastet.' In dieser schulischen Situation der selbstverständlichen Zuschreibung von Kompetenz in Sachen Islam empfindet sie zum ersten Mal ihre Unkenntnis über den Islam als Mangel. Die Zuschreibung bleibt nicht einseitig: Mihriban fühlt sich in der Tat zugehörig zum Islam und verbunden mit dieser Religion als ‚ihrer' Religion. Eine in der Schule bis dahin nicht thematisierte Seite ihrer Person war damit nun als Frage nach ihrer Identität angesprochen worden."*[24]

So analysiert die Islamwissenschaftlerin Klinkhammer die Schilderung. Die Erkenntnis, den auf sie einprasselnden Fragen des Lehrers und der Klassenkameraden nicht wie sonst Genüge tun zu können, führt dazu, dass Mihriban sich an einen ‚verwandten muslimischen Theologen' wendet.

> *„Und eija, und dann habe ich also am letzten Tag des Schulprojekts, am Freitag war das, da hab' ich das auch alles erläutern können. Und dann hab' ich auch so ein gutes Gefühl gehabt auf einmal, irgendwie so: ‚Ja, das ist meine Religion'. Am Ende der Projektwoche ist Mihriban stolz auf ihren Beitrag. [...] Ob sie ihre Mitschülerinnen und Mitschüler durch ihre Antworten überzeugte, führt sie nicht aus. Dies ist für sie an dieser Stelle nicht von Bedeutung",*

referiert Klinkhammer weiter. *„Wichtig ist ihr vielmehr mitzuteilen, dass sie eine Herangehensweise an den Islam gefunden hat, die ihr zusagt"*, schließt die Autorin.[25] Auch über die Projektwoche hinaus will Mihriban nun über den Islam lernen und besucht in den Ferien ‚eine deutsche islamische Sommerschule', wo sie sich sehr wohl fühlt. Hier begegnet sie gleichaltrigen Mädchen in ähnlichen Situationen und findet Ansprechpartner, denen sie nicht nur alle Fragen stellen kann, sondern mit denen sie auch ihre Kritik an der Unterdrückung der Frau im Islam diskutieren kann. Hier fühlt sie sich aufgefordert und unterstützt dabei, den Koran selbst zu lesen und zu verstehen und kommt zu dem Schluss, dass der Islam falsch dargestellt werde. Im Anschluss an diese Entwicklung engagiert sich die Gymnasiastin in der islamischen Mädchenarbeit und ruft eine lokale Mädchengruppe ins Leben und koordiniert ein Mädchennetzwerk. Zum Zeitpunkt des Interviews, in den 1990er Jahren, steht sie laut Klinkhammer der Dachorganisation Milli Görüs nahe und möchte später Vollmitglied werden. Sie ist verlobt mit einem Absolventen der islamischen Wissenschaft, den sie bei einem Türkeiaufenthalt auf Vermittlung durch ihren Bruder kennenlernte und plant neben der Familie einen islamischen Kindergarten zu gründen.[26] Die Rückkehr in die alte Klasse nach der Sommerschule, in deren Nachgang Mihriban noch während der Ferien beschließt, von nun an das Kopftuch zu tragen, beschreibt sie als unangenehm, *„da sie sich hier für ihre Hinwendung zum Islam rechtfertigen muss. [...] Ihre Erzählung zeigt, wie bemüht sie ist, ihren Mitschülerinnen und Mitschüler (sic!) zu vermitteln, dass ihre Konversion emanzipativen und intellektuellen Ansprüchen genügt"*, fasst Klinkhammer zusammen.[27]

In Klinkhammers Untersuchung geht es nicht allein um den Anstoß zur Befassung mit dem Islam, sondern vor allem um die unterschiedlichen Interpretationen und Formen religiöser Lebensführung junger Musliminnen. Die Fallbeispiele werden also in dieser Hinsicht noch weiter ausgeführt. Außerdem schildert die Untersuchung insgesamt sieben Beispiele, von denen laut Autorin in zwei Fällen der Anstoß zur Beschäftigung mit dem Islam aus dem schulischen Umfeld kommt. Klinkhammer schlussfolgert später, *„die Beschäftigung mit dem Islam wurde durch die Erfahrung der Fremdwahrnehmung der deutschen Gesellschaft"* begünstigt.[28]

Hans-Jürgen von Wensierski und Claudia Lübcke geben zehn Jahre später in einer Veröffentlichung von 2009 das Narrativ der religiösen Entwicklung eines Jungen aus einem säkularen sozialdemokratischen Elternhaus wieder, dessen religiöses Interesse laut eigener Darstellung erst im Gymnasium entstand. Gespickt mit Zitaten fassen die beiden Autoren Wensierski und Lübcke die Erzählung von Farad wie folgt zusammen.

> *„Der Anstoß dazu geht einerseits von seinen Klassenkameraden, insbesondere aber auch von seinen Lehrern aus. ‚Da waren nämlich die Fragen immer von den Lehrern über unsere Religion, die ich halt damals nicht so kannte.' Sie konfrontieren die Schüler aus Migrantenfamilien mit ihrer islamischen Religion und ihrer Herkunftskultur, stellen Fragen zur ‚Unterdrückung' der ‚Frauen im Islam', zum Schweinefleischverbot und diskutieren ‚Menschenrechte in der Türkei'. Farad fühlt sich in diesen Situationen überfordert, weil ‚da hatte man ja echt keinen Draht dazu, weil man ja hier aufgewachsen ist.' Andererseits beobachtet der Junge Identifikationsprozesse an sich. Wenn die Lehrer auf die Kolonialgeschichte des Osmanischen Reiches eingehen oder die ‚Unterdrückung der Frauen' im Islam kritisieren, fühlt Farad sich unmittelbar angesprochen, oder auch von diesen ethnischen Stigmatisierungen ‚in die Ecke gedrängt. Man gehört halt zu denen, also musst du ja auch ne Stellung nehmen und so.' In der Oberstufe polarisieren sich zunehmend die kontroversen Diskussionen unter den Klassenkameraden. Die Stereotype zum Islam und die Stigmatisierungen als Muslim befördern sukzessive eine gewisse Distanz zu deutschen Schülern, andererseits sieht er sich auch gefühlsmäßig eher zu seinen türkischen und islamischen Freunden hingezogen. [...] Innerhalb der Familie bleibt Farad mit dieser neuen Religiosität alleine, sein Bruder ist auch*

weiterhin ‚ein Atheist'. Seine neue Identifikation mit dem Islam wird jetzt auch zum Thema der Auseinandersetzung mit den Eltern, die überzeugte türkisch-säkulare Sozialdemokraten sind. […] Erst mit etwa 18 Jahren beginnt Farad mehrmals täglich zu beten. Die religiösen Rituale und das Beten sind ihm wichtig und ein meditativer Kontrapunkt zum Alltagsstress."[29]

Die Autoren erwähnen, dass sich Farads Freundeskreis verändert, der sich mit Jugendlichen in islamischen Vereinen trifft, wo sie gemeinsam ‚religiöse Studien' betreiben, den Koran lesen, in die Natur gehen und Ski fahren. Den Gitarrenunterricht ersetzt Farad mit Unterricht an dem türkischen Saiteninstrument Saz. Aufgrund einer Verletzung bricht Farad eine Fußballerlaufbahn ab und hat schließlich einen vorwiegend muslimischen Freundeskreis. Neben dem Studium der Sozialwissenschaft engagiert er sich ehrenamtlich im lokalen Moscheeverband der DITIB, von dem er nach dem Studium ein Jobangebot erhält und nun vorwiegend im *„kulturellen Dialog mit Nicht-Muslimen"* aktiv ist. Er setzt die Heirat mit einer Kopftuchträgerin gegen den anfänglichen Unmut seiner Eltern durch. Wensierski und Lübcke werten die *„sukzessive Durchsetzung"* von Farads *„religiösen Interessen und Überzeugungen"* in Auseinandersetzungen mit den säkularen sozialdemokratischen Eltern als *„Merkmal der Verselbständigung gegenüber dem familiären Herkunftsmilieu"*, in dem die religiöse Entwicklung des Adoleszenten mit *„sorgenvoller Irritation"* und *„Angst vor einer Radikalisierung des Jungen"* betrachtet wurde.[30]

Als Ausgangspunkt für ein verstärktes Interesse an der ‚eigenen', jedoch weitgehend ‚unbekannten' Religion nennen die Autoren Fragen der Lehrer und ‚Stigmatisierungen als Muslim'. Es mündet in eine Identifikation mit genau denen, die im Rahmen des Unterrichts im Gegensatz zur hiesigen Gesellschaft als die eigene Gruppe vorgeschlagen werden. Farad fühlt sich immer dann angesprochen, wenn Osmanisches Reich und Islam kritisiert werden. Es gibt keine Informationen über die ‚andere Seite' der Geschichte, also die Perspektive der Lehrenden. Aber möglicherweise waren die Unterrichtseinheiten auch genau so gemeint, als kritische Auseinandersetzung mit dem (vermeintlich) ‚Eigenen'. Mit einer derartigen Verortung durch die Lehrenden wird also das (vermeintlich) ‚Eigene' erst als solches für Farad erkennbar und schließlich angenommen. Der gegenläufige Prozess der Enteignung, mit dem die Identifikation mit der Residenzgesellschaft ungültig gemacht und abgesprochen wird, wird hier – zumindest in der von den Wissenschaftlern wiedergegebenen Zusammenfassung – nicht explizit angesprochen. Auch unangesprochen ist er als Negativfolie präsent. In der Erzählung wird nicht genau geschildert, in welcher Weise die Zuweisung während der Schulzeit erfolgt, ob explizit oder implizit. In dem zitierten Interviewausschnitt ist auch nicht die Rede von einer ähnlichen Identifikation mit der deutschen Vergangenheit oder (vermeintlich) christlichen Eigenschaften. Bedeutung wird der Einschätzung zuteil, dass Farad, obwohl er zunächst ‚keinen richtigen Draht' zu angesprochenen Ereignissen und Situationen z. B. in der Türkei hat, da er ja ‚hier aufgewachsen' ist, diesen aufgrund der – zumindest als solche wahrgenommene – Zuweisung durch die Lehrenden entwickelt.

An der Darstellung durch die beiden Autoren ist bemerkenswert, dass sie den atheistisch bleibenden Bruder Farads nur am Rande erwähnen. Charakteristischerweise findet der sich dem Islam zuwendende Junge Eingang in eine derartige Forschung. Der andere in dieser Hinsicht unauffällige jedoch nicht. Nun wäre es allerdings interessant zu erfahren, ob Farads Bruder ebenfalls Erfahrungen mit Zuweisungen durch Lehrer oder andere Autoritätspersonen gemacht hat und wenn ja, wie er mit diesen umgegangen ist.

Die Erzählungen zur beruflichen Orientierung von Kindern aus binationalen Ehen in einer Studie der interkulturellen Pädagogin Nadia Nagie aus dem Jahr 1999 verdeutlichen, dass die Ansprache als Expertin für eine bestimmte Region oder Religion eben nicht unbedingt die undifferenzierte Identifikation, sondern auch eine rein intellektuelle Auseinandersetzung zur Folge haben kann. Sie muss also keineswegs zwangsläufig zur Annahme der Religion führen, sondern kann auch zu einer wissenschaftlichen Laufbahn motivieren.[31] Die von Nagie dokumentierte Erzählung weist in dieser Hinsicht Ähnlichkeiten mit den anderen hier zitierten Fallbeispielen auf: Die Anrufung als Expertin wurde ernst und die eigenen Defizite zum Anlass für eine tiefgreifende und über die Hausaufgabe oder den Vortrag vor der Klasse hinausgehende Befassung genommen, bis die Jugendlichen den an sie herangetragenen Anspruch erfüllen, offene Fragen zum ‚Orient', zur Türkei oder ‚den Islam' zu (er)klären. In der Analyse von Nagie wird dabei deutlich, dass diese Zuschreibung von Expertentum offenbar unvermeidlich mit einer Infragestellung von Zugehörigkeit zur hiesigen Gesellschaft einhergeht. Die anderen Fallstudien bei Nagie zeigen darüber hinaus eine ganze Reihe weiterer Möglichkeiten für den Umgang mit Zuweisungen und Diskriminierungen auf, darunter auch die Zuschreibungen positiv umzudeuten und kreativ für sich zu nutzen.

Die hier aufgeführten Beispiele verdeutlichen, dass keineswegs alle Hinwendungen zum Islam von Lehrenden ausgelöst oder als Gegenreaktion auf negative Zuschreibungen zurückzuführen sind. Genauso wenig ist die Entwicklung einer Religiosität die einzige oder zwangsläufige Reaktion darauf. Aber es bleibt festzuhalten, dass einige Jugendliche ihr Anfangsinteresse am Islam doch zumindest auf den Anstoß durch nichtmuslimische Lehrerinnen und Lehrer in staatlichen Schulen zurückführen.

Angerufen als Muslim

Die Theoretikerin Judith Butler liefert uns einen Ansatz, das mobilisierende Potenzial dieser Schilderungen zu verstehen. Dem Zusammenhang zwischen Zuschreibung einer Identität und ‚freiwilliger' Subjektbildung nachspürend, referiert sie Althussers Gleichnis vom Polizisten, der einen Passanten auf der Straße mit „He, Sie da!" ruft. Der Passant wendet sich um und (an)erkennt sich damit als der Angerufene.[32] Diese Anrufung durch einen den Staat repräsentierenden Funktionsträger ermöglicht Butler zufolge der Person, sich sprachlich zu konstituieren.[33] Der Name, die Bezeichnung, die sie dadurch erhält, lege nicht einfach nur fest, sie verleihe eine bestimmte Möglichkeit der gesellschaftlichen Existenz. Gesellschaftliche Positionen, hier in unserem Beispiel also der Muslim in Deutschland, werden damit erst in ein zeitliches Leben der Sprache eingeführt, das die ursprünglichen Absichten, die der Namensgebung zugrunde lagen, übersteigt.[34]

So lässt sich verstehen, warum selbst als einengend empfundene Stereotypisierungen oder die sich nach 2001 verstärkenden Verdächtigungen im Rahmen von Antiterrormaßnahmen oder Aufrufe an Muslime, sich von der Unterdrückung der Frau, von Antisemitismus, Homophobie und Terrorismus zu distanzieren, für diese die Chance bereithalten, Handlungsfähigkeit zu erlangen. Butler versteht diejenigen, die aufgrund derartiger Aufforderungen Positionen suchen, keineswegs als ohnmächtig Unterworfene, sondern als durch Unterordnung unter einen nicht von ihnen selbst bestimmten Diskurs Geformte und Aktivierte. Benennung und Zuschreibung sind ihr zufolge demnach eng verwoben mit Anerkennung und Aktivierung. In unseren Beispielen bezieht sich Anerkennung sowohl darauf, dass die Benannten die Zuschreibung als Muslim für sich annehmen und inhaltlich füllen, als auch darauf, dass die als Muslime Angesprochenen durch die Zuschreibenden *nur* als Muslime und damit eben nicht als unhinterfragt Zugehörige akzeptiert werden.

Schulische Arbeitsaufträge, Mediendarstellungen und politische Debatten drängen Individuen islamischen Hintergrunds und Glaubens gleichermaßen in eine Verteidigungshaltung und stärken ihre Identifikation mit anderen Muslimen in Deutschland. Wenn dabei eine Solidargemeinschaft entsteht, dann zieht sie ihren Zusammenhalt weniger aus gemeinsamer Praxis oder geteilten Auffassungen, sondern vor allem aus der Wahrnehmung der Ausgrenzung. Auf diese Weise wird durch äußere Projektionen – in einem so konstituierten Inneren – ein Prozess der verstärkten Auseinandersetzung mit religiösen Themen, Selbst- und Gruppenidentifikation in Gang gesetzt, der zu einem islamischen Bewusstsein führt, das nicht an Religiosität oder Glauben, sondern eher an (als solche wahrgenommene und erfahrene) Diskriminierung und Entfremdung gebunden ist.[35] Dieser Prozess muss keineswegs, kann aber, wie wir anhand der hier genannten Beispiele sehen konnten, durchaus Auswirkungen auf die Entwicklung einer eigenen Spiritualität und Religionspraxis entfalten.

Dafür, was Muslim zu sein im heutigen Kontext bedeutet, sind also nicht allein der Koran, die Meinung führender islamischer Gelehrter oder der Mehrheit der in islamischen Organisationen engagierten Personen und damit normative Definitionen der Glaubenslehre entscheidend. Für die Frage, wer Muslim ist, sind die Selbstbezeichnung und außerdem die Zuschreibung in medialen, politischen und akademischen Diskursen relevant. Derartige Zuschreibungen entfalten abseits von islamisch-normativen und dogmatischen Vorstellungen, die um Konzepte wie Glauben, Rechtleitung und Spiritualität kreisen, Wirkung auf die Selbstidentifikation, die Subjektpositionen und schließlich auch auf die Anerkennung des Einzelnen in der Gesellschaft und in der neu entstehenden und sich kontinuierlich wandelnden islamischen Gemeinschaft.

Muslimen oder als Muslime Markierten werden Gemeinsamkeiten zugeschrieben, und sie haben begonnen, sich miteinander zu identifizieren. Das gilt mittlerweile sowohl für Anhänger unterschiedlicher Religionsrichtungen als auch für Menschen, die sich zuvor kaum als religiös verortet haben. Bisher liegen lediglich vereinzelte empirische Beschreibungen darüber vor, wie sich die Anrufungen im schulischen Bereich und in der Freizeit auf Jugendliche islamischer Herkunft auswirken. Hier wurden einige Beispiele aus verschiedenen empirischen Untersuchungen zusammengetragen. Daraus kann, wie bereits angemerkt, keine Zwangsläufigkeit solcher Auswirkungen abgeleitet werden. Eine umfassende Untersuchung der unterschiedlichen Strategien im Umgang mit derartigen Anrufungen und Zuschreibungen, die insbesondere unter Jugendlichen und gerade im schulischen Bereich interessant und relevant wäre, steht bislang noch aus. Die Identifikation mit anderen Muslimen und die eingehendere Befassung mit dem Islam stellt nur eine von vielen möglichen Reaktionen auf die hier beschriebenen Formen der Anrufung dar. Sie ist jedoch die, die ins Bild passt und die auffällt, da die Rezeptoren von Akteuren im öffentlichen Diskurs wie Lehrer, Journalisten und Politiker auf diese Form der identitären Antwort eingestellt sind. Als Muslim zu antworten, scheint also genau die erwartete, wenn auch nicht die explizit erwünschte Antwort zu sein. Wie Levent Tezcan in seiner Analyse der Deutschen Islam Konferenz zeigte, bietet diese Antwort dann wiederum Anlass, mit weiteren auf Integration abzielenden Maßnahmen und Sonderbehandlungen zu reagieren, die Adressierten zu separieren und „die Gruppe der zu Integrierenden stets existent" zu halten.[36] Jugendliche, die diese Möglichkeit ‚wählen', erfüllen damit die an sie herangetragene Prophezeiung, Problemfälle zu sein, die besonderer Beobachtung, Aufmerksamkeit oder gar gesonderter Maßnahmen bedürfen.

Was ist mit Nicht-Muslimen?

Auch wenn die möglichen Effekte öffentlicher Debatten über türkische oder arabische Muslime und „muslimische Migranten" auf nichtmuslimische Zugewanderte kaum untersucht wurden, gibt es Hinweise darauf, dass diese Debatten sowohl bei nicht praktizierenden Muslimen und bei nichtmuslimischen Zugewanderten aus der Türkei und anderen mehrheitlich islamischen Ländern[37] sowie bei Angehörigen anderer Religionen, die als Muslime wahrgenommen werden,[38] eine Auseinandersetzung mit der religiösen Dimension ihrer Identität anregen und Positionierungen zur Folge haben. So werden die Auswirkungen der Islamdebatten wie auch der Verschärfung von Ausländer- und Staatsangehörigkeitsgesetzgebung im Zusammenhang mit Antiterrormaßnahmen bisher vor allem oder ausschließlich mit Blick auf ihre Auswirkungen auf islamische Milieus bzw. auf die Gesamtgesellschaft betrachtet und diskutiert.

Dies ist allerdings nicht als Aufruf zu verstehen, Zugewanderte und deren Nachkommen, die nicht als Muslime konstruiert werden, nun ebenfalls durch die Brille der Religion zu betrachten und als weitere gegebenenfalls besser oder schlechter integrierte Religionsandere zu etablieren. Genau dies scheint allerdings die Gefahr zu sein, wenn nichtislamische Gemeinschaften Zugewanderter komplementär zum aktuell dominanten Fokus auf Muslime untersucht werden. Vielmehr sind die Konstruktionsprozesse und deren Auswirkungen auf Selbstpositionen von sich als mehr oder weniger oder gar nicht religiös verstehenden Menschen wert, in den forschenden Blick genommen zu werden.[39]

Schlussbemerkungen

Im vorangegangenen Text wurden vorliegende vor allem qualitative Studien im Hinblick auf ihre Beschreibungen von Biografien religiöser Musliminnen und Muslime in Reaktion auf Zuschreibungen als Muslime ausgewertet. Sie zeigten, dass derartige Zuschreibungen die affirmative Annahme des Fremdbildes auch dann zur Folge haben kann, wenn vorher kaum (familiäre) Bezüge zur islamischen Religion vorlagen. In einigen hier beschriebenen Fällen wurde der schulische Arbeitsauftrag, sich mit der „Herkunftsreligion" Islam zu beschäftigen, als Ausgangspunkt für eine religiöse Erweckung beschrieben. Die meisten der hier aufgeführten Biografien wurden in den späten 1990er Jahren erzählt und dokumentiert. Seitdem hat die Debatte um *den* Islam und *die* Muslime in Deutschland erheblich zugenommen. Eine Vielzahl diskursiver Ereignisse von den Anschlägen am 11. September 2001 in den USA bis hin zur Debatte um den Bestseller von Thilo Sarrazin bestimmte seitdem öffentliche

Debatten ebenso wie Selbstverortungen und Einstellungen von Musliminnen und Muslimen in Deutschland.[40]

Jugendliche mit Migrationshintergrund werden also in medialen, politischen (und akademischen) Diskursen islamisiert bzw. muslimifiziert und ihr Migrationshintergrund wird immer wieder hervorgehoben. Das steht der Herausbildung eines Gefühls der Zugehörigkeit und des Beheimatetseins in Deutschland im Wege, denn hierbei werden Muslimsein und Deutsch- bzw. Europäischsein immer wieder als Gegensätze konstruiert. Die derzeitig äußerst wirkmächtigen Diskurse spalten damit die deutsche Gesellschaft und erschweren Identifikation und soziale Integration der Gesellschaft oder machen sie gar unmöglich. Allerdings suchen viele als „Muslime" Markierte ganz aktiv nach Möglichkeiten, Zugehörigkeiten zu Islam und Deutschland zu verbinden. Zum einen beweisen sie dabei kreative Formen von etwas, das man in anderen nationalen Kontexten wohl Patriotismus nennen würde. Dieses Ringen verdeutlicht zum anderen aber auch, dass diese Zugehörigkeiten – zumindest bisher – keineswegs selbstverständlich sind.

Im Licht der Entwicklungen der vergangenen Jahre sind die frühen Fallbeispiele gerade deshalb von Relevanz, da sie bereits vor dem 11. September 2001 und sogar vor der Debatte um die Öffnung des deutschen Staatsangehörigkeitsgesetzes beobachtet und aufgeschrieben wurden, die weithin als Wendepunkte in der Islamdebatte und als Auslöser für Stereotypisierungen benannt werden. In der rückblickenden Analyse können wir auf Grundlage dieser Beschreibungen feststellen, dass Islambilder in deutschen Klassenräumen bereits vor diesen zweifelsohne einschneidenden diskursiven Ereignissen wirkmächtig waren.

Derartige Narrationen der eigenen Religiositätsentwicklung geben uns verschiedene Fragestellungen für Forschung und Praxis auf den Weg. So bleibt einerseits zu untersuchen, ob sich derartige Auslöser für die religiöse Selbstverortung mit der sich zunehmend polarisierenden Islamdebatte verstärkt haben. Andererseits stellt sich die Frage, ob und welche alternativen Handlungsoptionen als muslimisch markierte Jugendliche nutzen, um mit negativen Fremdbildern umzugehen. Schließlich sollten auch die Auswirkungen derartiger Debatten auf nichtmuslimische Jugendliche untersucht werden, ob mit Migrationshintergrund in mehrheitlich islamischen Ländern oder nicht. Zu fragen wäre hier, ob Solidarisierungs- oder Abgrenzungseffekte eintreten.

Für die Bildungspraxis stellt sich die Frage, wie Zuschreibungen von bestimmten einengenden und vor allem negativ konnotierten Identitäten umgangen werden bzw. welche Handlungsoptionen im Umgang damit Jugendlichen nahegebracht werden können. Dies ist nur eine der großen Herausforderungen, vor denen das Bildungssystem in Deutschland angesichts zunehmender Migration und Globalisierung steht.

Nicht zuletzt stellt sich die Frage, was es bedeutet, deutsche Geschichte in einer durch ethnische und religiöse Pluralität charakterisierten Gesellschaft zu unterrichten.

Im wissenschaftlichen Bereich hat bereits ein Umdenken begonnen. Nachdem zunächst Musliminnen und Muslime zu ihrer Haltung gegenüber der deutschen Gesellschaft befragt wurden, um Integrationshindernisse bzw. -erfolge dieses Teils der Bevölkerung einschätzen zu können, zeigen Forschende seit einigen Jahren Interesse an den Einstellungen der Allgemeinbevölkerung gegenüber Islam und Muslimen.[41]

Anmerkungen

1 Levent Tezcan (2006): Interreligiöser Dialog und politische Religionen, in: Aus Politik und Zeitgeschichte, 28-29, S. 26-32.

2 Nina Clara Tiesler (2006): Muslime in Europa. Religion und Identitätspolitiken unter veränderten gesellschaftlichen Verhältnissen. Münster; und 2007: Europäisierung des Islam und Islamisierung der Debatten: Zur Karriere eines Forschungsgegenstandes in sozialwissenschaftlichen Diskursen, in: Aus Politik und Zeitgeschichte (APuZ), S. 24-32, insbesondere S. 26-27.

3 Yasemin Karakaşoğlu (2009): Beschwörung und Vernachlässigung der Interkulturellen Bildung im „Integrationsland Deutschland" – Ein Essay, in: Wolfgang Melzer und Rudolf Tippelt (Hrsg.): Kulturen der Bildung. Beiträge zum 21. Kongress der Deutschen Gesellschaft für Erziehungswissenschaft. Opladen, S. 177-195, S.186.

4 Paul Mecheril und Oscar Thomas-Olalde (2009): Die Religion der Anderen, in: Birgit Allenbach/Goel, Urmila/Hummrich, Merle und Weissköppel, Cordula (Hrsg.): Jugend, Migration und Religion. Interdisziplinäre Perspektiven. Baden-Baden, S. 35-66.

5 Riem Spielhaus (2006): Religion und Identität. Vom deutschen Versuch, „Ausländer" zu „Muslimen" zu machen, in: Internationale Politik, 61 (3), S. 28-36; Christoph Ramm (2010): The Muslim Makers: How Germany ‚I s l a m i z e s' Turkish Immigrants, in: Interventions, 12 (2), S. 183-197; Levent Tezcan (2011): Spielarten der Kulturalisierung, in: Zeitschrift für Kulturphilosophie, 5 (2), S. 357-376.

6 Karakaşoğlu (2009): Beschwörung und Vernachlässigung der Interkulturellen Bildung, S. 186.

7 Halit Öztürk (2007): Wege zur Integration. Lebenswelten muslimischer Jugendlicher in Deutschland. Bielefeld.

8 Riem Spielhaus (2011): Wer ist hier Muslim? Die Entwicklung eines islamischen Bewusstseins in Deutschland zwischen Selbstidentifikation und Fremdzuschreibung. Würzburg.

9 Gökçe Yurdakul (2009): From Guest Workers into Muslims: The Transformation of Turkish Immigrant Associations in Germany. Newcastle: Cambridge Scholars Press.

10 Werner Schiffauer (2007): Der unheimliche Muslim – Staatsbürgerschaft und zivilgesellschaftliche Ängste, in: Levent Tezcan und Monika Wohlrab-Sahr (Hrsg.): Konfliktfeld Islam in Europa. Baden-Baden, S. 111-134; Spielhaus (2011): Wer ist hier Muslim?

11 Gritt Klinkhammer (2000): Moderne Formen islamischer Lebensführung. Eine qualitativ-empirische Untersuchung zur Religiosität sunnitisch geprägter Türkinnen in Deutschland. Marburg; Yasemin Karakaşoğlu-Aydin (2000): Muslimische Religiosität und Erziehungsvorstellungen. Eine empirische Untersuchung zu Orientierungen bei türkischen Lehramts- und Pädagogik-Studentinnen in Deutschland. Frankfurt/M.;

Sigrid Nökel (2002): Die Töchter der Gastarbeiter und der Islam. Zur Soziologie alltagsweltlicher Anerkennungspolitiken. Eine Fallstudie. Bielefeld.

12 Siehe Spielhaus (2011): Wer ist hier Muslim?

13 Werner Schiffauer (2010): Nach dem Islamismus: Eine Ethnographie der Islamischen Gemeinschaft Milli Görüş. Berlin, S. 36-43.

14 Tezcan (2011): Spielarten der Kulturalisierung, S. 365.

15 Birgitte Schepelern Johansen und Riem Spielhaus (2012): Counting Deviance: Revisiting a Decade's Production of Surveys among Muslims in Western Europe, in: Journal of Muslims in Europe, 1 (1), S. 81-112.

16 Martina Sauer (2009): Teilhabe und Orientierungen türkeistämmiger Migrantinnen und Migranten in Nordrhein-Westfalen. Ergebnisse der zehnten Mehrthemenbefragung. Essen, S. 57-58.

17 Faruk Sen und Martina Sauer (2006): Islam in Deutschland: Einstellungen der türkischstämmigen Muslime; religiöse Praxis und organisatorische Vertretung türkischstämmiger Muslime in Deutschland: Ergebnisse einer bundesweiten Befragung. Essen; Katrin Brettfeld und Peter Wetzels (2007): Muslime in Deutschland. Integration, Integrationsbarrieren, Religion und Einstellungen zu Demokratie, Rechtsstaat und politisch-religiös motivierter Gewalt. Ergebnisse von Befragungen im Rahmen einer multizentrischen Studie in städtischen Lebensräumen. Berlin, S. 19; Sauer (2009): Teilhabe und Orientierungen, S. 57-58.

18 In der obigen Erhebung unter Türkeistämmigen wurden ausschließlich diejenigen Umfrageteilnehmer nach ihrer Religiosität gefragt, die sich zuvor zum Islam bekannt hatten.

19 Ob bzw. wie sich der Anteil derer unter den türkeistämmigen Befragten, die sich überhaupt nicht zum Islam bekannt haben, verändert hat, ist aus den Publikationen der Ergebnisse nicht zu erkennen; Levent Tezcan (2012): Das muslimische Subjekt: Verfangen im Dialog der Deutschen Islam Konferenz. Konstanz.

20 Peter Heine und Riem Spielhaus (2009): Was glauben Muslime?, in: Bertelsmann Stiftung (Hrsg.): Woran glaubt die Welt? Analysen und Kommentare zum Religionsmonitor 2008. Gütersloh, S. 609-632.

21 Klinkhammer (2000): Islamische Lebensführung, S. 181.

22 Ebd., S. 183.

23 Ebd., S. 183.

24 Ebd., S. 126.

25 Ebd., S. 127.

26 Ebd., S. 122-123.

27 Ebd., S. 129.

28 Ebd., S. 252.

29 Hans-Jürgen von Wensierski und Claudia Lübcke (2009): „In Deutschland habe ich mit meinem Kopftuch nie Probleme gehabt." – Zur Religiosität junger Muslime der Zweiten Generation in Deutschland, in: Birgit Allenbach u. a. (Hrsg.): Jugend – Migration – Religion. Zur Bedeutung der Religionszugehörigkeit im Einwanderungskontext. Baden-Baden, S. 93-114, S. 106-109.

30 Wensierski und Lübcke (2009): Religiosität junger Muslime, S. 106-107.

31 Nadia Nagie (1999): Interkulturelle Bildungsgänge. Junge Menschen aus deutsch-arabischen Familien. Münster, insbesondere S. 21, S. 239, S. 266 und S. 298.

32 Judith Butler (2001): Psyche der Macht. Das Subjekt der Unterwerfung. Frankfurt/M., S.102; und 2006: Hass spricht. Zur Politik des Performativen. Frankfurt/M., S. 46.

33 Butler (2006): Hass spricht, S. 10.

34 Ebd., S. 10.
35 Spielhaus (2011): Wer ist hier Muslim? S. 184.
36 Tezcan (2011): Spielarten der Kulturalisierung, S. 375.
37 Riem Spielhaus (2011): Wer ist hier Muslim?
38 Michael Nijhawan (2006): Bin Laden in der U-Bahn und andere Verkennungen: Beobachtungen in der Sikh Diaspora, in: Christiane Brosius und Urmila Goel (Hrsg.): masala.de. Menschen aus Südasien in Deutschland. Heidelberg, S. 98-122.
39 Siehe die Zusammenstellung konstruierender und reflektierender Beiträge in Birgit Allenbach u. a. (Hrsg.) (2009): Jugend, Migration und Religion. Interdisziplinäre Perspektiven.
40 Siehe Wolfgang Frindte/Klaus Boehnke/Henry Kreikenbom und Wolfgang Wagner (2011): Lebenswelten junger Muslime in Deutschland. Ein sozial- und medienwissenschaftliches System zur Analyse, Bewertung und Prävention islamistischer Radikalisierungsprozesse junger Menschen in Deutschland. Berlin.
41 Siehe unter anderem: Andreas Zick, Beate Küpper und Andreas Hövermann (2011): Die Abwertung der Anderen. Forum Berlin: Eine europäische Zustandsbeschreibung zu Intoleranz, Vorurteilen und Diskriminierung. Berlin; Detlef Pollack/Olaf Müller/Gergely Rosta/Nils Friedrichs und Alexander Yendell (2012): Grenzen der Toleranz: Wahrnehmung und Akzeptanz religiöser Vielfalt in Europa. Wiesbaden.

Hans-Jürgen von Wensierski

Hip-Hop, Kopftuch und Familie – Jugendkulturen junger Muslime in Deutschland

Das Interesse an Muslimen ist in der bundesdeutschen Jugend- und Sozialforschung in den letzten Jahren deutlich gestiegen. Auch ist der sozialwissenschaftliche Diskurs über Muslime in westlichen Gesellschaften wie der Bundesrepublik Deutschland wesentlich vielschichtiger geworden. Nicht allein kulturalistisch verengte Fragen nach der Religiosität, nicht die Skandalisierung von Kopftuch- und Ehrenmorddebatten und schon gar nicht der mediale Generalverdacht allgegenwärtiger islamistischer Zellen stehen im Vordergrund der sozialwissenschaftlichen Fachdebatten, sondern ein breites Spektrum von Fragen zu sozialen Lebenslagen, zu Ungleichheitsstrukturen, zu sozialen Orientierungsmustern, vor allem auch zu den Bildungs- und Berufschancen der Muslime und Migranten.

Wer sich mit Jugendszenen junger Muslime in Deutschland beschäftigen will, der hat nicht mehr nur die Alternative zwischen Islam oder Islamismus, sondern ist konfrontiert mit einer komplexen Landschaft jugendkultureller Stile und Szenen, in denen kreativ und provokativ die Symbolwelten der angelsächsisch dominierten westlichen Jugendkultur und Kulturindustrie in einer eigenwilligen Bricolage gemixt werden mit den traditionellen orientalischen Herkunftskulturen, den ethnischen Identitäten als Kinder und Jugendliche mit Migrationshintergrund der zweiten Generation, dem religiösen Habitus als selbstbewusste deutsche oder europäische Muslime oder auch mit dem postmodernen Kommerz einer globalen islamischen Medien- und Kulturindustrie.

Junge Muslime stehen in Deutschland vor der Aufgabe, ihre biografischen Lebensentwürfe, ihre Orientierungen und Weltanschauungen, ihre sozialen und kulturellen Identitäten im Spannungsfeld zwischen den Einflüssen und Erwartungen der Herkunftsmilieus und denen der bundesdeutschen Gesellschaft zu entwickeln. Dabei kann man davon ausgehen, dass die Jugendphase der jungen Muslime sich auf der einen Seite durch die gleichen soziologischen Strukturmerkmale wie die aller Heranwachsenden in Deutschland auszeichnet, zum anderen ergeben sich aber auch deutliche Unterschiede. Auffällig sind bei dem Blick auf islamische Milieus insbesondere die sozialisatorische und strukturierende Bedeutung der Religion, ein ausgeprägter Familialismus sowie eine asketische Sexualmoral.

Wer die Struktur der Jugendszenen junger Muslime in Deutschland verstehen will, muss sich mit dem Strukturwandel der Jugendphase in westlichen Gesellschaften seit den 1950er Jahren auseinandersetzen. Dadurch wird deutlich, in welchen Bereichen der soziale Wandel des Jugendalters in den islamischen Milieus nachvollzogen wird und in welchen Bereichen sich eine spezifische Gestalt des Jugendalters entwickelt. Parallelen und Unterschiede machen auch die spezifische Landschaft islamischer Jugendkulturen verständlich.

Die individualisierte Jugendbiografie

Die Gestalt der westlich modernisierten Jugendphase lässt sich idealtypisch beschreiben als Modell einer individualisierten Jugendbiografie, die verankert ist zwischen den beiden Säulen eines erweiterten Bildungsmoratoriums zum einen und einem umfassenden soziokulturellen Vergesellschaftungsprozess zum anderen. Dieser Prozess zwischen Verschulung, Kommerzialisierung und Kulturalisierung der Adoleszenz seit den 1950er Jahren war begleitet von einem grundlegenden Wandel des familialen Beziehungs- und Generationenverhältnisses, auch von einem tiefgreifenden Wandel der Geschlechterverhältnisse mit einer tendenziell gleichrangigen Partizipation auch der jungen Frauen an öffentlichen Sozialräumen und Jugendkulturen. Kennzeichen der Adoleszenz ist der sukzessive Verselbstständigungsprozess der Jugendlichen gegenüber der Familie. Der Strukturwandel der Jugendphase und die korrespondierenden Individualisierungsprozesse – so lässt sich resümieren – sind in der Bundesrepublik insgesamt eingebettet in einen gesellschaftlichen Säkularisierungsprozess und Wertewandel, in den Strukturwandel der Familie sowie in einen ökonomischen und sozialen Modernisierungsprozess der westlichen Konsumgesellschaft.

Die westlichen Jugendkulturen spielten in diesem umfassenden soziokulturellen Wandel letztlich seit Beginn des 20. Jahrhunderts eine zentrale Rolle: Sie generieren jeweils ein generationentypisches kollektives Selbstbewusstsein für die Auseinandersetzung mit der Erwachsenengesellschaft; sie liefern eigenständige und kontrollarme sozialisatorische Experimentierfelder für neue Lebensstile und Lebensentwürfe; sie federn die adoleszenten Identitätskrisen ab und schließlich erwiesen sie sich seit den 1950er Jahren als zentrale Trendsetter für die modernen Konsumgesellschaften und ihren soziokulturellen Wandel.

Bezieht man diese Analyse nunmehr auf die Jugendphase junger Muslime aus Migrantenmilieus in Deutschland, dann werden die Parallelen, aber auch die Unterschiede der Aufwachsprozesse dieser Gruppe plausibel.

Zugespitzt lässt sich formulieren, dass sich für den Bereich der Verschulung, die Ausdehnung der Bildungsphasen, die Kommerzialisierung, Mediatisierung sowie für die Bedeutung jugendkultureller Symbolwelten in der Adoleszenz – wenngleich geschlechtsspezifisch differenziert – parallele Strukturmerkmale einer islamischen Jugendphase ausmachen lassen. In Bezug auf die gleichsam familienbiografische Dimension des Jugendalters mit den Merkmalen und Entwicklungsaufgaben der familiären Ablösungsprozesse, Sexualität und Körperlichkeit, geschlechtliche Beziehungs- und Lebensformen sowie familiale Lebensentwürfe werden deutliche Unterschiede einer islamischen Jugendphase sichtbar – auch in der Bedeutung religiöser Orientierungen.

Für alle diese Bereiche sind dabei die geschlechtsspezifischen Unterschiede während der Adoleszenz evident. Streng genommen müsste man die islamische Jugendphase in eine spezifisch weibliche und eine männliche Variante differenzieren.

Jugendkulturen junger Muslime

Die Doppelstruktur der gleichzeitig verschulten und kommerzialisierten Adoleszenz hat auch bei den jungen Muslimen in Deutschland zur Herausbildung einer pluralistischen jugendkulturellen Landschaft mit spezifischen Gruppen- und Freizeitstilen geführt. Allerdings kann man nicht davon ausgehen, dass die jungen Muslime schlicht den postmodernen Pluralismus der westlichen Jugendszenen adaptieren. Vielmehr wird sichtbar, dass die Jugendszenen muslimischer Jugendlicher ein spezifisches Spektrum an Stilen und Symbolwelten hervorbringen. Die Analyse der Jugendkulturen junger Muslime macht entsprechend indirekt darauf aufmerksam, dass die Struktur der Jugendszenen auch in Deutschland eine starke ethnische Dimension aufweist. Dieser Aspekt der Ethnisierung ist in der deutschen Jugendforschung bisher zu wenig beachtet worden. Vor dem Hintergrund postmoderner Deutungen wurde die Vielfalt jugendkultureller Stile auch jugendtheoretisch als Pluralismus prinzipiell gleicher, aber miteinander konkurrierender jugendlicher Lebensstile betrachtet. Die Landkarte der Jugendkulturen in Deutschland folgt aber nach wie vor auch den Differenzierungen der Sozialstruktur und der sozialen Ungleichheiten in Deutschland – und ethnische Identitäten bilden dabei ein bedeutsames Merkmal.

Diese Topografie islamischer Jugendkulturen, die in Deutschland vor allem türkisch geprägt ist, zeichnet sich gleichwohl durch einen ausgeprägten jugendkulturellen Pluralismus aus. Von einer postmodernen Vielfalt, im Sinne einer individualisierten Wahlfreiheit durch muslimische Jugendliche, kann aber keine Rede sein. Vielmehr erweist sich die Szene der klassischen westlich-angelsächsischen Jugendkulturen in markanter Weise durch ethnisch-kulturelle Ausschließungsprozesse strukturiert. In Jugendkulturen wie Skinheads, Hooligans, Punks, Gothics, Techno, Black Metal, Emos, Autonome, Hausbesetzer, geschweige denn in rechtsextremen Jugendkulturen – etwa rechten Kameradschaften – finden sich – bis auf einzelne Ausnahmen

Jugendkulturelle Szenen mit jungen Muslimen

I. Tendenziell säkulare Jugendszenen

1. Westlich-expressiv geprägte Jugendstile

a) mit Muslimen

- junge Muslime in westlichen Jugendkulturen (vorrangig Hip-Hop, Rock-Szene, vereinzelt: Punk, Heavy Metal u. a.)
- türkische, ethnische Club- und Discoszene
- türkische oder multiethnische Hip-Hop-Gruppen (Rap, DJs, Breakdance, Graffiti)
- jugendliche Hacker-Szene

b) Jugendszenen, weitgehend ohne Muslime

Punks, Skinheads, Hooligans, Gothics, Techno, Black Metal, bundesdeutsche rechte Jugendszenen (z. B. Kameradschaften), Autonome, Hausbesetzer, Emos

2. Ethnisch geprägte oder dominierte Jugendszenen

- türkische oder multiethnische Jugend- bzw. Straßenclique
- ethnische folkloristische Jugendgruppen (männlich-weiblich)
- türkische oder multiethnische Vereinskultur (z. B. türkische Sportvereine)
- delinquente türkische oder multiethnische Jugendgangs
- Szenen sexueller Minderheiten (z. B. Gayhane; Gays, Lesben)
- junge ethnische Künstler und Kulturschaffende (zwischen Avantgarde und Mainstream)

II. Religiöse islamische Jugendszenen

- islamische Moscheegemeinden
- islamische Verbände + Jugendverbände (DITIB, MJD, IGMG, IGD, mystische Gruppen usw.)
- Neo-Muslima-Gruppen (diverse Orientierungen)
- internationale mediale Szenen (Lifemakers, Amr Khaled)
- islamistische Gruppierungen

– so gut wie nie muslimische Jugendliche. Über die Gründe lassen sich einstweilen nur plausible Hypothesen entwickeln, da die deutsche Jugendkulturforschung die Dimension Ethnie in den Jugendkulturen wie auch die Rekrutierungsprozesse ausländischer Jugendlicher in den Jugendszenen bisher weitgehend ausblendet.

Mögliche Ausschließungsgründe: Gothics sind eine christlich konnotierte Jugendszene; Black Metal verweist mit seiner Satanismus-Symbolik ebenfalls auf das Christentum; Punks inszenieren einen ästhetischen Anarchismus, eine freizügige Geschlechtergleichheit und einen grundlegenden Bruch mit der Erwachsenengesellschaft; Emos stellen eine dichotome Geschlechterordnung mit ihrer Androgynität in Frage; Skinheads und Kameradschaften schrecken durch ihren aggressiv vorgetragenen Ethnozentrismus Kinder und Jugendliche mit Migrationshintergrund generell ab; im Techno versperrt eine hedonistische Körperkultur und eine freizügig und öffentlich inszenierte Jugendsexualität jungen Muslimen den Weg.

Stattdessen strukturiert sich die Landkarte der islamischen Jugendszenen nach den spezifischen sozialen und kulturellen Merkmalen ihrer Alltags- und Lebenswelten. Vier zentrale Strukturmerkmale regulieren offenbar in besonderer Weise die Selektionsprozesse Jugendlicher aus islamisch geprägten Migrantenmilieus bei der Wahl ihrer jugendkulturellen Szenen: (1) die soziale Lebenslage als Migrantenjugendlicher, (2) die eigene ethnisch-kulturelle Identität, (3) die eigene religiöse Sozialisation und der spezifische islamische Habitus sowie (4) das Geschlecht.

Der eigene *Migrantenstatus* und die daraus resultierende – oftmals sozial benachteiligte – Lebenslage wirkt sich offenbar selektiv gegenüber potenziell chauvinistischen, ethnozentristischen und westlich-rechtsextremen Jugendszenen aus. Im Gegenzug finden sich häufiger solche jugendkulturellen Gruppierungen, die mit der sozialen Lage, den Bildungsmilieus und sozialräumlichen Quartieren der Migrantenjugendlichen korrespondieren: etwa männlich dominierte ethnische oder multiethnische Cliquen von Jugendlichen aus der Unterschicht, teilweise auch als delinquente Jugendcliquen. Die mittleren Bildungsgruppen und jungen Facharbeiter finden sich demgegenüber in den auch gemischtgeschlechtlichen kommerziellen Freizeitszenen der deutschen und ethnischen Clubszene.

Die eigene *ethnisch-kulturelle Identität* hat ebenfalls eine vielschichtig strukturierende Bedeutung. Insbesondere der Hip-Hop mit seinen verschiedenen Facetten (z. B. Rap, Graffiti, Skater usw.) erweist bereits seit den 1980er Jahren sein kreatives und identitätsstiftendes Potenzial als Bricolage für ethnische Gruppenidentitäten, z. B. junger türkeistämmiger oder islamischer Gruppen. Die Erscheinungsformen sind hier vielfältig und reichen von ethnisch-homogenen Gruppen bis zu multiethnischen Jugendkulturen. Ein großer Teil dieser Jugendszenen ist männlich dominiert, allerdings gibt es auch durchaus junge muslimische Frauen, die sich innerhalb solcher expressiven Jugendkulturen beteiligen und engagieren, etwa als Rapperin. Der Hip-Hop scheint hier insbesondere aufgrund seiner Ambivalenz, einerseits Jugendkultur ethnischer Minderheiten zu sein, andererseits explizit patriarchal-machistische Elemente zu inszenieren, eine spezifische Affinität zu muslimischen Jugendlichen auch in Deutschland aufzuweisen. Der Hip-Hop scheint für die ethnischen Minderheiten in der Bundesrepublik der zentrale jugendkulturelle Fokus zu sein, auf den sich große Teile des jugendkulturellen, expressiven und kreativen Potenzials konzentrieren. Beispiele für solchen Ethno-

Hip-Hop sind etwa Gruppen wie Stress Sirtlan, Killa Hakan, Fuat, Agro, Kartell, Muhabbet, Lady Bitch Ray usw.

Als eher konventionell-erwachsenenzentrierte Variante ethnisch-kultureller Identität können demgegenüber die vielschichtigen ethnischen Vereinsszenen gelten, von folkloristischen Musik- und Tanzgruppen, lokalen Kulturvereinen bis zu Sport- und politischen Vereinen. Dieses Segment entspricht mithin unter sozialisations- und jugendtheoretischer Perspektive in etwa der deutschen Jugendverbandslandschaft.

Der jeweilige *islamische Habitus* strukturiert seinerseits ein ganzes Spektrum religiöser, religiös-kultureller bzw. religiös-politischer Jugendszenen. Das reicht von den lokalen Moscheevereinen und Jugendgruppen in den islamischen Gemeinden über bundesweite islamische und islamistische Jugend- und Erwachsenenorganisationen wie z. B. Milli Görüs, die relativ neue global agierende islamische Szene des „Pop-Islam" (Gerlach 2006) bis zu den antiwestlichen oder antimodernen Gruppierungen eines politischen Islamismus. Insbesondere solche militanten und gewaltbereiten islamistischen Gruppierungen nehmen auf der Skala des politisch extremistischen Jugendprotestes gewissermaßen den Platz der autonom linksextremistischen bzw. rechtsextremistischen Gruppierungen unter der ‚einheimischen' Bevölkerung ein.

Die explizit islamische Jugendszene ist zugleich auch der Bereich, in dem am ehesten eigenständige weibliche Jugendgruppen und Jugendkulturen unter den Muslimen auszumachen sind. Das kulturelle Spektrum entspricht hier wohl ganz dem der männlichen Jugendlichen, mit Ausnahme der militanten und gewaltbereiten Gruppierungen. Das explizite Bekenntnis und die Loyalität gegenüber den Moralvorstellungen sowie kulturellen und ästhetischen Konventionen islamischer Gemeinschaft sichern den jungen Muslimas gewissermaßen den Freiraum zu eigenständigen jugendkulturellen Aktivitäten. Am ausgeprägtesten wird das Paradox aus emanzipatorischen und islamisch-orthodoxen Stilelementen sicher am Stil der sogenannten „Neo-Muslima" sichtbar: junge muslimische Frauen, die sehr bewusst und bisweilen intellektuell reflektiert die ‚Rückkehr' zu einem orthodoxen islamischen Lebensstil und Outfit wählen – teilweise in Abgrenzung gegenüber einer eher unreflektierten ländlich-islamischen Volksfrömmigkeit der eigenen Eltern. Die bewusste Entscheidung als ‚verschleierte Muslima' wird zum gegenkulturellen Lebensentwurf einer hochgradig individualisierten islamischen Jugendbiografie – ungeachtet des paradoxen gleichzeitigen Affekts gegen die westliche Moderne.

Die vierte Kategorie *‚Geschlecht'* als strukturierendes Merkmal islamischer Jugendkulturen macht zunächst einmal auf die nach wie vor sehr stark geschlechtsspezifische Ordnung in den islamischen Jugendkulturen aufmerksam. Von den explizit islamisch-religiösen Gruppierungen abgesehen, ist der überwiegende Teil der öffentlichen Jugendkultur von Muslimen nach wie vor durch junge Männer dominiert. Allzu sehr stehen die Aktivitäten und Erscheinungsformen der westlichen Jugendkulturen offenbar in Zusammenhang mit dem anonymen öffentlichen Raum der städtischen Szenen und mit dem dort selbstverständlichen und freizügigen Umgang der Geschlechter miteinander.

Nimmt man diese knappen Skizzen zusammen, dann ergibt sich einerseits das typische Bild einer pluralistischen Landschaft von jugendkulturellen Freizeitszenen, die auch für die Alltagskulturen und Lebenswelten von Muslimen in Deutschland gelten. Andererseits sind die Muslime nicht einfach eine selbstverständliche Teilmenge der jugendkulturellen Szenen in Deutschland. Ihre Topografie weist spezifische Züge auf. An vielen westlichen Jugendszenen nehmen junge Muslime nicht teil. Auffällig ist, dass sie insbesondere an solchen Jugendszenen beteiligt sind, deren Symbolwelten ermöglichen, die eigenen sozialen Lebenslagen, kulturellen Identitäten und sozialen Probleme auszudrücken.

Insbesondere der Hip-Hop – als ursprüngliche Jugendsubkultur ethnischer Minderheiten in den urbanen amerikanischen Ghettos – behauptet bis heute sein identitätsstiftendes und kreatives Potenzial für Kinder und Jugendliche mit Migrationshintergrund auch in den westeuropäischen Metropolen.

Für die sozialisations- und jugendtheoretische Funktion islamischer Jugendszenen gilt im Übrigen das Gleiche wie für alle sonstigen Jugendszenen: Auch bei ihnen geht es um das Spiel mit persönlichen und sozialen Identitäten auf der Basis einer kulturellen Stilbildung bzw. um die öffentliche Inszenierung ästhetischer Ausdrucksformen, die der symbolischen und sozialen Abgrenzung gegenüber anderen Jugendszenen, anderen sozialen Gruppen oder anderen Generationen dienen.

In ihrer gesellschaftspolitischen Bedeutung erweisen sich die islamischen Jugendszenen als komplexer als die übrigen westlichen Jugendkulturen. Denn als Inszenierung eines Generationenkonflikts bekommen die jugendkulturellen Ausdrucksformen der jungen Muslime immer eine doppelte Zielstellung: Sie sind Auseinandersetzung mit der Erwachsenenwelt der Mehrheitsgesellschaft, aber auch potenziell Auseinandersetzungen mit der ethnischen Herkunftskultur der eigenen Eltern. Die ethnische und religiöse Aufladung jugendkultureller Aktivitäten in ethnischen oder islamischen Stilen, Cliquen oder Szenen kann vor diesem Hintergrund auch als Entlastung gegenüber diesem doppelten Generationenkonflikt verstanden werden. Das Bekenntnis zur eigenen Ethnie und Religion sichert die Solidarität und Verbundenheit mit den sozial stigmatisierten Herkunftsmilieus der Eltern und verlagert den Generationenkonflikt auf die Auseinandersetzung mit der Mehrheitsgesellschaft. Zugleich sichert diese symbolische oder ästhetische Nähe zu islamischen Herkunftsmilieus auch den Spielraum für eine subtile Auseinandersetzung mit den familialen und kulturellen Traditionalismen in den Migrantenfamilien und

Herkunftskulturen. So gewinnen die jungen Kopftuchträgerinnen in der Muslimischen Jugend Deutschland (MJD) in ihren islamischen Mädchen- und Frauengruppen eben auch den Spielraum für eine subtile Veränderung eines traditionellen Frauenbildes.

Der gravierendste Unterschied in den islamischen Jugendkulturen bleibt aber adoleszenztheoretisch die Bedeutung von Sexualität, geschlechtlichen Beziehungen und die Entwicklung familialer Lebensentwürfe für das Jugendalter von Muslimen. Die Zentralwerte einer ausgeprägten, weitgehend exklusiven ehelichen Familienorientierung, die Askese gegenüber vorehelicher Sexualität und das Virginitätsgebot für junge Frauen zeigen, dass jugendkulturelle Szenen für die Muslime hier nicht der Experimentierraum für einen Pluralismus geschlechtlicher und familialer Lebensentwürfe sind. Das hat wohl auch Auswirkungen auf den potenziellen Wandel der Geschlechterverhältnisse in der jungen islamischen Generation. Die Jugendkulturen fallen hier als orientierungsleitender Trendsetter für einen Wertewandel der Geschlechterverhältnisse weitgehend aus. Ein möglicher Wandel wird hier eher über die bildungs- und karriereorientierten Lebensentwürfe der jungen Muslimas transportiert. Zu einer exponierten feministischen Bewegung unter den muslimischen Frauen, die zu einer grundlegenden Neubewertung geschlechtsspezifischer, sexualmoralischer und familialer Orientierungen geführt hätte, ist es bisher aber noch kaum sichtbar gekommen.

Eine weitere Besonderheit islamischer Jugendszenen ist die selbstbewusste und kollektive Inszenierung und Stilisierung der eigenen Religiosität im öffentlichen Raum. Auch wenn es in den letzten Jahren eine gewisse religiöse Eventkultur auch unter christlichen Jugendlichen gab (Kirchentage, Weltjugendtreffen), existiert in der weitgehend säkularen Lebenswelt der Bundesrepublik keine vergleichbare sichtbare religiöse Jugendkultur oder Jugendszene. Auch die quantitativen Jugendstudien belegen immer wieder die besondere Qualität und Quantität der religiösen Orientierungen muslimischer Jugendlicher für die eigene Lebensführung, die anscheinend auf hohem Niveau stabil ist.

Insofern lehren die jungen Muslime und ihre Jugendszenen die bundesdeutsche Jugendforschung auch, dass Religion, religiöse Sozialisation und religiös geprägte Sozialmilieus als signifikante sozialstrukturelle Faktoren der Lebenslagen von Jugendlichen in Deutschland wohl wieder stärker ernstgenommen werden müssen.

Das islamisch-selektive Bildungsmoratorium – eine Strukturhypothese

Resümiert man die bisherige Strukturanalyse zur Jugendphase junger Muslime in Deutschland, dann macht sie auf den sehr spezifischen Prozess der Modernisierung und Individualisierung dieser Jugendbiografien aufmerksam. Sichtbar werden im Vergleich mit der Gestalt moderner westlicher Jugendphasen bemerkenswerte Gleichzeitigkeiten des Ungleichzeitigen innerhalb der Strukturen des sozialen Lebenslaufs und ihres sozialen Wandels zwischen den Generationen. Wie lässt sich die Struktur dieses Lebenslaufregimes charakterisieren und theoretisch fassen?

Hier greift das Konzept eines ‚islamisch-selektiven Bildungsmoratoriums'. Es beschreibt die soziale Struktur einer Jugendphase, in der die Sozialisationsprozesse und Statuspassagen des Jugendalters gekennzeichnet sind von tendenziell verlängerten Bildungsphasen, von der Gestaltung individualisierter berufsbiografischer Lebensentwürfe sowie von der Teilhabe an kommerzialisierten, mediatisierten und peerstrukturierten Alltagskulturen. Demgegenüber bleiben diese modernisierten Jugendbiografien im Kontext islamischer Milieus in ihren adoleszenten Verselbstständigungsprozessen, in der Struktur der Geschlechterbeziehungen, in der Sexualmoral sowie in der Ausbildung geschlechtlicher und familialer Beziehungsformen tendenziell traditionellen Konventionen, Normen und Werten der islamischen Milieus verbunden – die je nach ethnischer Herkunft kulturelle Varianzen aufweisen. Es ist gewissermaßen eine Modernisierung, die sich im Hinblick auf individualisierte, pluralisierte und geschlechteregalitäre Familienbiografien von westlichen Jugendbiografien unterscheidet.

Die potenzielle Individualisierung der Jugendphase junger Muslime vollzieht sich auf der Basis einer spezifischen kulturellen Auseinandersetzung mit der eigenen ethnischen und migrationssoziologischen Identität sowie den traditionellen islamisch-patriarchalen Strukturen der Elterngeneration. Das Ergebnis ist ein ethnisch-islamisch geprägter Pluralismus jugendlicher Lebensstile, in denen jeweils in unterschiedlichen Synthesen westliche und islamische Ausdrucksformen sowie traditionelle Einflüsse des Herkunftslandes amalgamiert werden.

Das Konzept der „selektiven Modernisierung" vernachlässigt insbesondere die Bedeutung gesellschaftlicher Säkularisierungsprozesse für die Modernisierung des Jugendalters in westlichen Gesellschaften. Den Modernisierungsprozessen der westlichen wie der östlichen europäischen Gesellschaften war gemeinsam, dass sie sich immer schon auf der Basis eines forcierten Bindungsverlusts religiös verbindlicher Normen und Werte vollzogen.

In der Gestalt der islamischen Jugendphase unter den Bedingungen modernisierter westlicher Gesellschaften stellt sich dieser Prozess widersprüchlicher dar. Die religiös legitimierten Normen und Werte, vermittelt über die eher traditionellen Familienstrukturen in den islamischen Milieus, aber auch durch die islamische Religionserziehung, etwa in den Koranschulen und Moscheegemeinden, bleiben innerhalb der Sozialisation der jungen Muslime, wie alle repräsentativen Jugendstudien belegen, ein kollektiv weithin verbindlicher normativer, orientierungsleitender Rahmen. Dieser orientierungsleitende normative Rahmen ist aber nicht mit *individueller Religiosität* zu verwechseln. Die Geltung traditioneller – allerdings religiös legitimierter – Normen und Werte, etwa in Bezug auf Familienwerte oder das Geschlechterverhältnis, lässt sich auch losgelöst von einer explizit religiösen, islamischen Lebensführung beobachten. Eine verbotsorientierte, asketische Sexualmoral und die Orientierung an traditionellen familialen Lebensformen, Familienbindungen und Familienwerten ist auch für solche muslimische Jugendliche bedeutsam und wirkungsmächtig, die ihre biografische Lebensführung nicht aus religiöser Überzeugung gestalten.

Damit erweisen sich die soziokulturellen Freisetzungsprozesse der muslimischen Jugendlichen zugleich als enger begrenzt durch kollektiv verbindliche und gemeinsam geteilte soziale Normen und Werte. Sie sind eingebunden in den normativen Kontext des islamischen Herkunftsmilieus und erfahren eben dadurch ihre kulturelle Ausdrucksform und eine jeweils kulturell spezifische Form von sozialem Wandel des Jugendalters und der Jugendphase.

Der Befund einer islamisch-selektiv modernisierten Jugendphase macht somit zum einen auf das Beharrungsvermögen kultureller sozialmoralischer Milieus, insbesondere religiös fundierter Milieus, in Deutschland aufmerksam, zum anderen werden aber auch die eigentümlichen Formen der Auseinandersetzung muslimischer Jugendlicher mit modernisierten und individualisierten Lebensstilen und Konzepten biografischer Lebensführung sichtbar.

Für die Analyse und Beschreibung des Pluralismus islamischer Jugendbiografien bedeutet das, dass wir von vertrauten Stereotypen über moderne versus traditionelle, individualisierte versus standardisierte Jugendbiografien Abschied nehmen müssen. Das Kopftuch der streng religiösen Neo-Muslima sagt noch nichts über deren individualisierten und karriereorientierten bildungsbiografischen Lebensentwurf und der Minirock und das stylische Outfit der jungen Alevitin ist noch kein Indiz für eine emanzipatorische Lebensführung, während sich islamistische Ideologeme wie im Pop-Islam auch in westliche Medien- und Popkultur oder in coole Raps verpacken lassen. Vor allem aber lehren die jungen Muslime in Deutschland die Jugendforschung, dass Religion, religiöse Sozialisation und religiös geprägte Sozialmilieus als signifikante sozialstrukturelle Faktoren der Lebenslagen von Jugendlichen in Deutschland wohl wieder stärker ernstgenommen werden müssen.

Literatur

Androutsopoulos, Janis (Hrsg.) (2003): HipHop. Globale Kultur – lokale Praktiken. Bielefeld.
Badawia, Tarek/Hamburger, Franz/Hummrich, Merle (Hrsg.) (2003): Wider die Ethnisierung einer Generation. Beiträge zur qualitativen Migrationsforschung. Frankfurt/M.
Boos-Nünning, Ursula/Karakaşoğlu, Yasemin (2005): Viele Welten leben. Zur Lebenssituation von Mädchen und Jungen mit Migrationshintergrund. Münster u. a.
Gerlach, Julia (2006): Zwischen Pop und Dschihad. Muslimische Jugendliche in Deutschland. Berlin.
Heitmeyer, Wilhelm/Müller, Joachim/Schröder, Helmut (1997): Verlockender Fundamentalismus. Türkische Jugendliche in Deutschland. Frankfurt/M.
Loh, Hannes/Güngör, Murat (2002): Fear of a Kanak Planet. HipHop zwischen Weltkultur und Nazi-Rap. Höfen.
Wensierski, Hans-Jürgen von/Lübcke, Claudia (2006): Adoleszenz zwischen den Kulturen. Jugendbiographien und jugendkulturelle Szenen von Muslimen in Deutschland. DFG-Forschungsantrag. Rostock.
Wensierski, Hans-Jürgen von/Lübcke, Claudia (2007): Junge Muslime in Deutschland. Lebenslagen, Aufwachsprozesse und Jugendkulturen. Opladen & Farmington Hills.
Wensierski, Hans-Jürgen von/Lübcke, Claudia (2011): „In Deutschland habe ich mit meinem Kopftuch nie Probleme gehabt." – Zur Religiosität junger Muslime der zweiten Generation in Deutschland, in: Allenbach, Birgit/Goel, Urmila/Hummrich, Merle/Weissköppel, Cordula (Hrsg.): Jugend, Migration und Religion. Interdisziplinäre Perspektiven. Zürich, S. 93-114.
Wensierski, Hans-Jürgen von/Lübcke, Claudia (2012): „Als Moslem fühlt man sich hier auch zu Hause." Biographien und Alltagskulturen junger Muslime in Deutschland. Opladen.

Mouhanad Khorchide

Wir und die Anderen?

Identitätskonstruktionen junger Muslime in Europa

Religionen überschreiten Kulturgrenzen und bieten – das gilt zumindest für die drei monotheistischen Religionen des Judentums, des Christentums und des Islam – eine universale Orientierung, verbunden mit einem absoluten Wahrheitsanspruch. Wenn nun zunehmend Menschen unterschiedlicher Kultur und Religion in globalisierten Gesellschaften Tür an Tür wohnen, stellt sich dementsprechend die Frage, wie die jeweiligen konkurrierenden Sinnsysteme und Glaubenswahrheiten friedlich zusammenfinden können. In den modernen Gesellschaften Westeuropas stellt nicht nur die religiöse Vielfalt eine Herausforderung für ein friedliches Zusammenleben dar, sondern auch die Koexistenz dieser religiösen Vielfalt in einer sich immer stärker säkularisierenden Gesellschaft.

Aus diesem komplexen Feld wird im Folgenden exemplarisch die Begegnung Europas mit dem Islam im Zuge der Arbeitsmigration der 1960er und 1970er Jahre und die daraus resultierenden Diskussionen um die Ankunft dieser „neuen" Menschen herausgegriffen, um die Frage des „Fremdseins" anhand des Beispiels der Identitätskonstruktionen junger Muslime in Europa zu behandeln. Hier zeigt sich *in nuce* die Problematik, aber auch die Chance, die in solchen Begegnungen liegt.

Das „Fremde" als Konstrukt

Hier wird bewusst vom „Neuen" und nicht vom „Fremden" gesprochen. Denn das Fremde wird assoziiert mit Unbehagen und Verunsicherung; es ist das vermeintlich Andere, das man auf Distanz halten will. Sieht man hingegen im „Anderen" das „Neue", geht man darauf zu, denn das „Neue" macht *neu*gierig, und was neugierig macht, ist auch aneignungswert. In *Die Zeit bedenken* schreibt Vilém Flusser: „Möglichkeiten erweitern sich, wenn ich den anderen in meine Zeit einbeziehe, d. h. wenn ich ihn anerkenne und liebe [...], ich bin nicht allein auf der Welt, sondern andere sind auch dort [...]. Indem ich meine eigene Zukunft dem anderen zur Verfügung stelle, verfüge ich über die seine."[1]

Das Dasein des Eigenen ist erst durch die Ankunft des Fremden möglich. So könnte man Hegels Aussage bezüglich der Entstehung der griechischen Kultur verallgemeinern. In den *Vorlesungen über die Philosophie der Geschichte* (Bd. 12) sagte er: „Wir haben soeben von der Fremdartigkeit als von einem Elemente des griechischen Geistes gesprochen, und es ist bekannt, daß die Anfänge der Bildung mit der Ankunft der Fremden in Griechenland zusammenhängen."[2] Auch Europa ist eine ost-westliche Fusion. Dazu bemerkt wiederum Herder in den *Ideen zur Philosophie der Geschichte der Menschheit*, „die ganze Kultur des nord-, ost- und westlichen Europas" sei „ein Gewächs aus römisch-griechisch-arabischem Samen".[3] Man darf nicht vergessen, dass der Islam im Mittelalter eine konstitutive Rolle für Europa spielte. Gerade zwischen dem 9. und 12. Jahrhundert fand eine Hellenisierung des Islam statt. Von dieser führt eine direkte Linie zur europäischen Renaissance: Die Muslime retteten das antike griechische Erbe vor dem Vergessen und bereicherten es. Darauf konnte die Renaissance aufbauen.

Wenn heute von der europäischen Renaissance beziehungsweise der europäischen Aufklärung oder gar den europäischen Werten gesprochen wird, impliziert dies eine Selbstgenügsamkeit der europäischen Kultur und somit eine Verdrängung der Ankunft des „Neuen". Die historischen Einflüsse des Islam auf die Entwicklungen in Europa werden verdeckt und vergessen.

Der Soziologe Joachim Matthes bemerkt zur europäischen Kultur: „Die Fähigkeit, die Erfahrung von Fremdheit zu verarbeiten und in Verhaltensformen zu übersetzen, scheint mit der Vermehrung dieser Erfahrung nicht Schritt zu halten. Das europäische Prinzip der kulturellen und territorialen Sortierung von Fremdem und Eigenem hat sich bis in die ‚tiefsten' Schichten des Alltagslebens und des Alltagswissens hinein in die Vorstellungs- und Handlungswelt der Europäer eingelassen. Im Zuge dieser Entwicklung hat die neuzeitliche europäische Welt etwas verloren, worüber sie zuvor durchaus verfügte: ein Verständigungs- und Regelwerk für die Koexistenz mit Fremdem im ‚eigenen Haus', in räumlicher Mischung."[4]

Heute erzeugt die Globalisierung Nähe und somit eine Fülle an kulturellen Lebenspraktiken und Ausdrucksformen. Der Philosoph und Medientheoretiker Byung-Chul Han beschreibt dies so: „Alle Zeichen, alle Symbole und alle Codes, ja alle Kulturen sammeln sich in einem einzigen Hyperraum. In diesem hyperkulturellen Raum überlagern und durchdringen sich die Kulturen, es gibt keine Grenzen, keine Fremde und keine Entfernungen. Es gibt kein ‚Dort', alles ist hier und alles ist verfügbar. Man muss sich nicht für eine bestimmte Kultur entscheiden, das ‚Entweder-Oder' hat sich zu Gunsten des ‚Und' aufgelöst. Wir leben heute in diesem hyperkulturellen Raum und das Konzept der Hyperkulturalität kennzeichnet unsere Zeit."[5] Han spricht von einem „Hypermarkt der Kultur". Alle Zeichen, Symbole und Kulturen gehören uns allen und stehen jedem zur Verfügung. So „bedient" sich in diesem Hypermarkt jeder selbst, eignet sich an, was ihn interessiert. Das Eigene wird erst aus dem kulturellen Hyperraum angeeignet, also erworben und nicht ererbt.

Dieses Szenario, das Han beschreibt, ist als ein möglicher Ausgang zu sehen, aber nicht als einziger. Denn Nähe und Fülle an kulturellen Lebenspraktiken und Ausdrucksformen erzeugen nicht zwangsmäßig einen gemeinsamen hyperkulturellen Raum, Nähe kann auch verunsichern und zur Zurückhaltung führen.

Es hängt von unserer Sichtweise ab, ob wir im „Anderen" das Fremde oder das Neue erkennen wollen. Sind wir bereit, auf dieses „Andere" zuzugehen, oder ziehen wir uns ins „Eigene" zurück? Wer sich für die zweite Variante entscheidet, beginnt, das „Eigene" so zu konstruieren, als wäre es essenziell, immer und unverrückbar statisch nachweisbar so gewesen. Unter welchen Voraussetzungen aber führt Nähe zur Öffnung dem Anderen gegenüber?

Verunsicherte Identitäten und die Angst vor der Nähe

Nur wenn ich weiß, wer ich bin und mir meiner Identität sicher bin, habe ich keine Angst, mich dem „Anderen" zu öffnen, in ihm das „Neue" zu sehen. Die Begegnung des Islam mit Europa im Zuge der Arbeitsmigration führte jedoch zu Identitätsverunsicherungen auf beiden Seiten, was statt Nähe Distanz hervorrief. Um dies genauer zu erklären, wird in den nächsten Zeilen auf die konkrete Situation der Muslime in Deutschland eingegangen, vor allem die der zweiten und dritten Generation.

Wenn heute in Deutschland von Muslimen gesprochen wird, dann spricht man hauptsächlich von den ehemaligen „Gastarbeitern", die im Zuge der Anwerbeabkommen in den 1960er und 1970er Jahren als Arbeitskräfte nach Deutschland gekommen sind, von deren Familien, die in den 1980er Jahren im Zuge der Familienzusammenführung nachgekommen sind, sowie von deren Nachkommen, die mittlerweile in zweiter und dritter Generation in Deutschland geboren wurden. Es ist mehr oder weniger ein Zufall, dass es sich beim Großteil der ehemaligen „Gastarbeiter" um Muslime handelt. Dadurch überlagern sich verschiedene Dimensionen des Andersseins, der Fremdartigkeit, und so verschärfen sich Probleme der Abgrenzung, der Anpassung und der Integration; ethnische Dimensionen überlagern sich mit nationalen, religiösen und sozioökonomischen.[6]

Sprach man in den 1960er und 1970er Jahren von „Gastarbeitern", so begann man in den 1980er und 1990er Jahren, als die Arbeitsmigration durch die Familienzusammenführung sichtbar geworden war, von den „Ausländern" zu sprechen. Spätestens seit dem 11. September 2001 spricht man von „den Muslimen", gemeint sind aber noch immer die ehemaligen Gastarbeiter und deren Nachkommen. Mit dieser Verschiebung der Wahrnehmung wurden aus den „Gastarbeitern" „Muslime" und aus den typischen sozialen Problemen einer Gastarbeiterschaft religiöse Probleme. Man hört nicht selten Aussagen wie „Sie sprechen schlecht Deutsch, weil sie Muslime sind" oder „Sie steigen im Schulsystem und am Arbeitsplatz nicht schnell auf, weil sie Muslime sind". Die Kategorie „Muslimsein" rückt immer stärker als Deutungsmuster für soziale Defizite der Gastarbeiterschaft in den Vordergrund. Die Religion sei das Problem, sei das Integrationshindernis, heißt es. Muslime finden sich entsprechend in einer Rechtfertigungsposition wieder. Betrachtet man die Debatten der letzten Jahre um das Thema Islam, dann sind diese entweder überschattet von sicherheitspolitischen Fragen oder es geht um Moscheebauten, Minarette und das Kopftuch. Und wer die Ankunft der Muslime in Europa als Sicherheitsproblematik begreift, wird voraussichtlich früher oder später auch der eigenen Angst erliegen und im Islam und in den Muslimen nur noch eine Gefahr und Bedrohung sehen. Dadurch, dass sich Muslime in einer Rechtfertigungsposition wiederfinden, kommen sie kaum dazu, die Fragen an sich zu stellen: Wie kann der Islam die europäischen Gesellschaften bereichern?

Wenn das Fremdsein zur Identität wird

Gerade Angehörige der sogenannten zweiten und dritten Generation der Muslime fühlen sich mit der hiesigen Gesellschaft stark verbunden, ihre Distanz zur Heimatkultur ihrer Großeltern ist groß. Je stärker sie sich integriert fühlen, desto größer sind auch ihre Erwartungen an das Aufnahmeland; das zeigt sich vor allem im Anspruch auf Gleichbehandlung und Chancengleichheit in allen gesellschaftlichen Institutionen (Bildung, Arbeits- und Wohnungsmarkt), aber auch in der Erwartung, anerkannt und akzeptiert zu sein.[7]

Die sogenannte erste Generation der Gastarbeiterinnen und Gastarbeiter aus islamischen Ländern kam primär aus der Türkei und Nordafrika, war also in einem islamischen Land aufgewachsen. Die Angehörigen dieser Generation wurden in ihren Heimatländern sozialisiert und internalisierten dort Werte und Normen, für sie war Religion nicht mehr als ein Teil ihrer Herkunftsidentität. Eine reflexive Zuwendung zur eigenen Kultur und zur eigenen Religion setzte vor allem mit dem Familiennachzug ein.

Die Bedeutung der Religion in der zweiten und dritten Generation differenziert sich stärker aus. Das begründet sich dadurch, dass diese Generationen in ihrer Sozialisation, Sprache und Identitätsentwicklung stärker einer Spannung zwischen den Orientierungen der Herkunfts- und Aufnahmegesellschaft ausgesetzt sind und ihnen daher Religion als (mögliche) Bewältigungsstrategie dient. Die Erwartungen der Jugendlichen an die europäischen Gesellschaften sind hoch. Hier, wo sie geboren und aufgewachsen sind, wünschen sie sich eine Heimat, die ihnen nicht nur Chancengleichheit im Bildungssektor, am Arbeitsmarkt und am Wohnungsmarkt bietet, sondern auch eine innere Heimat, in der sie sich als anerkannte Menschen entfalten können. Werden diese Erwartungen nicht erfüllt und haben die Jugendlichen das Gefühl, diskriminiert zu sein, dann kommt es zu verschiedenen Reaktionen. Manche kapseln sich ab, sie gehen zu beiden Systemen – zur Kultur der Eltern und zur Mehrheitsgesellschaft – auf Distanz. In der Literatur werden sie meist als „Marginalisierte" bezeichnet.

Viele Jugendliche greifen aber auch reaktiv bei der Suche nach einem sicheren „Wirgefühl" auf die Religion zurück. Auf die Frage, als was sie sich fühlen, geben sie an, hauptsächlich als Muslime, der Islam würde für sie sehr viel bedeuten. Diese Form der islamischen Identität bezeichne ich als „Schalenidentität".[8]

Für die Konstruktion einer kollektiven Identität bedienen sich diese Jugendlichen eines Islam „ohne Inhalt"; der Islam, den sie leben, ist mit einer leeren Schale zu vergleichen. Die Religion dient der Konstruktion einer kollektiven Identität, die auch Schutz vor dem „Anderen" bietet. Schalenmuslime stützen sich also auf ausgehöhlte (entkernte) Identitäten. Diese Jugendlichen fühlen sich als unwillkommene Ausländer und als benachteiligte Außenseiter. Durch den Islam, der vor allem als Bindeglied zu anderen Migrantenjugendlichen gleicher Herkunft bzw. Religion gesehen wird, können sie ein gewisses Gefühl der Sicherheit aufbauen. Sie halten sich überwiegend an die gottesdienstlichen kollektiven Praktiken. Diese finden ihren Ausdruck in der Gemeinschaft, werden im Bezug zur Gruppe verrichtet und von ihr mehr oder weniger kontrolliert. Viele Jugendliche fasten also im Monat Ramadan, viele männliche Jugendliche gehen freitags mit ihren Vätern zum gemeinschaftlichen Freitagsgebet in die Moschee und Mädchen tragen ein Kopftuch; so erfüllen sie die Erwartungen der Eltern bzw. der sozialen Kontrolle seitens der eigenen Community und konstruieren gleichzeitig eine reaktive kollektive Identität, die ihnen das notwendige Gefühl der Sicherheit und Stärke vermittelt. Gottesdienstliche individuelle Praktiken, die unabhängig von der Gruppe verrichtet werden und sich deren Kontrolle entziehen, wie z. B. das tägliche Gebet oder die Koranlektüre, die in der islamischen Lehre einen hohen Stellenwert haben, finden hingegen keine Berücksichtigung.

Diese religiöse kollektive Identität ist also als Reaktion zu verstehen – einerseits auf die Erwartungen der Eltern und der eigenen Community, andererseits auf das Gefühl der Nichtanerkennung seitens der Mehrheitsgesellschaft. Gerade aus dem letztgenannten Punkt wird diese Identität über die Beschreibung des Anderen und weniger über die Beschreibung des Eigenen skizziert. Das heißt: Wenn Jugendliche beschreiben, was sie als Muslime ausmacht, geben sie weniger an, was sie sind, sondern vielmehr, was sie nicht sind.

Für die erste Generation der Muslime in Deutschland war dies anders, da die Erwartungen anders waren; sie lagen hauptsächlich im wirtschaftlichen Bereich. Sie kamen primär aus der Türkei, sind also in einem islamischen Land aufgewachsen, wo seinerzeit die religiöse Tradition noch weitgehend ungebrochen bestand. Sie wurden in ihren Heimatländern sozialisiert und internalisierten dort Werte und Normen. Für Angehörige dieser Generation war Religion nicht mehr als ein Teil ihrer Herkunftsidentität. Muslimsein war Teil des Selbstverständnisses als Türke- oder Arabersein. Eine reflexive Zuwendung der ersten Generation zur eigenen Kultur und zur eigenen Religion setzte vor allem mit dem Familiennachzug ein. Die Eltern hatten Angst vor der Entfremdung und „Entgleitung" ihrer Kinder, die ja in einem anderen Werte- und Normensystem aufwuchsen. Die Notwendigkeit der kulturellen Erziehung trug somit zur Verstärkung der kulturellen kollektiven Identität unter den muslimischen Migranten der ersten Generation bei. Die Bedeutung der Religion in der zweiten Generation differenziert sich stärker aus. Dies begründet sich dadurch, dass die zweite Generation in ihrer Sozialisation – Sprache, Identitätsentwicklung – stärker einer Spannung zwischen den Orientierungen der Herkunfts- und Aufnahmegesellschaft ausgesetzt ist[9] und Religion daher als eine (mögliche) Bewältigungsstrategie gesehen wird. Religiöse Hinwendung kann als Reaktion auf Ambivalenz, auf empfundene Unvereinbarkeiten und Druck gedeutet werden. Im Unterschied zum Elternhaus werden den religiösen Symbolen und Inhalten spezifische (individuelle) Bedeutungen unterlegt.[10] So kann Religion für Jugendliche ein „Code" sein, um Selbstbewusstsein zu signalisieren, und zwar in Abgrenzung zur Umwelt, aber auch zu den Eltern.[11] Als Reaktion auf wahrgenommene oder vermutete Geringschätzung und soziale Ausgrenzung erhält sie eine wichtige Funktion für das kollektive Selbstverständnis.[12] Sozioökonomische Benachteiligung, Diskriminierung und „cultural isolationism" gelten allgemein als wichtiger Hintergrund oder überhaupt als Erklärung für eine verstärkte Hinwendung zum Islam bei der zweiten Generation. Im Vergleich zum „family Islam" ihrer Eltern würde sich das verstärkte religiöse Bewusstsein der Jugendlichen nun stärker auf selbst vollzogene Abwendung von der Aufnahmegesellschaft und geringe Anpassungsbereitschaft richten.[13]

Es kommt also bei Jugendlichen der zweiten Generation zu einer Umwertung: Hier geboren und aufgewachsen, erwarten sie, auch hier eine Heimat geboten zu bekommen, in der sie sich heimisch fühlen können. Bei Nichterfüllung dieser Erwartungen beginnen die Jugendlichen kulturelle Gegensätze zu konstruieren und vorhandene zu übertreiben. Es kommt zur Überbetonung von Differenzen. Gemeinsamkeiten in den Ein- und Vorstellungen, aber auch religiöse Gemeinsamkeiten werden heruntergespielt. Ein offenes Islamverständnis, das nicht nur Gemeinsamkeiten mit den anderen Weltreligionen betont, sondern auch das im Koran verankerte Prinzip der Würdigung aller Menschen als Menschen – unabhängig davon, welcher Weltanschauung sie angehören –, spricht diese Jugendlichen weniger an, denn sie suchen nach Elementen in der Religion, die ihr Anderssein betonen sollen. Begriffe wie Aufklärung oder Moderne werden pauschal als „westlich" abgelehnt, ohne sich mit deren Inhalten zu beschäftigen. Hier besteht die Gefahr der Instrumentalisierung der Religion, im Sinne einer reaktiven Rückbesinnung, die sich durch das Festhalten an sichtbaren Symbolen äußert, um Grenzen zwischen Kollektiven auf der Basis religiöser Differenz zu ziehen.

Eine immer stärkere Identifikation mit dem Islam und zugleich kaum reflexive Beschäftigung mit dem Islam führen zur Aushöhlung der Religion. Denn es geht bei dieser Identifikation mit dem Islam nicht um Spiritualität, um Gotteserfahrung, um Inhalt, sondern lediglich um die äußere, identitätsstiftende Fassade.

Auf die Frage nach der Identifikation der Jugendlichen mit dem Herkunftsland ihrer Eltern beziehungsweise mit dem Islam antworten die meisten, dass sie sich als stolze Angehörige ihrer Herkunftsländer, als stolze Muslime fühlen.

Hier könnte schnell der falsche Eindruck entstehen, dass die Jugendlichen ein starkes und stabiles Verhältnis zum Herkunftsland ihrer Eltern beziehungsweise zum Islam haben. Fragt man allerdings nach, ob sie sich zum Beispiel vorstellen könnten, in ihrem jeweiligen Herkunftsland zu leben, zeigt sich ein anderes Bild: Vielen liegt das völlig fern. Sie meinen, dass sie während der Sommerferien, wenn sie in der Heimat ihrer Eltern auf Besuch sind, als Fremde aus Europa angesehen würden; man behandle sie dort als Ausländer, weil sie weder ihre Muttersprache akzentfrei sprächen noch sich kleideten und verhielten wie ihre dortigen Altersgenossen. Schon nach zwei Wochen wollen viele Jugendliche zurück „nach Hause", nach Europa. Hier werden sie allerdings auch nicht als Einheimische betrachtet, sie sind, vor allem nach dem 11. September, die „Anderen", die Muslime. Es ist daher für diese Menschen einfacher, auf abstrakte Kategorien wie Religion zurückzugreifen und die Fremdzuschreibung „ihr Muslime" zur Eigenzuschreibung „wir Muslime" zu machen. Plötzlich rückt die religiöse Identität, die bislang nur im Hintergrund Teil des Türkeseins, des Ägypterseins war, in den Vordergrund. Trotz geringem Interesse an den Inhalten der Religion und fehlender religiöser Praxis sehen sich die Jugendlichen als stolze Muslime und meinen, ohne den Islam gar nicht leben zu können. In Gesprächen zeigt sich allerdings rasch, dass sie wenig Wissen und kaum Informationen über den Islam haben; ihre Kenntnisse beschränken sich auf das, was sie zu Hause beiläufig erfahren. Dadurch kommt es bei ihnen zur verstärkten Vermischung von Heimattraditionen und religiösen Normen.

So entsteht ein Teufelskreis: Das Muslimsein wird mit dem „Fremdsein" gleichgesetzt, es wird zu einem Identitätsmerkmal. Die Muslime identifizieren sich damit, die Mehrheitsgesellschaft grenzt sich damit von den Muslimen ab: „Wir und ihr, die Muslime."

Dies stellt gerade für die islamisch-religiöse Bildung in Deutschland eine große Herausforderung dar. Denn solche ausgehöhlten Identitäten sind stark anfällig für politische Instrumentalisierung und entsprechende Rekrutierung in fundamentalistischen Milieus. Jürgen Oelkers bringt diese Gedanken auf den Punkt: „Die politische Bearbeitung dieser Probleme dürfte umso schwieriger werden, je weniger die sozio-ökonomische Integration gelingt, je geringer der Schulerfolg der Kinder ist, je mehr verschiedene Generationen Desintegration erleben und je härter die eigene Kultur abgeschottet wird. Von der anderen Seite aus gesagt: Je weniger die aufnehmende Kultur bereit ist, Integrationswillige aufzunehmen, je stärker sich die fundamentalistische Diskussion entwickelt und je weniger echte Chancen sich die Mitglieder der fremden Kultur ausrechnen können, desto mehr verschärft sich das Problem. Religiöse Überzeugungen lassen sich dabei politisch instrumentalisieren, und dies umso mehr, je weniger Kontakt mit anderen Kulturen besteht."[14]

Eine Herausforderung an die Säkularität?

Der Religionssoziologe José Casanova unterstreicht, dass der Islam uns heute in Europa doppelt herausfordert: Zum einen stellt er eine Herausforderung an das europäische Verständnis von Säkularität dar; dieses will – anders als in den USA – Religion völlig aus dem öffentlichen Raum verbannen; und zum anderen handelt es sich hierbei nicht nur um Religion, sondern um eine „fremde" Religion, um den Islam.[15]

Viele Länder Westeuropas haben die Säkularität nicht nur als institutionelle Trennung zwischen Staat und Religion verstanden, sondern auch als völlige Verbannung des Christentums aus dem öffentlichen Raum. Die Ankunft des Islam in Europa verunsicherte die religiöse Identität Europas, er wurde als eine Bedrohung für die mittlerweile weit in den Hintergrund gerückte religiöse Identität gesehen. Und nun hört man immer mehr die starke Betonung einer Leitkultur, einer christlich-abendländischen Identität Europas. Was das genau sein soll, weiß allerdings kaum jemand. Die Situation ähnelt der Situation der jungen Muslime, die sich einem ausgehöhlten Islam zuwenden, um eine kollektive Identität in Abgrenzung zur Mehrheitsgesellschaft zu konstruieren. Es begegnen sich ausgehöhlte und dadurch verunsicherte Identitäten, die sich über die Abgrenzung zum jeweils Anderen definieren. Man ist in der Lage zu sagen, wer man nicht ist, jedoch nicht, wer man ist.

Ein notwendiger Perspektivenwechsel

Der Islam benötigt ein Europa, das ihm Raum gibt, in dem er sich entfalten kann. Anders kommen Muslime aus der Rechtfertigungsposition nicht heraus, um sich selbst die zentrale Frage stellen zu können: „Wie können wir die Gesellschaft bereichern, was können wir beitragen?“ Ich habe mehrfach die Erfahrung gemacht, dass, wenn muslimische Jugendliche in Begegnungen mit Jugendlichen nichtmuslimischen Glaubens von ihrer religiösen Praxis, von ihrem Moscheebesuch, von ihrem Fasten sprechen, sich die nichtmuslimischen Jugendlichen fragen: „Und wie ist es eigentlich bei uns, in unserer Religion?“ Durch die Ankunft des Islam entdecken viele ihre eigene Religiosität wieder, und zwar nicht im Sinne einer christlichen Identität als Gegenpol zur islamischen Identität, sondern im Sinne einer Erweiterung der europäischen Identität, die nicht mehr als jüdisch-christlich zu sehen ist, sondern als jüdisch-christlich-islamisch. Die Ankunft des Islam in Europa ruft auch christliche Werte in Erinnerung, die der Islam genauso vertritt: Nächstenliebe, Verantwortlichkeit für die Schöpfung, soziale Verantwortlichkeit, aber auch Familie.

Ob Europa im Islam das „Fremde“ und somit eine Bedrohung oder in ihm das „Neue“ sieht und ob die Muslime in Europa eine Heimat oder eine Diaspora sehen, hängt von der Perspektive des jeweiligen Betrachters ab. Das „Fremde“ für sich gibt es nicht, es ist ein Konstrukt in unseren Köpfen. Fremdheit ist keine Eigenschaft einer Person oder einer Gruppe, sondern das Ergebnis eines Zuschreibungsprozesses. Ein Perspektivenwechsel – „neu“ statt „fremd“, „aufeinander zugehen“ statt „sich zurückhalten“, „sich dem Anderen öffnen“ statt „verschließen“ – verlangt jedoch selbstsichere Identitäten, keine ausgehöhlten. Der Prozess beginnt also mit der kritischen Reflexion des Eigenen, um sich dann mit dem notwendigen Selbstbewusstsein offen und ohne Angst dem Anderen, dem Neuen zuzuwenden, mit und von ihm zu lernen, es zu bereichern und sich von ihm bereichern zu lassen.

Die Rolle islamisch-religiöser Bildung

Die religiöse Bildung muslimischer Jugendlicher in Deutschland muss der angesprochenen Entwicklung der Entstehung ausgehöhlter religiöser Identitäten Rechnung tragen und ein sinnvolles Angebot machen, das diese entkernten Identitäten mit einem sinnvollen Gehalt füllt. Moderne religiöse Bildung versteht sich nicht als Prozess der Vermittlung von Religion. Beim veralteten Konzept der Vermittlung stand das zu Vermittelnde im Vordergrund. Heute geht es um Aneignungsprozesse. Bei diesem Konzept der Aneignung steht die Schülerin bzw. der Schüler, also das Subjekt selbst, mit seiner Lebenswirklichkeit, seinen Erfahrungen, Erwartungen, Wünschen, Bedürfnissen usw. beim Prozess der religiösen Bildung im Vordergrund. In der islamischen Religionspädagogik geht es heute also nicht um das Eintrichtern von Glaubensgrundsätzen und die Vermittlung von endgültigen Antworten, sondern darum, Schülerinnen und Schüler zu befähigen, ihre eigene Religiosität zu entwickeln und wahrzunehmen, sowie die Bedeutung religiöser Inhalte individuell zu reflektieren, damit sie ihre Religiosität selbst verantworten können. Es geht also um Fragen wie „Was bedeutet Religion für mich? Welchen Bezug haben religiöse Inhalte zu meinem Alltag?".

Moderne religiöse Bildung bezeichnet alle Begegnungen und Erfahrungen mit Religion, die für das Leben eines Menschen Bedeutung haben und die ihn reicher, reifer und sensibler machen können. Religiöse Bildung gelingt erst, wenn sie Teil einer religiösen Einstellung wird. Die Besonderheit einer modernen Religionspädagogik ist gerade ihr Gegenwartsbezug.

Durch religiöse Bildung sollten Menschen befähigt werden, ihr Leben in religiöser Hinsicht selbst entwerfen und diesen Lebensentwurf selbst verantworten zu können. Sie sollten in der Lage sein, zwischen lebensfreundlichen und lebensfeindlichen religiösen Angeboten zu unterscheiden. Es geht vor allem um ein subjektives Betroffensein von Religion. Daher nimmt die Religionspädagogik von allen theologischen Fächern am stärksten an den Veränderungen der modernen Lebenswelt teil.[16] Und unsere heutige moderne Welt ist gerade durch ihre kulturelle und religiöse Vielfalt gekennzeichnet.

Religiöse Bildung kann nur dann gelingen, „wenn die Erfahrungen divergierender Lebensweisen und vielfältiger Fremdheit sinnvoll aufgegriffen und für die Lernprozesse fruchtbar gemacht werden können"[17]. Gerade Lernprozesse im Religionsunterricht sprechen die Lebenswelt der Schülerinnen und Schüler direkt an und bewirken existenzielle Betroffenheit.

Aufgabe einer zeitgemäßen islamischen Bildung ist es daher nicht, jungen Menschen einen Katalog an Erlaubtem (halal) und an Verbotenem (haram) zu vermitteln und Heranwachsende somit zur unkritischen Befolgung religiöser „Gesetze" anzuhalten, was den Prozess der Entstehung ausgehöhlter Identitäten nur begünstigt. Vielmehr sollen junge Menschen zur kritischen Reflexion von Traditionen, die sich mit humanen Werten nicht vereinbaren lassen, angehalten und dazu befähigt werden, ihre freie individuelle Selbstbestimmung als Muslime auf der Basis eines offenen Islamverständnisses im Sinne einer spirituellen und ethischen Religion und weniger einer Gesetzesreligion zu entfalten. Sie sollen den Sinn ihrer Religiosität für sich entdecken und dazu befähigt werden, Gotteserfahrung zu machen.

Wenn es aber in religiöser Bildung um ein subjektives Betroffensein von Religion geht, dann setzt dies eine dialogische Theologie voraus, welche die Beziehung Gott–Mensch nicht als Gehorsamkeitsbeziehung, sondern als dialogische Beziehung vorsieht.

Die Notwendigkeit einer dialogischen Theologie

Gott ist nur dann fremd, wenn wir Menschen uns Gott gegenüber verschließen. Dann machen wir Gott zu etwas Fremdem, was mit Gott an sich nichts mehr zu tun hat. Manche Menschen vereinnahmen Gott für sich – einen Gott, der sich der ganzen Welt geöffnet hat. Diese machen Gott tatsächlich „fremd“, weil sie nicht (mehr) von Gott reden, sondern von etwas, das für uns alle nur noch befremdlich ist.

Das Verständnis einer Theologie beginnt mit der Frage nach dem Gottesbild, das dieser Theologie bzw. das einer bestimmten Auslegung der Theologie zugrunde liegt. Eine Theologie, die in Gott primär einen Richtergott sieht, dem es um die Befolgung seiner Anweisungen geht und der denjenigen, die ihm gehorchen, ein ewiges Verbleiben im Jenseits, im Paradies verspricht, und denjenigen, die ihm nicht gehorchen, mit dem ewigen Höllenfeuer droht, kann in Religion nichts anderes sehen als Instruktionen. Eine Religion, die auf so einem Gottesbild basiert, ist eine Gesetzesreligion. In ihr geht es lediglich um die Befolgung von Gesetzen. Ich spreche hier in diesem Zusammenhang von einem instruktionstheoretischen Modell.

Die traditionelle islamische Lehre, wie sie sich seit dem neunten Jahrhundert etabliert hat, fragt primär nach religiösen Dogmen und Normen, sie war bemüht, ein juristisches Schema zu entwickeln, das möglichst alle Lebensbereiche erfassen sollte. Dabei rückte der Mensch aus dem Zentrum ihrer Überlegungen, denn sie entwickelte sich im Laufe der Zeit stark zu einer Gesetzesreligion. Problematisch bei diesem Verständnis der Religion für religiöse Bildung ist, dass, wenn es bei der Religion um die Befolgung von Instruktionen geht, religiöse Bildung lediglich darin bestehen würde, diese Instruktionen zu vermitteln. Denn Ziel wäre letztendlich, die Anweisungen Gottes zu befolgen, seine Gebote und Verbote einzuhalten, um seiner Strafe – dem Höllenfeuer – zu entgehen und ins Paradies zu kommen. Vom Menschen wird also eine totale Unterwerfung erwartet. Man muss nicht verstehen oder nachvollziehen, warum man dies oder jenes tun muss bzw. nicht tun darf; wichtig ist, dass man sich an die Gesetze hält.

Moderne religiöse Bildung will jedoch Menschen befähigen, ihr Leben in religiöser Hinsicht selbst zu entwerfen und diesen Lebensentwurf selbst zu verantworten. Das Subjekt muss sich also selbst einbringen. Dieses Verständnis von religiöser Bildung braucht eine dialogische Theologie. Eine dialogische Gott-Mensch-Beziehung setzt ihrerseits ein dialogisches Gottesbild voraus, einen Gott, der zugänglich ist, der erfahrbar ist, einen Gott also, dem es nicht um sich selbst geht, dem es nicht um Instruktionen geht. Ist so eine Theologie im islamischen Kontext denkbar?

Dem Christentum zufolge offenbarte sich Gott in Jesus Christus, Gott ist Mensch geworden und machte sich dadurch zugänglich, erfahrbar. Nach islamischem

Verständnis hat sich Gott nicht direkt offenbart, sondern lediglich sein Wort. Ist es aber wirklich so? Hat sich Gott dem Islam nach nicht selbst offenbart? Den Begriff „Offenbarung“ als Selbstmitteilung Gottes kennt die islamische Theologie nicht. Der Koran wird in der traditionellen islamischen Theologie als „Herabsendung“ (arab.: *tanzil*[18]) beziehungsweise „Inspiration“ (arab.: *wahy*[19]) bezeichnet.

Obwohl der Islam nicht von Offenbarung im Sinne der Selbstmitteilung Gottes spricht, stellt sich dennoch die Frage: Hat sich Gott nach islamischem Glauben selbst offenbart?

Im Koran spricht Gott über sich, er stellt sich selbst vor. Es handelt sich aber nicht bei allen koranischen Versen um die Beschreibung Gottes, denn es gibt zahlreiche narrative Passagen, aber auch Regelungen für den Gottesdienst sowie für die gesellschaftliche Ordnung, weshalb viele Muslime von der Offenbarung des Willens Gottes im Koran reden und nicht von der Offenbarung Gottes selbst.

Es ist also schwierig zu sagen, der Koran sei die Selbstmitteilung, die Offenbarung Gottes, auch wenn der gesamte koranische Text nach islamischem Glauben von Gott stammt. Anders gesagt, man kann nicht sagen: Der Koran ist Gott. Es können lediglich die Teile des Korans als Selbstmitteilung Gottes, also als Offenbarung Gottes, bezeichnet werden, in denen Gott sich selbst und seine Handlungen beschreibt.

Die häufigste Eigenschaft Gottes, die im Koran vorkommt, ist die Bezeichnung *ar-Rahman* bzw. *ar-Rahim* (Allerbarmer, der absolut Barmherzige). Die Selbstbeschreibung Gottes im Koran als barmherzig allein reicht jedoch nicht aus, um seine Barmherzigkeit wahrzunehmen. Die Annahme, Gott habe sich nur im Koran offenbart, macht die Offenbarung lediglich zu einem Brief, den Gott an uns Menschen geschrieben hat, in dem er uns mitteilt, er sei barmherzig. Es ist aber nur ein Brief; auch wenn es ein Liebesbrief ist, so ist es doch lediglich ein Brief. Die Offenbarung Gottes und seine Barmherzigkeit bedeuten jedoch mehr als ein Brief Gottes an die Menschen. Sie bedeuten, dass diese Barmherzigkeit für den Menschen zugänglich, also erlebbar und erfahrbar wird, dass Gott erfahrbar wird. Seine Barmherzigkeit hat Gott nicht nur im Wort (im Koran) offenbart, sondern in der Schöpfung selbst. Jeder Akt der Barmherzigkeit in dieser Welt ist eine Manifestation der Offenbarung der Barmherzigkeit Gottes, denn die Barmherzigkeit Gottes „umfasst alle Dinge“[20]. Der Koran gibt einen Hinweis auf diese Manifestation der Barmherzigkeit Gottes und fordert auf, diese wahrzunehmen: „Schau doch auf die Spuren der Barmherzigkeit Gottes! Schau wie er die Erde wieder belebt, nachdem sie abgestorben war.“[21] Der Mensch kann durch sein Zutun die Erde fruchtbar machen und damit die Barmherzigkeit Gottes veranlassen. Somit erhält die Offenbarung einen dialogischen Charakter, denn der Mensch selbst kann sie hervorrufen und veranlassen, indem er barmherzig und gütig handelt. Dies ist auch der Auftrag an den Menschen. Als der

Prophet Muhammad von einem Mann danach gefragt wurde, wo Gott sei, zeigte er auf einen armen Menschen und sagte: „Geh zu dem armen Menschen, dort findest du Gott." Der Prophet erzählte: „Im Jenseits wird Gott einen Mann fragen: ‚Ich war krank und du hast mich nicht besucht, ich war hungrig und du hast mir nichts zu essen gegeben und ich war durstig und du hast mir nichts zu trinken gegeben', der Mann wird daraufhin erstaunt fragen: ‚Aber du bist Gott, wie kannst du krank, durstig, oder hungrig sein?!', da wird ihm Gott antworten: ‚An jenem Tag war ein Bekannter von dir krank und du hast ihn nicht besucht, hättest du ihn besucht, hättest du mich dort bei ihm gefunden, an einem Tag war ein Bekannter von dir hungrig und du hast ihm nichts zum Essen gegeben und an einem Tag war ein Bekannter von dir durstig und du hast ihm nichts zum Trinken gegeben.'"[22]

Dort, wo man eine Hand der Barmherzigkeit und der Güte ausstrecken kann, manifestiert sich Gott, dort ist Barmherzigkeit, dort ist Gott. Dort, wo eine Mutter ihr Kind umarmt, dort, wo man einen Menschen anlächelt, überall dort, wo man ein Zeichen der Güte, der Liebe und der Barmherzigkeit setzt, dort veranlasst man die Offenbarung der Barmherzigkeit Gottes, dort macht man Gott erfahrbar.

Wie bereits erwähnt, ist „barmherzig" das Attribut, mit dem sich Gott im Koran am häufigsten beschreibt. 113 der 114 koranischen Suren beginnen mit der Formel „Im Namen Gottes des Allerbarmers, des Barmherzigen". Seine Barmherzigkeit beschreibt Gott im Koran als absolut. Das Einzige, zu dem sich Gott im Koran selbst verpflichtet hat, ist die Barmherzigkeit: In der sechsten Sure, Vers 12 heißt es: „Er hat sich selbst die Barmherzigkeit vorgeschrieben." Diese Aussage wiederholt sich in derselben Sure in Vers 54.[23]

Die islamische Formel „Allahu Akbar", die mehrmals im islamischen Gebetsruf wiederholt und mit der das islamische rituelle Gebet eingeleitet wird, bedeutet „Gott ist größer". Die Formel verrät allerdings nicht, als was Gott größer sein soll. Die traditionelle islamische Theologie interpretiert diese Formel im Sinne der Allmacht Gottes. Demnach bedeutet „Allahu Akbar": „Gottes Macht ist größer als jede andere Macht im Universum." Gott ist also allmächtig und deshalb ist es ihm überlassen, zu tun und zu lassen, was er will.[24]

Indem die Formel „Allahu Akbar" nicht verrät, größer als was, will sie jedoch nichts anderes sagen, als dass Gott größer ist, als gedacht werden kann. Kann man sich einen Gott vorstellen, der größer ist als ein Gott, dem es lediglich um sich selbst geht, dem man nur gehorchen soll, der nach Selbstbestätigung seiner Majestät sucht, der seine Macht demonstrieren will, indem er diejenigen, die ihm gehorchen, belohnt und sich an denjenigen, die ihm widersprechen, rächt?

Diese Frage wird hier mit einem klaren „Ja" beantwortet. Ein Gott, der die Menschen zu sich mit Mitteln der Liebe und Barmherzigkeit ruft, ist größer, denn dieser

Gott will die Menschen nicht zwingen, nicht manipulieren, ihnen keine Angst machen, sondern er will, dass Menschen sich in Freiheit, aus einer inneren Überzeugung und mit Vertrauen auf seine Barmherzigkeit zu ihm, zum Guten, wenden.

Wenn Gott größer ist, als gedacht werden kann, kann er den Menschen nicht deshalb erschaffen haben, weil er den Menschen beziehungsweise die Schöpfung braucht. Auch nicht deshalb, weil er verherrlicht werden will, denn ein vollkommener Gott ist auf jeden Fall größer als ein Gott, der die Schöpfung benötigt oder auf sie angewiesen ist, um verherrlicht zu werden und um sich in seiner Majestät bestätigt zu fühlen.

Wenn Gott aber nicht verherrlicht werden will, warum hat er dann den Menschen erschaffen? Die Sure 55 im Koran gibt eine klare Antwort darauf: aus seiner bedingungslosen Barmherzigkeit.[25] Gott ist vollkommen barmherzig, auch ohne Schöpfung. Er braucht die Schöpfung nicht, um barmherzig zu sein oder damit sich seine Barmherzigkeit vollendet. Gott war immer da und die Barmherzigkeit als seine Wesenseigenschaft war dadurch auch immer existent. Nur die Offenbarung dieser Barmherzigkeit, die Offenbarung Gottes selbst, seine Selbstmitteilung, bedarf der Akteure, die in der Lage sind, sie zu erfahren. Die Offenbarung der Barmherzigkeit Gottes kann sich nur in Beziehung zur Schöpfung verwirklichen; sie macht die Schöpfung notwendig. Die Entscheidung zur Offenbarung seiner Barmherzigkeit ging ebenso aus seiner Barmherzigkeit hervor.

Das impliziert aber, dass alle göttlichen Anweisungen, unabhängig davon, ob sie den Gottesdienst oder die gesellschaftliche Ordnung betreffen, nicht als solche zu verstehen sind, die Gott für sich benötigt, sondern als solche, die der Mensch braucht. Dies impliziert wiederum, dass, wenn Gott sich im Koran als zornig bezeichnet, wenn seine Gebote nicht eingehalten werden,[26] er dies nicht deshalb tut, weil er in seiner Herrlichkeit gekränkt oder beleidigt ist, sondern sein Zorn entspringt aus Barmherzigkeit und Besorgnis um den Menschen. Gottes Zorn ist für und nicht gegen den Menschen beziehungsweise richtet sich gegen Ungerechtigkeiten gegenüber Menschen und wird nicht ausgelöst aufgrund ungenügender Verherrlichung durch den Menschen. Denken wir Gott als wütend, wenn seine Gebote nicht eingehalten werden, weil er sich übergangen und missachtet fühlt, dann denken wir Gott nicht als vollkommen, denn es gibt einen größeren Gott als diesen: einen, dem es eben nicht um sich selbst geht, sondern um den Menschen. Dieses Verständnis öffnet Muslimen eine andere Perspektive des Verstehens von Gottes Geboten und Verboten. Der Blick wird damit Richtung Mensch gelenkt. Die Gebote dienen dem Menschen, seiner Vervollkommnung und seiner Glückseligkeit – auch hier und jetzt auf der Erde – und nicht Gott selbst. Indem Gott den Menschen erschuf, machte er den ersten Schritt auf ihn zu. Er erschuf den Menschen aus seiner bedingungslosen

Barmherzigkeit und machte damit dem Menschen schon durch den Schöpfungsakt eine Liebeserklärung.

Das bedeutet, Gott hat dieses Wesen erschaffen, er hat damit das Neue erschaffen, und er hat in diesem Neuen das Gute gesucht. Es wäre schade, wenn der Mensch dieser Würde, die Gott ihm bedingungslos geschenkt hat, einfach verlustig geht. Warum maßt sich der Mensch das an? Gott hat den Menschen im Koran als sein edelstes Geschöpf bezeichnet, voller Würde! Warum nehmen wir Gott – und uns – dieses Geschenk weg, indem wir, statt das Neue im Anderen zu erkennen, bloß das Fremde darin sehen? Verstoßen wir hierbei nicht gegen die Liebe Gottes, gegen seine Barmherzigkeit? Er hat es uns vorgemacht und an uns appelliert, einander bedingungslos zu lieben und bedingungslos barmherzig zu sein.

Wir brauchen Religionen! Wir brauchen dieses Angebot, denn es gehört zum Gläubigsein, zum Religiössein nicht nur der Gang in die Moschee oder in die Kirche, um Gott anzubeten oder um zu ihm zu beten – denn Gott hat nichts davon –, Gott will vielmehr, dass wir beten, um ihn besser kennenzulernen, dass wir mit ihm in Dialog treten, um aus dieser Erfahrung mit ihm heraus etwas für unseren Alltag zu lernen, für unsere Begegnungen mit Mitmenschen. Er erwartet auch von uns, dass wir diese bedingungslose Liebe und Barmherzigkeit, die er uns schenkt, weiterschenken und weitergeben. Das verstehe ich unter Religiössein! Es geht nicht um die Anzahl unserer Gebete oder wie viel man im Koran gelesen hat und wie oft man in der Moschee am Gottesdienst teilgenommen hat, es geht im Endeffekt um das Ergebnis, wie viel Liebe und Barmherzigkeit ich in meinem Leben veranlasst habe.

Anmerkungen

1 Vilém Flusser (2001/02): Die Zeit bedenken, in: Lab. Jahrbuch für Künste und Apparate, S. 126-130, S. 126.
2 Georg Wilhelm Friedrich Hegel (1924): Vorlesungen über die Philosophie der Geschichte, Kapitel 18, Reclam Verlag, Leipzig (Quelle: http://gutenberg.spiegel.de/buch/1657/18).
3 Johann Gottfried Herder (2002): Ideen zur Philosophie der Geschichte der Menschheit, hrsg. v. Wolfgang Proß, Bd. III/1. München, S. 651.
4 Joachim Matthes (2000): Wie steht es um die interkulturelle Kompetenz der Sozialwissenschaften?, in: Michael Bommes (Hrsg.): Transnationalismus und Kulturvergleich, IMIS-Beiträge 15/2000, S. 13.
5 Byung-Chul Han (2005): Hyperkulturalität. Kultur und Globalisierung. Berlin, S. 18.
6 Vgl. José Casanova (2004): Der Ort der Religion im säkularen Europa, in: Transit – Europäische Revue, Nr. 27, S. 86-105.
7 Vgl. Ursula Mehrländer (1983): Türkische Jugendliche – keine beruflichen Chancen in Deutschland? Bonn.
8 Vgl. Mouhanad Khorchide (2007): Die Bedeutung des Islam für MuslimInnen der zweiten Generation, in: Hilde Weiss (Hrsg.): Leben in zwei Welten. Zur sozialen Inte-

gration ausländischer Jugendlicher der zweiten Generation. Wiesbaden, S. 217-242; und Mouhanad Khorchide (2010): Die Dialektik von Religiosität und Gesellschaft – Zur Identitätskonstruktion junger Muslime in Europa, in: Bülent Ucar (Hrsg.): Die Rolle der Religion im Integrationsprozess. Die deutsche Islamdebatte. Frankfurt/M., S. 365-385.

9 Vgl. Oliver Hämmig (2000): Zwischen zwei Kulturen. Opladen.

10 Vgl. Nikola Tietze (2006): Ausgrenzung als Erfahrung. Bielefeld.

11 Vgl. Sigrid Nökel (2002): Die Töchter der Gastarbeiter und der Islam. Hamburg.

12 Vgl. Nikola Tietze (2006): Ausgrenzung als Erfahrung. Bielefeld; vgl. auch Wilhelm Heitmeyer/Joachim Müller/Helmut Schröder (1997): Verlockender Fundamentalismus, Frankfurt/M., die darin auch die Ursache von Gewaltbereitschaft sehen und diese Gruppe als Risikogruppe definieren.

13 Vgl. Nancy Foner/Richard Alba (2008): Immigrant religion in the U.S. and western Europe: Bridge or barrier to inclusion?, in: International Migration Review, 42, S. 360-392.

14 Jürgen Oelkers (2011): Bildung, Kultur und Religion, in: Norbert Mette/Rudolf Englert/Helga Kohler-Spiegel/Elisabeth Naurath/Bernd Schröder/Friedrich Schweitzer: Was sollen Kinder und Jugendliche im Religionsunterricht lernen? Jahrbuch der Religionspädagogik, Band 27, S. 120 f.

15 José Casanova (2009): Europas Angst vor der Religion. Berlin.

16 Vgl. Joachim Kunstmann (2004): Religionspädagogik. Eine Einführung. Tübingen, S. 45.

17 Monika Tautz (2007): Interreligiöses Lernen im Religionsunterricht. Stuttgart, S. 13.

18 Vgl. Koran: Sure 17, 105; Sure 26, 193; Sure 2, 176; Sure 3, 3; Sure 4, 136; Sure 7, 196; Sure 25, 1; Sure 39, 23; Sure 2, 23; Sure 4, 47; Sure 15, 9; Sure 76, 23; Sure 17, 106; Sure 2, 97; Sure 16, 44.

19 Vgl. Koran: Sure 4, 163; Sure 12, 3; Sure 42, 7; Sure 6, 19; Sure 18, 27; Sure 43, 43; Sure 53, 4; Sure 20, 114.

20 Koran: Sure 7, Vers 156.

21 Koran: Sure 30, Vers 50.

22 Überliefert nach Muslim, Hadith Nr. 2569.

23 Der Koran geht sogar einen Schritt weiter: Er stellt die Barmherzigkeit nicht nur als Attribut Gottes dar, sondern als Wesenseigenschaft Gottes, ja setzt sie Gott gleich. So heißt es in Sure 17, Vers 110: „Ruft Allah, oder ruft ar-Rahman [den absolut Barmherzigen], egal was ihr ruft, ihm gehören die edelsten Namen"; hier wird „Allah" mit ar-Rahman gleichgesetzt. In Sure 7, Vers 56 verwendet der Koran das arabische Wort für „nah", ein Adjektiv im Maskulinum, das jedoch auf „rahma", die Barmherzigkeit Gottes, bezogen wird, obwohl diese im Arabischen feminin ist. So lautet der Vers: „Die Barmherzigkeit Gottes [rahma], er ist nah." Grammatikalisch korrekt müsste der Vers lauten: „Die Barmherzigkeit Gottes, sie ist nah." Das Wort Gott „Allah" wird im Koran immer als Maskulinum behandelt; der angeführte Vers setzt also Gott mit der Barmherzigkeit gleich, weshalb er das maskuline Adjektiv verwendet, um das im Arabischen feminine Wort „rahma" (Barmherzigkeit) zu beschreiben.

24 Vgl. Ahmad Subhi (1985): Über die islamische systematische Theologie, Band 2, Beirut, S. 45 f.

25 Vgl. Koran: Sure 55, Verse 1-3.

26 Vgl. Koran: Sure 16, Vers 106 und Sure 20, Vers 81.

II. Antworten und Angebote religiöser Extremisten auf Identitäts- und Orientierungsprobleme Jugendlicher

Katrin Strunk

WWW-Salafismus: salafistische Propaganda im Internet

Seit der deutschlandweiten kostenlosen Koranverteilaktion „Lies!" und den gewalttätigen Ausschreitungen im Mai 2012 in Solingen und Bonn, bei denen Polizeibeamte z. T. schwer verletzt wurden, ist der Begriff Salafismus einer breiteren Öffentlichkeit in Deutschland negativ bekannt geworden. Dazu kommen Verbotsverfahren gegen salafistische Vereinigungen und Festnahmen mutmaßlicher Bombenbauer aus dem islamistischen Milieu. „Der" Salafismus wird im öffentlichen Diskurs zumeist in einem negativen Kontext thematisiert und durchweg mit Islamismus und Terrorismus gleichgesetzt.

Dabei bedeutet das Wort Salafist (arab. *salafi*) erst einmal nur „Altvorderer, Vorfahr" und hat vom Ursprung her nichts mit (modernem) politischem Extremismus zu tun. Salafismus ist seiner Konzeption nach zwar eine religiös-fundamentalistische Strömung des Islam, jedoch nicht extremistisch im Sinne einer Ideologie. Die ideologische und damit politische Komponente bekam der Salafismus erst in seiner Ausprägung als islamische Reformbewegung Ende des 19. Jahrhunderts und seiner weiteren Entwicklung.

Der folgende Beitrag geht auf die Ursprünge des heutigen Salafismus in Deutschland ein und stellt die Grundlagen der politischen Ideologie anhand von Beispielen aus dem Internet dar. Er geht der Frage nach, wann Salafismus extremistisch ist und wann er „nur" für eine legitime und von der Religionsfreiheit in Deutschland geschützte islamische Glaubensrichtung steht.

Ursprung des Salafismus

Die historischen Ursprünge des Salafismus liegen im islamischen Mittelalter. Ibn Taimiya, ein Rechtsgelehrter und Theologe aus Syrien (gest. 1328), gilt als geistiger Inspirator des modernen Islamismus. Seinem Konzept nach mussten alle juristischen Entscheidungen auf Belegen aus dem Koran und den Überlieferungen des Propheten Muhammad (Sunna) beruhen. Er kritisierte die Neuerungen im Islam, die seiner Auffassung nach vom Ur-Islam abwichen, wie zum Beispiel den schiitischen und mystischen Islam sowie volkstümliche Frömmigkeit. Die von ihm verfasste „Mongolen-Fatwa" legte den Grundstein für die Exkommunizierung von Muslimen (arab. *takfir*). Nominell muslimische Herrscher konnten zu Ungläubigen erklärt werden, wenn sie nicht die Scharia, d. h. die islamischen Normen und Rechtsgrundsätze, anwendeten. Dann war der gewaltsame sogenannte „kleine Jihad“ gegen sie erlaubt und damit ihre Tötung. Mit Verweis auf diese Fatwa legitimierten u. a. die Mörder des ägyptischen Präsidenten Sadat 1981 ihre Tat. Dabei ist zu berücksichtigen, dass der „kleine Jihad“ nach orthodoxer Auffassung nur im Verteidigungsfall legitim ist.

Zu seinen Lebzeiten fanden Ibn Taimiyas Gedanken keine Durchsetzung. Öffentliche Wirksamkeit erlangten sie erst durch Muhammad Ibn Abd al-Wahhab im Saudi-Arabien des 18. Jahrhunderts in Form des nach ihm benannten Wahhabismus, einer sehr strengen Form des Monotheismus und heute Staatsreligion in dem Land.

Im Ägypten des 19. Jahrhunderts hat der Salafismus ideologisch anfangs in einer „Islamischen Reformbewegung“ Ausdruck gefunden. Geprägt wurde diese Bewegung maßgeblich von Jamal ad-Din al-Afghani (gest. 1897) und Muhammad Abduh (gest. 1905).

Die Entstehung dieser Reformbewegung ist vor dem Hintergrund des europäischen Kolonialismus zu sehen, der begann, die islamische Welt zu „überrollen“. „Der Westen“ war damals „dem Orient“ in den meisten technologischen, militärischen und auch wirtschaftlichen Belangen überlegen. Die westliche Kolonialpolitik basierte auf Ausbeutung und Unterdrückung.

Während durch die damaligen politischen Eliten der relativ erfolgreiche Weg gewählt wurde, das westliche Nationalstaatsmodell durch Einführung moderner Verwaltungen, Heeresreformen und staatlich gesteuerte Industrialisierungsprogramme zu kopieren, fanden einige oppositionelle Bewegungen eine andere Antwort auf die als bedrohlich empfundene Situation. Statt den Westen zu kopieren und dadurch letztlich dessen Übermacht einzugestehen, sollten nach Ansicht religiös motivierter Kräfte die „islamischen Werte“ verstärkt wiederbelebt werden. Salafistische Akteure, darunter auch extremistisch geprägte, zielten darauf ab, den Zustand der Urgemeinde von Medina zu Zeiten des Propheten Muhammad – wie sie in ihrer Vorstellung bestanden haben soll – wiederherzustellen. Spaltung und Niedergang der islamischen Welt, den die islamische Gemeinschaft seither erlebt habe, seien nur durch die Rückbesinnung auf die eigenen Wurzeln und Glaubensfundamente auch im gesellschaftlichen Sinne zu überwinden.

Allerdings sahen die Salafisten trotzdem die Möglichkeit, die im Koran von Gott getroffenen Aussagen zu interpretieren. Mittels dieser Neuinterpretation verschafften sie sich die Möglichkeit, ihre damals tatsächlich neuen Ideen islamisch zu legitimieren und in einen historischen Kontext einzubetten. Die Neuinterpretation ließ es sogar zu, eine Vereinbarkeit von Islam und der im Westen weiterentwickelten Errungenschaften in den Bereichen Technik und Naturwissenschaften zu begründen, denn schließlich seien diese bereits im Koran aufgezeigt worden. Der Umbau der Gesellschaft sollte durch eine Erziehung der Muslime und Basisarbeit „von unten“ geschehen.

Mit der Gründung der Muslimbruderschaft 1928 in Ägypten wurde eine neue Plattform zur Verbreitung und Umsetzung der Reformgedanken der ursprünglichen Salafiya-Bewegung geschaffen. Die Muslimbruderschaft forderte die Einheit von Politik und Religion. Der Islam repräsentiere ein umfassendes System, das sich auf jeden Lebensbereich beziehe und Lösungen für alle Probleme, seien sie politischer, gesellschaftlicher oder ökonomischer Natur, anbiete. Dieser Ansatz wird auch treffend im Slogan der Muslimbruderschaft – „Der Islam ist die Lösung!“ (für *alle* Probleme) – wiedergegeben.

Ableger der Muslimbruderschaft gründeten sich z.B. mit der Bewegung En Nahda in Tunesien und der Partei für Gerechtigkeit und Entwicklung in Marokko. Die Hamas in Palästina ist eine militante Abspaltung der Muslimbruderschaft. Somit entwickelte sich die Muslimbruderschaft zu einer internationalen Organisation, die nun auch Ableger im Westen hat.

Die Geschichte der salafistischen Ideologie im 20. Jahrhundert ist vor allem die Geschichte von Abspaltungsbewegungen, an deren Ende in der Praxis nicht die Errichtung eines „wahren“ islamischen Staates stand, sondern Marginalisierung und Radikalisierung. Der jüngste Erfolg bei Wahlen in Ägypten und Tunesien, aus denen die Salafisten vorläufig gestärkt und vereinigt hervorgingen, ist daher ein neuer Trend, dessen weitere Entwicklung abzuwarten ist.

Nach der Ägyptischen Revolution von 1952, an der die Muslimbruderschaft gemeinsam mit der Bewegung der Freien Offiziere beteiligt war, und den darauf folgenden staatlichen Repressalien gegen die Bruderschaft stellte sich zunehmend die Frage, ob Muslimbrüder auch zur Gewalt schreiten könnten, um ihre Ziele umzusetzen. Einer ihrer führenden Ideologen, Sayyid Qutb (1966 hingerichtet), legitimierte in seinem Pamphlet „Wegzeichen“ die Anwendung von Gewalt, indem er sich auf Koranverse stützte. Er rief zu einem sofortigen revolutionären Handeln gegen die „unislamische“ Gesellschaft auf. Diese Radikalisierung von Qutb und anderen Akteuren ist dabei auch als Folge gewaltvoller Repressalien des damals herrschenden Regimes zu sehen.

Die Gewaltfrage wurde durch die Muslimbruderschaft am Ende jedoch mit Nein beantwortet – eine Position, die die in Ägypten nach wie vor einflussreiche Bewegung bis heute zumindest offiziell vertritt. Andere Gruppierungen, die Gewalt als legitimes Instrument befürworteten, spalteten sich daraufhin ab. Daraus entstanden spätere Organisationen, die sowohl salafistisch extremistisches Gedankengut vertraten als auch terroristische Aktionen verübt haben. Dazu zählen „Die Islamische Gruppe“ und „Der Islamische Jihad“ in den 1960er und 1970er Jahren. Eine ähnliche Radikalisierung und Internationalisierung fand auch in anderen arabischen Ländern statt. Höhepunkt dieser Entwicklung war die Gründung der „Islamischen Weltfront zum Kampf gegen die Juden und Kreuzfahrer“ durch Usama bin Ladin im Jahr 1998 und der Anschlag auf das World Trade Center am 11. September 2001 in New York.

Parallel zur Ausprägung eines militanten Salafismus entwickelte sich das gemäßigte Spektrum weiter. Entscheidend war hier der Einfluss der arabischen Golfregion, die durch Einnahmen aus dem Erdölsektor weltweit „islamische Projekte“ förderte und als Arbeitsmarkt für arabische Migranten zur Verfügung stand. Viele Islamisten, darunter auch salafistisch geprägte, die in ihren Heimatländern verfolgt wurden, fanden als Gastarbeiter in den erdölreichen Golfstaaten Zuflucht. Sie waren dabei nicht nur in der Ölindustrie, sondern auch im Bildungssektor aktiv. Wichtige Vordenker der gegenwärtigen salafistischen Ideologie lebten und wirkten zumindest zeitweise in Saudi-Arabien. Durch die Rückkehr von Gastarbeitern wurde die salafistische Idee verstärkt in die Heimatländer zurückgetragen und sorgt in der ganzen islamisch geprägten Welt bis heute für eine deutlich spürbare „religiöse Wende“, die in ihren Ausläufern auch Europa und damit Deutschland erfasst hat.

Der extremistische Salafismus

Der Salafismus in Deutschland ist von den beschriebenen Bewegungen inspiriert, aber als eigenständige Ideologie und Bestrebung zu betrachten. Er orientiert sich an dem Vorbild der muslimischen Gründerväter und will eine vermeintlich ideale islamische Gesellschaft erschaffen, wie sie im frühen 7. Jahrhundert existiert haben soll. Das Spektrum reicht hierbei von apolitischen Salafisten bis hin zu solchen, die die Anwendung von Gewalt zur Erreichung dieses Zieles befürworten.

Soweit die fundamentalistische Islamauslegung des Salafismus nur als religiöse Praxis ohne politische Ansprüche, z. B. nach der Errichtung eines schariabasierten Staates, verstanden wird, fehlt eine extremistische Komponente. Teile der salafistischen Glaubensvorstellungen mögen dann „antiquiert“ und integrationsfeindlich erscheinen, sind aber zumindest nicht im Beobachtungsspektrum des Verfassungsschutzes anzusiedeln.

Wenn salafistische Prediger und ihre Netzwerke jedoch die Ausdehnung des von ihnen propagierten Gesellschafts- und Staatsmodells auf alle Staaten anstreben, geraten sie in einen Gegensatz zur Verfassung der Bundesrepublik Deutschland. Sichtbar wird dieses Bestreben vor allem in Verlautbarungen und Schriften von Salafisten, die gerade nicht einer breiten Öffentlichkeit zugänglich sind. Öffentlich vermittelt der überwiegende Teil der salafistischen Propagandisten eher einen gemäßigten und – oberflächlich – verfassungstreuen Eindruck, der über ihr tatsächliches Anliegen hinwegtäuschen kann.

Allen Salafisten gemein ist, dass sie sich als die einzig wahre Gemeinschaft der gläubigen Muslime verstehen, da nur sie den Islam so leben, wie es Gott vorgeschrieben habe. Die beiden grundlegenden Quellen des Islam – der Koran und die Überlieferungen des Propheten Muhammad (Sunna) – sind für sie unveränderliche Basis und werden wortwörtlich genommen. Anpassungen der Islamauslegung an veränderte gesellschaftliche und politische Gegebenheiten werden durch Salafisten als „unislamische Neuerungen" (arab. *bid'a*) kategorisch abgelehnt und führen – so die Vorstellung – zwangsläufig zum „Unglauben" (arab. *kufr*). Sie legen gesteigerten Wert auf die korrekte religiöse Praxis entsprechend dem Vorbild des Propheten Muhammad. Dieser puristische Anspruch sorgt häufig für einen erheblichen Dissens mit anderen Muslimen. Salafisten sind nicht nur davon überzeugt, als Einzige den „wahren Islam" zu leben, sondern werfen anderen Muslimen sogar vor, einen vollkommen falschen Islam zu praktizieren, mithin gar keine „richtigen" Muslime zu sein. Geringste Unterschiede in der Glaubenspraxis, die für Außenstehende zumeist unerheblich bis gar nicht erkennbar sind, stellen für einen überzeugten Salafisten bereits einen schwerwiegenden Verstoß gegen den Glauben dar – und damit gegen die unveränderbaren und ewigen Gesetze Gottes.

Auch soziale Aspekte, wie die strikte Einhaltung der Geschlechtertrennung und die deutliche Abgrenzung von einer nichtsalafistischen Umwelt, sind als gelebter Ausdruck der salafistischen Ideologie zu verstehen. Basierend auf dieser Intoleranz entsteht ein dualistisches Weltbild, das nur noch aus Gläubigen und Ungläubigen (arab. *kuffar*) besteht. Zu diesen Ungläubigen zählen neben den Atheisten, Juden und Christen dann auch alle nichtsalafistischen Muslime. Ein Umgang mit diesen ist zu begrenzen und wenn möglich ganz zu vermeiden.

Praktische Auswirkung kann ein gesellschaftlicher Ausstieg sein. Der vormalige Freundes- und Bekanntenkreis wird verlassen. In diesem Sinne missionierte bzw. reislamisierte Personen versuchen zuerst, innerhalb der eigenen Familie weiter zu missionieren, um die Eltern und Geschwister vor dem vermeintlichen Höllenfeuer im jenseitigen Leben zu bewahren. Ein Scheitern dieser Missionierungsabsicht kann bis zu einem kompletten Bruch mit der Familie führen. Eine Ersatzfamilie ist dann meist der neue, salafistisch motivierte Kreis von Glaubensbrüdern und -schwestern – privat oder innerhalb einer Moscheegemeinde. Der endgültige gesellschaftliche Ausstieg gipfelt in Einzelfällen in einer „Ausreise" (arab. *hijra*) in „authentische" islamische Gebiete, in denen der Betroffene glaubt, sein religiöses Wissen vertiefen und seine Religion gottgerecht ausleben zu können. Abschottung bzw. Ausreise sind allerdings nicht das Hauptziel salafistischer Bestrebungen in Deutschland, sondern die Bekehrung der Muslime und Nicht-Muslime zum „wahren Glauben" hier vor Ort. Das unausgesprochene Ziel – auch wenn es absurd und unrealistisch erscheinen mag – ist die Umgestaltung der Bundesrepublik Deutschland in einen „Gottesstaat", in dem eine Verfassung in ihrer jetzigen Form definitiv keinen Platz mehr hätte.

Erscheinungsformen des Salafismus

Zentraler Begriff im Zusammenhang mit der Verbreitung salafistischer Ideologie ist das arabische Wort *da'wa*. Es ist an sich ein neutraler Begriff, der in einem islamisch konnotierten Kontext „Missionierungsarbeit" meint. Wie viele andere islamische Begriffe auch, wird er von Salafisten missbraucht und ist als „Propaganda" zu verstehen. Ziel dieser vielschichtigen „*da'wa*-Arbeit" ist es, neue Anhänger zu gewinnen und Personen, die bereits in der salafistischen Szene Fuß gefasst haben, noch stärker zu binden.

Ähnlich wie andere Spielarten des Extremismus ist der Salafismus eine Ideologie mit einer großen Anzahl an Darstellungsformen. Zum einen gibt es das öffentliche Wirken und die Außendarstellung. Hier wird dem unbedarften Konsumenten die extremistische Agenda des Salafismus nur in Teilen offenbart. Zudem werden in den seltensten Fällen Aussagen getätigt, die in den Bereich der Strafbarkeit fallen. Hinzu kommt, dass sich der Salafismus durchaus „poppig" darzustellen weiß. Er präsentiert sich als jung, modern und – für viele Jugendliche sicher attraktiv – als Gegenbewegung: gegen den Staat, gegen die Elterngeneration und gegen ein vermeintlich falsches und einseitiges Islambild in der westlichen Welt. Als Provokation und Protestbewegung, gerade gegen islamisch geprägte und „angepasste" (integrierte!) Elterngenerationen, spricht der Salafismus daher viele junge Menschen mit einem Migrationshintergrund an.

Es existiert innerhalb der verschiedenen salafistischen Szenen jedoch auch ein breites Spektrum an halb- und nichtöffentlichen Vortragsveranstaltungen und Schulungsseminaren, in denen die kritisch zu betrachtenden Inhalte des Salafismus – dann ohne Selbstzensur – offenbart werden. Hier gibt es klare Botschaften, wie z. B. die Unvereinbarkeit des Islam salafistischer Prägung mit der Demokratie, die Diffamierung Andersgläubiger sowie andersdenkender Muslime als „Ungläubige", die Rechtfertigung der Unterdrückung der Frau bis hin zur Thematisierung von Gewalt in Form des „jihad" – wobei dieser nur in den seltensten Fällen uneingeschränkt befürwortet wird. In diesem Fall spricht man dann vom „jihadistischen Salafismus", der auch strafrechtlich verfolgt werden kann.

In der Öffentlichkeit wahrgenommen wird hauptsächlich die nach außen dargestellte „Missionierungsarbeit" der Salafisten. Diese hat längst Einzug in die Fußgängerzonen und Einkaufsmeilen deutscher Großstädte erhalten, so z. B. durch

„Infostände". Weniger aufwändig ist die sogenannte „*da'wa* aus der Plastiktüte", bei der das Infomaterial, das für die Verteilung in Fußgängerzonen vorgesehen ist, lediglich in Tüten mit sich geführt wird.

Zur Missionierungsarbeit gehört außerdem die Organisation und Durchführung von Islamvorträgen und -seminaren, beispielsweise in Moscheegemeinden, aber auch in größeren Hallen oder auf öffentlichen Plätzen. Im Rahmen solcher Veranstaltungen werden religiös gefärbte Vorträge gehalten und kostenloses Informationsmaterial wird in Form von Flyern, Büchern oder CDs verteilt. Da es anscheinend aufgrund von befürchteten negativen Folgen schwieriger geworden ist, die Erlaubnis von Moscheegemeinden für solche Vorträge zu erhalten, können Veranstaltungen mittlerweile auch schon einmal in einer Imbissbude stattfinden.

Während „Infostände" meist nur lokale Bezüge haben, gibt es für das weit verbreitete Vortragswesen eigene Prediger, die quer durch Deutschland reisen und für die Grundzüge der salafistischen Lehre werben. Fast jeden Tag findet mittlerweile an irgendeinem Ort in Deutschland ein Vortrag mit salafistischen Inhalten statt. Das Publikum soll nach Vorstellung dieser salafistischen Prediger, die meist keine fundierte islamische theologische Grundausbildung haben, zum „einzig wahren Islam" bekehrt werden. Der Besuch solcher Vorträge und Seminare trägt bei den angesprochenen Personen häufig dazu bei, weiter in ein salafistisches Milieu abzugleiten. Vordergründig geht es dabei nur um die Vermittlung religiöser Inhalte. Tatsächlich beabsichtigt sind jedoch die Indoktrinierung der Teilnehmer mit der salafistischen Ideologie und die Netzwerkbildung. Dabei ist zu unterscheiden zwischen ihren rein religiösen und ihren gesellschaftlichen und politischen Komponenten – also den extremistischen Inhalten.

Die Rolle elektronischer Medien bei der Verbreitung salafistischer Propaganda

Bei der Verbreitung salafistischer Propaganda spielt das Internet bereits seit einigen Jahren eine zentrale Rolle. Durch die Existenz des Web 2.0, speziell durch die Möglichkeiten der Interaktion in Internetforen, Videobörsen und sogenannten sozialen Netzwerken, hat die Bedeutung des „world wide web" auch für die salafistische Szene enorm zugenommen.

Schriften, Videos und Audios salafistischer Protagonisten werden in Chats, Foren und Videokanälen intensiv ausgetauscht. Gleichzeitig ist die Zahl deutschsprachiger Webseiten salafistischer Prägung in den vergangenen Jahren qualitativ professioneller geworden und quantitativ stark angewachsen. Diese sogenannten „*da'wa*-Seiten" sind in der Regel von einem äußerst rigiden Islam-Verständnis geprägt.

Nur ein kleiner Teil davon rechtfertigt offen Gewalt im Namen der Religion – und kann auch von dem unbedarften Betrachter unmittelbar als Teil des jihadistischen Spektrums des Salafismus erkannt werden.

Salafistische Internetseiten richten sich in der Regel an junge Muslime und Konvertiten. Sie sind mehrsprachig, multimedial und grafisch aufwendig gestaltet. Gerade junge Leute werden durch die teilweise poppige Aufmachung der salafistischen Botschaften angelockt. Belange und Interessen Jugendlicher werden zum Teil gezielt thematisiert. Die Botschaft ist dabei meist die Notwendigkeit eines Sichabschottens gegen eine „unislamische" – also nichtsalafistische – Umwelt und der Hinweis auf die vermeintliche Verfolgung und Unterdrückung der Muslime in Deutschland.

Es sind längst nicht mehr nur Organisationen und Moscheegemeinden, die Islam-Seiten betreiben. Immer mehr Einzelpersonen richten in eigener Initiative *da'wa*-Seiten ein, die sie wiederum stark untereinander vernetzen. Auf diesen Seiten werden u. a. Predigten und Traktate auf Deutsch bzw. in deutscher Übersetzung bereitgestellt. Der Salafismus ist somit kein Importprodukt mehr, sondern hat sich zu einem deutschen Phänomen entwickelt.

Die Mehrheit der salafistisch geprägten Internetauftritte ist dem „politischen Salafismus" zuzuordnen. Das ideologische Grundkonzept des Salafismus scheint auf den meisten dieser Seiten aber nicht immer deutlich durch. Für viele Jugendliche liegt die Attraktivität salafistischer Internetseiten darin, dass einfache Antworten auf alle Fragen des Lebens gegeben werden. Eigenständiges und kritisches Nachfragen ist weder erforderlich noch erwünscht.

Eine weitere wichtige Rolle spielen die sozialen Netzwerke, in denen sich – teils offen, teils getarnt – salafistische Akteure und Anhänger tummeln. Das Web 2.0 wird genutzt, um Kontakte zu pflegen, schnell und global Informationen auszutauschen und gemeinsame Aktionen zu planen. Über die zahlreichen Möglichkeiten von Verlinkungen ist schnell auch der Rückgriff auf einschlägige salafistische Webseiten möglich – hiervon viele mittlerweile in deutscher Sprache. Von einer kleinen Anzahl von salafistisch motivierten Benutzern werden soziale Netzwerke auch genutzt, um Gewalt befürwortende jihadistische Videos und Schriften im Internet zu verbreiten.

Zu den im Internet aktiven Personen gehören viele Frauen. Der virtuelle Raum ermöglicht es ihnen, aus der geschützten häuslichen Umgebung heraus öffentlich wirken zu können. Frauen sind genauso in Chaträumen, Foren und den sozialen Netzwerken vertreten wie Männer. Einige von ihnen bauen sogar eigene Frauen-Seiten auf oder richten sich „Schwestern-Räume" ein. Dadurch wird selbst im Netz die Geschlechtertrennung aufrechterhalten. Wiederum andere stehen den Männern auch im Hinblick auf jihadistische Propaganda in nichts nach und äußern sich zum Teil sogar aggressiver als diese.

Salafistische Kernbotschaften am Beispiel Internet

Salafistische Internetangebote sind häufig nicht auf den ersten Blick als solche zu erkennen. Viele Islam-Seiten werben damit, „authentische" Informationen über „den einzig wahren Islam" bereitzustellen. Dass diese Internetpräsenzen in Wirklichkeit aber von Salafisten betrieben werden und darauf ausgerichtet sind, insbesondere Jugendliche gezielt zu indoktrinieren, ist nicht ohne Weiteres ersichtlich. Erst ein genauerer Blick auf die Inhalte der eingestellten Predigten oder Dokumente lässt erahnen, dass den Nutzern nicht der Islam in seinen vielfältigen Ausprägungen nahegebracht werden soll, sondern dass eine engstirnige rückwärtsgewandte Sicht des Islam vorherrscht, die in Teilen verfassungsfeindlich ist.

Zu den immer wiederkehrenden Themen, die auf eine salafistische Internetpräsenz hindeuten, zählen u. a.:

- die Einteilung der Welt in Gläubige und Ungläubige,
- eine ausgeprägte Jenseitsorientierung,
- die Idealisierung der Scharia,
- die Ablehnung der Demokratie,
- die Idealisierung des Islamischen Staates und
- die Kritik an der Gleichstellung von Mann und Frau.

Im Bereich des jihadistisch geprägten Salafismus wird darüber hinaus Gewalt „zur Verteidigung des Islam" und „Kampf gegen die Ungläubigen" gerechtfertigt bzw. offen gefordert.

Unterscheidung zwischen Gläubigen und Ungläubigen

Salafistischen Internetangeboten liegt ein Weltbild zugrunde, nach dem die Menschheit in Gläubige und Ungläubige eingeteilt ist. Nach dem Verständnis der Salafisten gelten nur Muslime mit salafistischen Glaubensvorstellungen als „wahre" Muslime und damit als „Gläubige". Alle andersdenkenden Muslime sowie Anhänger anderer Religionen oder Atheisten werden als *kuffar*, also Ungläubige bezeichnet. In der Wahrnehmung der Salafisten stehen sich „Gläubige" und „Ungläubige" unversöhnlich gegenüber. Vor diesem Hintergrund warnen salafistische Internetprediger eindringlich davor, mit den „Ungläubigen" Freundschaften einzugehen. Kontakte zu ihnen werden ausschließlich zum Zwecke der *da'wa* (Missionierung) begrüßt.

In einer Schrift mit dem Titel „Umgang mit den Ungläubigen", die in salafistischen Blogs verbreitet wird, heißt es:

„(1) Jihad mit den Ungläubigen zu führen, ist erlaubt und in manchen Situationen fardh (d. h. Pflicht), aber ihnen Unrecht anzutun, ist unter keinen Umständen erlaubt.
(2) Sich mit den Ungläubigen zu versöhnen, ist erlaubt, aber ihnen Respekt zu erweisen nicht.
(3) Ihnen gegenüber gütig zu sein, ist erlaubt, aber ihnen Respekt zu erweisen nicht.
(4) Bittgebete für ihre Rechtleitung und Verbesserung sind erlaubt, aber für denjenigen, der im Zustand des Unglaubens gestorben ist, Vergebung zu erbitten, ist nicht erlaubt."

(Quelle: www.siratalmustaqim.wordpress.com)

Salafisten grenzen sich nicht nur von Nicht-Muslimen und andersdenkenden Muslimen ab, sie betreiben gezielt Desintegration und schüren den Hass auf ihr nicht-salafistisches Umfeld. Beispielhaft dafür ist eine Schrift mit dem Titel „Grundlagen im Lieben und Hassen um Allahs Willen", die auf salafistischen Internetseiten Verbreitung findet. Darin ist zu lesen:

„Die Pflicht ist, die Ungläubigen zu hassen, weil Allah uns angeordnet hat, sie zu hassen [...] Trotzdem sehen wir viele Muslimīn (d. h. Muslime), wie sie sich in die Arme der Ungläubigen werfen, sie lieben und ihnen schmeicheln. Einige Leute behaupten: Die Ungläubigen haben sich geändert, sie sind nicht mehr wie die ersteren Ungläubigen. Zu ihnen sagen wir: Dies ist nicht richtig, die Ungläubigen sind die Ungläubigen, sie sind unsere Feinde schon damals und auch heute."

(Quelle: www.forumi.kurandhesunet.net)

Vor allem das Prinzip des *takfir* (Exkommunikation) macht Teile der salafistischen Strömung anschlussfähig für Jihadisten. Jihadistische Salafisten leiten aus dem *takfir* in einem weiteren Schritt das Erfordernis der Tötung von Ungläubigen ab. So heißt es in einem religiösen Traktat, das auf salafistischen Internetpräsenzen zu finden ist:

„Die Grabesanbeter, die Juden und die Christen sind Ungläubige. Allerdings werden sie bei der Hinrichtung zur Reue aufgefordert, und wenn sie bereuen (so wird von ihrer Hinrichtung abgesehen). Wenn nicht, dann werden sie hingerichtet."

(Quelle: www.ahlu-sunnah.com)

Auch das einschlägig bekannte Werk eines wahhabitischen Ideologen mit dem Titel „Die Glaubenslehre der sunnitischen Gemeinschaft" fordert die Tötung von Glaubensabtrünnigen nach islamischer Rechtsprechung. Das Buch wurde im Zuge von Ermittlungsverfahren von einigen salafistischen Internetseiten entfernt, ist jedoch nach wie vor über islamische Online-Versandhäuser erhältlich. Darin heißt es:

> *„Es ist unsere Meinung, dass wer auch immer die Annehmbarkeit bei Allah irgendeiner heute existierenden Religion vorzieht – eine andere als der Islam – wie z. B. das Judentum, Christentum, usw., behauptet, ein Ungläubiger ist. Er sollte aufgefordert werden, zu bereuen, tut er dies nicht, muss er als Abtrünniger (murtad) hingerichtet werden, weil er den Qur'an verleugnet."*

Drohung mit Höllenqualen

Ihre bipolare Weltsicht projizieren Salafisten auch auf das Jenseits. So wird den „Ungläubigen" die Hölle angedroht, den Salafisten jedoch das Paradies in Aussicht gestellt. Bei Salafisten ist eine ausgeprägte Jenseitsorientierung feststellbar. Das Diesseits wird als eine Art Vorbereitung, aber auch als Prüfung auf dem Weg ins Paradies betrachtet. Nur wer das engmaschige Regelwerk der Salafisten zur Gestaltung des religiösen und sozialen Lebens einhält, hat Aussicht, der Hölle zu entkommen. Auf ihn warten als Lohn die Freuden des Paradieses. Wer dagegen im Diesseits gegen die vorgeschriebenen Regeln verstößt, muss nach seinem Tod mit ewigen Höllenqualen rechnen. Die Angst vor jenseitiger Strafe für „unislamische" Verhaltensweisen machen sich salafistische Prediger zu Nutze. Um ihre Anhänger zu überzeugen, bedienen sie sich häufig einer regelrechten Drohpädagogik. In ihren Internetpredigten verlieren sie sich in sadistischen Details, wenn sie die zu erwartenden Strafen der Hölle beschreiben. Dabei muss man sehen, dass die Drohung mit Höllenqualen als Sanktion für ein „ungläubiges" Leben nur einem Zweck dient, Muslimen die eigene Sichtweise der Religion aufzudrängen und jegliche Reflexion oder gar Zweifel an den vermittelten Inhalten im Keim zu ersticken.

Idealisierung der Scharia

Salafisten idealisieren die Scharia und treten für deren Anwendung ein. Für sie hat die Scharia als göttliches Gesetz stets Vorrang vor jeder weltlichen Gesetzgebung. So verteidigen Salafisten beispielsweise Körperstrafen, die die Scharia vorschreibt und argumentieren mit deren abschreckender Wirkung. Ein Beispiel hierfür ist die

Schrift „Missverständnisse über Menschenrechte im Islam“. Die von der Bundesprüfstelle für jugendgefährdende Medien indizierte Publikation eines saudischen Autors wurde ins Deutsche übersetzt und von Privathändlern und Versandhäusern online zum Kauf angeboten. Die Broschüre enthält u. a. besonders drastische Ausführungen zur Bestrafung von Personen, die sich vom Islam abgewendet haben. Die Tötung von Abtrünnigen, so ist darin zu lesen, sei in Wirklichkeit eine Erlösung für den Rest der Gesellschaft.

Auch die Regelungen des islamischen Prozess- und Familienrechts betrachten Salafisten als höherrangig gegenüber „weltlichen Gesetzen“. Nach Vorstellung der Salafisten beinhaltet die Scharia selbst nach heutigem Maßstab alle notwendigen Regelungen.

Auf Konflikte zwischen dem islamischen Recht und den universellen Menschenrechten angesprochen, reagieren Salafisten in der Regel ausweichend. Ein anderer Reflex ist die Relativierung. So versuchen Salafisten – jedoch ebenso konservative Muslime, die nicht salafistisch sind – den schariarechtlichen Vorschriften die Schärfe zu nehmen, indem sie auf die hohen Hürden beispielsweise im islamischen Strafrecht hinweisen. Das islamische Recht selbst wird jedoch nie grundsätzlich in Frage gestellt. Im Gegenteil: in entsprechenden salafistischen Internetbeiträgen wird stets suggeriert, dass die Bestimmungen des islamischen Strafrechts sinnvoll und gerecht seien. Die islamische Gesetzgebung wird in einigen der eingestellten Beiträge sogar als „heilbringend“ beschrieben und zur Lösung gesellschaftlicher Probleme anempfohlen. *„Selten wird dargestellt, wie positiv sich die islamische Gesetzgebung auf das Zusammenleben einer Gesellschaft auswirkt“,* kritisiert ein Salafist auf seiner eigenen Homepage (Quelle: www.way-to-allah.com).

Ablehnung der Demokratie und Idealisierung des Islamischen Staates

Salafisten sind, so wie auch einige andere Anhänger des politischen Islam, der Überzeugung, dass Islam und Demokratie unvereinbar sind. Nach ihrer Vorstellung handelt es sich bei der Demokratie um ein fehlerhaftes, weil vom Menschen erdachtes Konzept ohne religiöse Legitimation. Diese Sichtweise tritt in einer Vielzahl salafistischer Predigten und Textdokumente, die im Internet ausgetauscht werden, zu Tage. Dazu gehört auch die auf salafistischen Webseiten zu findende Schrift eines saudischen Gelehrten mit dem Titel „10 Dinge, die den Islam einer Person auslöschen“. Darin wird jede „menschengemachte“ Gesetzgebung als „übel“ und nichtkonform mit dem Islam beschrieben. Kein Muslim dürfe sich die „westliche“ Gesetzgebung zu eigen machen. Im Internet finden sich darüber hinaus zahlreiche

Textdokumente und Predigten, in denen die Regierenden demokratischer Staaten als „Götzendiener“ *(taghut)* bezeichnet werden, auf die der *takfir* (Exkommunikation) angewendet werden muss. In letzter Konsequenz bedeutet das, dass die so bezeichnete Person aus der Gemeinschaft der Muslime ausgeschlossen und für „vogelfrei“ erklärt wird.

Ihre Ablehnung gegenüber dem demokratischen Rechtsstaat bringen einige salafistische Prediger auch bei ihren Internetauftritten zum Ausdruck. In dem folgenden Beispiel kritisiert ein Salafist Muslime, die sich nach seiner Auffassung „unislamisch“ verhalten:

> *„Mir blutet das Herz, wenn ich hier bin und sehe, liebe Geschwister, leider, dass viele noch am Laizismus hängen, dass viele noch an der Demokratie hängen, dass viele noch an Wahlen teilnehmen, dass viele noch […] mit Parteien sympathisieren, dass sie noch sympathisieren mit jeder Ideologie, liebe Geschwister. Das sind alles Sachen, die uns ins Höllenfeuer führen. Und wir sind verpflichtet, es zu sagen."*
>
> *(Quelle: YouTube-Video „Abu Ibrahim spricht die Wahrheit in DITIB“)*

Salafisten idealisieren den Islamischen Staat. Nur in einem auf der Grundlage der Scharia errichteten Staatswesen könne dem Willen Allahs zur Durchsetzung verholfen werden. Alle anderen Staats- und Gesellschaftsformen seien per se „unislamisch“ und zum Scheitern verurteilt. In der Kritik steht die Demokratie bei Salafisten auch deshalb, weil sie konzeptionell von einer Trennung zwischen Religion und Gesetz ausgeht. Salafisten jedoch begreifen den Islam als „allumfassend“. Nach ihrer Überzeugung ist der Islam „Religion und Staat“. In einer Internetpublikation mit dem Titel „Übertritt vom Islam in eine andere Religion ist verboten!“ kommt diese islamistische Weltsicht deutlich zum Tragen. Der „Einklang von Religion und Gesetz“ wird ebenso beschworen wie die Verteidigung dieses Konzepts gegen Angriffe von außen:

> *„Der Islam, anders wie in vielen Ländern der Erde, beinhaltet/verbindet den Glauben an Gott und das gültige Gesetz für die Menschen von Gott. Es ist nicht wie oft in den westlichen Ländern der Fall, dass Staat und Kirche getrennt voneinander existieren, sondern im Islam gehören beide unbedingt zusammen. Für einen Muslim ist der Einklang von Religion und Gesetzgebung die Grundlage seiner Existenz und seines erfüllten Lebens. Wird diese Grundlage verletzt und mutwillig beschädigt, wird der Muslim versuchen, diese durch Verteidigung zu erhalten.“*
>
> *(Quelle: www.dawah.de)*

Wer seitens der Salafisten auf Erden den Willen Gottes im Staat umsetzen soll, wird jedoch nicht festgelegt. Letztendlich wird es aber in diesem irdischen Kontext ein Mensch sein – ein Salafist.

Ablehnung der Gleichberechtigung

Auf beinahe jeder salafistischen Internetseite ist Material zum Thema Geschlechterrollen, speziell zur Stellung der Frau im Islam zu finden. Dabei kommt in der Regel ein Frauenbild zum Ausdruck, das dem Prinzip der Gleichberechtigung der Geschlechter entgegensteht. Salafisten sprechen zwar von einer „Gleichwertigkeit der Geschlechter (vor Gott)", lehnen aber die Gleichberechtigung von Mann und Frau ab. Sie argumentieren damit, dass die physiologische und psychologische Ungleichheit von Mann und Frau eine rechtliche Ungleichbehandlung der Geschlechter verlange. Eine häufig geäußerte Kritik in diesem Zusammenhang ist, dass das westliche Menschenrechtsverständnis über die biologischen Unterschiede zwischen Mann und Frau schlicht hinweggehe. Auf einer salafistischen Internetpräsenz kritisiert ein deutscher Konvertit mit scharfen Worten die Gleichberechtigung von Frauen als realitätsfremd:

> *„Was die Rechte der Frau anbetrifft, ist vorab festzustellen, dass der Gleichheitsgrundsatz nur erfordert, gleiche Sachverhalte gleich zu behandeln. Ungleiche Sachverhalte dürfen also grundsätzlich ungleich behandelt werden […] Daher sind aus islamischer Sicht unterschiedliche Regelungen gerechtfertigt, soweit sie sich aus dem biologischen Unterschied der Geschlechter ergeben. Die westliche Menschenrechtsdoktrin ignoriert diese Unterschiede allerdings ganz bewusst zugunsten einer Gleichheitsfiktion, die mit fundamentalistischem Ingrimm verfochten wird […]"*
>
> *(Quelle: www.way-to-allah.com)*

Damit bedient sich der Autor eines Arguments, das nicht nur in salafistischen, sondern in traditionell-islamischen Kreisen generell bemüht wird, wenn es darum geht, Frauen auf ihre Rolle als Mutter und Ehefrau festzulegen und ihre rechtliche Gleichstellung mit dem Mann in Abrede zu stellen. Nach Überzeugung von Salafisten weist der Islam Frauen ausschließlich die Rolle als Ehefrau und Mutter zu. Sie betonen, dass insbesondere die Mutterrolle der „ureigensten Natur" der Frau entspreche und von Gott gewollt sei:

> *„Die Natur einer Frau ist grundlegend verschieden von der des Mannes. Frauen sind ängstlicher, sanfter und fürsorglicher, Allah hat sie als perfekte*

> *Erzieher von Kindern ausgewählt. Unsere ureigenste Natur als Menschen soll heute verändert werden."*
>
> *(Quelle: www.way-to-allah.com)*

Salafisten verteidigen auch das Prinzip der islamischen Mehrehe. In der Polygynie wird *„keine signifikante Benachteiligung der Frau"* gesehen. So seien Mehrehen in der islamischen Welt *„heute nicht nur aus wirtschaftlichen Gründen seltener als ehebrecherische Verhältnisse mit bestallten Maitressen im Okzident"*, heißt es in einem Aufsatz, der auf einer salafistischen Internetpräsenz abrufbar ist. Andere salafistisch geprägte und im Internet verbreitete Texte zum Thema Mehrehe im Islam verweisen darauf, dass durchaus zwingende Gründe für die Mehrehe denkbar sind, etwa wenn ein „demografischer Notstand" herrsche. Vielfach begegnen Salafisten der Kritik an der islamischen Mehrehe auch mit Polemik. *„Was ist wohl ehrenhafter für eine Frau? Eine akzeptierte und respektierte zweite Frau zu sein [...] oder eine quasi Prostituierte wie bei den ‚zivilisierten' Alliierten?"*, fragt der Autor einer Internetpublikation, die auf verschiedenen salafistischen Webseiten kursiert.

Salafisten leiten aus den islamischen Quellen die Unterordnung der Frau unter den Mann und ihre Pflicht zum Gehorsam ihm gegenüber ab. Dieses Rollenbild tritt in einer Vielzahl salafistischer Internetpredigten zu Tage, die sich dem Thema „Frau im Islam" widmen. Dabei wird durchgängig die Festlegung der Frau auf den häuslichen Bereich beschworen. So habe die Frau in erster Linie für den Haushalt und die Kinder zu sorgen. In einer Internetpredigt zu diesem Thema wird die islamische Frau daran erinnert, dass sie für das Wohlergehen und die Entspannung ihres Mannes verantwortlich sei. Das Haus solle sie nicht verlassen, es sei denn, es sei unbedingt notwendig:

> *„[...] Ich höre in letzter Zeit von diesen Kundgebungen und Demos [...] dass man sogar die Schwestern aufruft, das Haus zu verlassen und vor Brüdern zu sitzen. Wo leben wir? Allah sagt: Bleibt in euren Häusern. Und du sagst: kommt raus? Allah sagt: Bleibt zuhause sitzen. Die Frau hat nichts draußen zu suchen unter Brüdern!"*
>
> *(Quelle: YouTube-Video „Abu Ubeyda & M. Islam – Über Kundgebungen 1_2")*

Da sich Salafisten streng am Wortlaut islamischer Quellentexte orientieren und weder historisieren noch kontextualisieren, hat für sie auch das koranische Gebot der körperlichen Züchtigung ungehorsamer Ehefrauen in der heutigen Zeit Geltung. In der Öffentlichkeit äußern sich Salafisten zu diesem Thema jedoch selten. Auf salafistischen Internetseiten hingegen kursieren Dokumente, die nahelegen, dass körperliche Gewalt gegen Frauen islamisch legitimiert sei. In einem Beitrag mit dem Titel „Die Stellung der Frau als Ehefrau", der u. a. auf einer salafistischen Frauen-Webseite abzurufen ist, heißt es:

> *„Die Gelehrten bezeichnen dieses ‚Schlagen' als eine Art des ‚Wachrüttelns'. Die Frau, die trotz Ermahnung und Meidung im Ehebett ihren Fehler nicht einsehen will, soll dadurch ‚aufgeweckt' werden und realisieren, dass sie tatsächlich ihre Ehe aufs Spiel setzt […] Das Zurückschlagen wurde zum Schutz der Frau verboten, weil es die Situation noch verschlimmern könnte. Ein Mann, der bereits zornig ist, seine Frau schlägt und dann von ihr zurückgeschlagen wird, könnte vollständig die Kontrolle verlieren und der Frau möglicherweise eine schlimme Verletzung zufügen. Trotzdem bleibt die Wiedervergeltung möglich, denn das Schlagen der Frau darf weder Spuren hinterlassen noch einen empfindlichen Körperteil betreffen."*
>
> *(Quelle: www.ukhti.net; www.dawah.de)*

Salafisten ignorieren dabei, dass diese Art der Körperstrafe beiden Unzucht Treibenden, also auch dem beteiligten Mann gilt.

Befürwortung von Gewalt und Jihad-Verherrlichung

Das Spektrum salafistischer Internetbeiträge ist weit und reicht von unpolitischem Missionierungseifer über islamistische Inhalte bis hin zu gewaltbezogener und jihadistischer Propaganda. Zwar distanziert sich der Großteil salafistischer Webseiten-Betreiber von Gewalt, ein vergleichsweise kleines, gewaltbefürwortendes Personenpotenzial innerhalb der salafistischen Szene nutzt jedoch das Internet gezielt, um das entsprechende Gedankengut zu verbreiten – entweder auf jihadistisch ausgerichteten Webseiten oder über andere Verbreitungswege, z. B. durch die Nutzung von Sozialen-Netzwerk-Seiten und Videoportalen. Dadurch erfährt Gewaltpropaganda, auch wenn sie „nur" von einigen wenigen Personen ausgeht, mitunter einen hohen Verbreitungs- und Wirkungsgrad. Zu den im Internet kursierenden Schriften, die das gewaltsame Vorgehen gegen die „Ungläubigen" rechtfertigt, gehört ein Traktat namens „Walah und Barah" (Loyalität und Lossagung), das auch auf salafistischen Internetpräsenzen zu finden ist. Die Schrift enthält Empfehlungen zum Umgang mit „Ungläubigen", wozu auch der gewaltsame Jihad gezählt wird:

> *„Barah entspringt dem Hassen um der Religion willen […] Hierzu gehört, […] dass man Dschihad macht mit dem Geld, der Zunge und mit Waffen und*

dass man die Länder der Kufar [d. h. der Ungläubigen] verlässt und zu den Ländern der Muslimīn geht.“

(Quelle: www.diewahrheitimherzen.de)

Die überwiegende Zahl salafistischer Prediger mit Gewaltaffinität befürwortet den gewaltsamen Kampf der Muslime in Konfliktregionen. So werden beispielsweise Terrorangriffe von Muslimen gegen „Kreuzzügler“ bzw. „Ungläubige“ in Afghanistan gutgeheißen und als mit dem Islam vereinbar dargestellt. Dabei spielt die Vorstellung eine Rolle, dass der Islam Gewalt zu Verteidigungszwecken und als Mittel im Kampf gegen Unterdrücker erlaubt. In einem Islam-Lehrbuch, für das eine salafistische Internetpräsenz warb, heißt es:

„Islam fördert Frieden. Zur gleichen Zeit ermahnt Islam seine Anhänger sich zu verteidigen, und gegen Unterdrückung vorzugehen. Der Kampf gegen Unterdrückung kann zuweilen den Gebrauch von Gewalt fordern. Dem zufolge kann Gewalt im Islam nur angewendet werden, um Frieden und Gerechtigkeit zu fördern.“

Auf salafistischen Internetpräsenzen finden sich häufig umfangreiche Erläuterungen zur Notwendigkeit des bewaffneten Kampfes im Frühislam, die zum Teil explizit auf die heutige Situation bezogen werden und als Legitimationsgrundlage für militant-islamistische Gruppierungen in Konfliktregionen wie Afghanistan oder Irak dienen sollen. Solche den Jihad verherrlichenden Schriften können aber auch radikalisierten Einzelpersonen als Inspiration dienen.

Nur ein kleiner Ausschnitt salafistischer Akteure, die dem Gewalt befürwortenden Spektrum zugerechnet werden, tritt darüber hinaus offen für den Jihad oder das Märtyrertum ohne diese regionale Einschränkung ein. Beispielhaft für diese Gruppe innerhalb der gewaltorientierten salafistischen Szene in Deutschland stehen zwei Prediger aus Nordrhein-Westfalen, die in Internetpublikationen offen „das Sterben für Allah“ und den „Märtyrertod“ verherrlichen. Einer von ihnen bekennt sich in einer Internetpredigt, die sowohl auf seiner eigenen Homepage als auch auf dem Videoportal YouTube verbreitet wurde, offen zum Märtyrertum:

„Mein Wunsch ist, als Märtyrer zu sterben. Und möge Allah mir das ermöglichen [...] das ist unsere Da'wa und dafür leben wir.“

(Quelle: YouTube-Video: „Wahre Worte von Bruder Ibrahim!“)

Ein weiterer salafistischer Akteur aus Nordrhein-Westfalen stellt in einem mehrteiligen

Video den gewaltsamen Jihad im Namen des Islam als legitim dar. Er bezeichnet ihn als gerechtes Mittel im Kampf gegen jene, die den Islam bekämpfen:

> *„Wir müssen uns nicht in die Ecke drängen lassen und die Wahrheit verstecken, nein – es ist die Wahrheit – es gibt den Jihad, natürlich gibt es den Jihad. Ihr greift uns an, dann verteidigen wir uns, das ist logisch, das machen die Tiere sogar, da brauche ich noch nicht mal Mensch zu sein und Verstand zu haben. Ja, die ungerechten Menschen, Völker gehen nach Afghanistan oder Palästina und töten, damit die dort die Religion und den Koran bekämpfen, damit die dort Demokratie haben – ja, keine islamischen Gesetze von Allah, sondern Gesetze vom Schaytan (Teufel).“*
>
> *(Quelle: YouTube-Video „Abu Abdullah – Der Lohn des Shahid“)*

Videos, in denen der gewaltsame Jihad als Akt der Verteidigung des Islam beschrieben wird, kursieren in großer Zahl im Internet. Vor allem ausländische Terrororganisationen verbreiten seit einigen Jahren Jihad verherrlichende Videos und Drohbotschaften gegen Deutschland in einschlägigen Foren. Von dort findet dieses Propagandamaterial schnell Verbreitung auf Videoplattformen und in sozialen Netzwerken.

In Deutschland sind Salafisten bei der Verbreitung von jihadistischer Propaganda vorsichtiger geworden. Bei ihren öffentlichen Äußerungen versuchen sie in der Regel, unterhalb der Strafbarkeitsschwelle zu bleiben. So wurde ein Video, in dem ein bekannter Salafist seine Anhängerschaft offen dazu aufgefordert hatte, ihr Leben für den Islam zu opfern, von diesem wieder aus dem Netz genommen und kurze Zeit später in einer „entschärften“ Version veröffentlicht.

Die Rekrutierungsstrategien der Salafisten mittels des Internets gehen auf und sind nur schwer kontrollierbar. Umso mehr bedarf es einer zielgerichteten Aufklärungsarbeit hinsichtlich der Grundelemente des Islam als eine der drei monotheistischen Weltreligionen und einer gleichzeitigen Demokratieerziehung.

Olaf Farschid

Salafistische Hymnen (Naschids): Religiöse Praxis oder offene Jihad-Werbung?

Einleitung

In fast allen Ländern ist Musik Teil der jeweiligen Jugendkultur. Dies gilt auch für die Jugendkulturen junger Menschen in Deutschland mit muslimischem Migrationshintergrund. So uneinheitlich wie diese neuerdings pauschal als ‚muslimisch' klassifizierten Jugendlichen in Deutschland sein können, so unterschiedlich sind ihre Musikpräferenzen. Zu ihren bevorzugten Musikrichtungen des Pop, Rap oder Heavy Metal gehören auch solche, die auf den Islam Bezug nehmen. Dies betrifft etwa eine Strömung des religiösen Pop, die für einen wertebetonten, durch Bescheidenheit und Toleranz gekennzeichneten Islam wirbt.[1] Andererseits existiert auch Liedgut, das einer spezifischen Ausprägung des Islamismus entstammt und das hochgradig radikalisierungsfördernde Botschaften vermittelt. Dies gilt insbesondere für einen Teil sogenannter „islamischer Hymnen" (Sing. Naschid, Pl. Anashid), ursprünglich melodiöse Rezitationen von Gedichten, die es in populär-religiöser, nationaler oder in jihadistischer Ausrichtung gibt.[2]

Seit 2009 häufen sich auch in Deutschland Naschids,[3] die den militanten Jihad und den Märtyrertod verherrlichen und zur Teilnahme am Kampf auf den internationalen „Jihad-Schauplätzen" auffordern. Diese inzwischen auch deutschsprachigen Kampflieder werden von den Vortragenden meist als Ausdruck ihres „Neu- bzw. Wiedergeborenseins" als Muslime verharmlost. Den Hörern bleibt hierbei meist verborgen, dass die Vortragenden nicht allein der islamischen Religion anhängen, sondern einer äußerst radikalen Strömung innerhalb der politischen Ideologie des Islamismus, die vorgibt, lediglich religiöse Ziele zu verfolgen. Diese Strömung nennt man Salafismus; ihre Anhänger bezeichnen sich selbst als Salafiten. Teile des Salafismus, insbesondere die Spektren des „politischen Salafismus" und des „jihadistischen Salafismus", treten in Deutschland zunehmend mit demokratie-feindlichen Aussagen wie auch mit Nicht-Muslime abwertenden und gewaltverherrlichenden Äußerungen in Erscheinung. Diese beiden Salafismus-Strömungen bewerben mit ihrer deutschsprachigen Propaganda Gedankengut, das deutlich gegen die Demokratie gerichtete bis verfassungsfeindliche Züge aufweist.[4] Noch problematischer wird es, wenn Gewalt offen beworben oder pseudoreligiös legitimiert wird. Dieses mittels Publikationen, Internetauftritten, Infoständen, „Islam-Seminaren" und einschlägigen

Naschids verbreitete und als Da'wa (Missionierung) deklarierte salafistische Gedankengut trägt vielfach zur Radikalisierung vor allem junger Menschen bei.[5] Dies gilt insbesondere für von Salafisten umworbene junge und ursprünglich häufig eher religionsferne „Muslime" sowie für die Zielgruppe der Konvertiten, die erst recht nicht zwischen den religiösen Bestandteilen des Islam und extremistischen Tendenzen im Salafismus zu unterscheiden vermögen.

Musikverbot bei Salafisten

Musik für vermeintlich unislamisch zu erklären und zu verbieten, ist im islamistischen Spektrum nicht neu: Bereits nach Machterlangung der Islamisten 1979 im Iran hatte Ayatollah Khomeini Musik zum „Teufelszeug" erhoben und verboten. Dieses Verbot hatte allerdings nicht lange Bestand, sodass in der „Islamischen Republik Iran" derzeit wieder fast alle Musikrichtungen zu finden sind. Heutzutage sind es vor allem die durch den saudi-arabischen Islam geprägten Salafisten, die Musik, Gesang und Tanz für sündhaft erklären und ihre Ausübung Muslimen zu verbieten suchen. Wie detaillierte Anweisungen in deutscher Sprache zeigen, sollten sich Muslime vor einer erotisierenden und sexuellen Wirkung von Musik und Gesang schützen und diese unbedingt meiden. Mit Ausnahme der unter bestimmten Bedingungen gestatteten Handtrommel (Daff) seien sämtliche Saiten-, Blas- und Schlaginstrumente verboten. Entsprechend unzulässig seien die Berufe des Musikers, Sängers, Tänzers sowie des Instrumentenmachers und -verkäufers. Eine Ausnahme bildet allerdings das Singen von Liedern, die die Betonung von „Mut, Furchtlosigkeit und Stärke" zum Inhalt haben oder die „die Erinnerung an historische Vorfälle wie z. B. Schlachten gegen den Feind etc. wach erhalten".[6]

Radikalisierende Kampf-Naschids

Ausdrücklich gestattet werden von Salafisten sogenannte „islamische Lieder" bzw. Hymnen, die im Arabischen als Naschid (engl. Nasheed) bezeichnet werden. Diese „islamischen Hymnen" (Anaschid islamiya) bzw. „jihadistische Hymnen" (Anaschid jihadiya) sollen vor allem „die Begeisterung und den Wunsch für den Jihad zünden". Sie gelten als „Kampflieder" mit „großem geistigen und moralischen Nutzen für die Krieger", die „Heldenmut und Tapferkeit" erzeugen sowie Muslime dazu bewegen sollen, „das Schwert für die Sache Allahs [...] zu erheben".[7]

Kampf-Naschids weisen eine starke Rhythmik auf, werden meist a capella gesungen und sind allenfalls von einer Handtrommel begleitet. Unter Jihadisten haben sie eine längere Tradition. Insbesondere während des Afghanistankriegs gegen die sowjetische Besatzung (1979-1989) wurden sie zur Motivation der Kämpfer eingesetzt. Entsprechende Hymnen fanden sich auch auf Videos der Hamburger Zelle der Attentäter des 11. September 2001. Aktuell werden Kampf-Naschids vor allem in Anschlagsvideos verwendet, wo sie die Wirkung der Bilder verstärken sollen. Dies ist etwa in Videobotschaften der terroristischen „Islamischen Bewegung Usbekistan" (IBU) der Fall, die Deutschland mit Anschlägen drohen. Inhaltlich wird hier der militante Kampf (Jihad) für islamisch legitim erklärt und der Märtyrertod mit dem Versprechen des Einzugs ins Paradies sowie der Heirat von Paradiesjungfrauen (arab. Huris) verknüpft.[8]

Als eines der ersten deutschsprachigen Kampf-Naschids erschien 2009 „al-Mukalla – Sterben um zu Leben", das Mounir Chouka (Kampfname Abu Adam), einer der in Bonn aufgewachsenen jihadistischen Chouka-Brüder, vortrug. In dem Naschid heißt es:

„Wir haben uns entschieden,
wir haben uns schon längst entschieden,
für Allah und seinen Gesandten und das Leben nach dem Tod. [...]
Sterben um zu Leben, hayya ala l-jihad (auf zum Jihad)."

2010 erschien aus dem „Studio Jund Allah" [Soldat Gottes], dem Medienzentrum der IBU, ein mit „Mutter bleibe standhaft" betiteltes Kampf-Naschid, das Mounir Chouka aus den afghanisch-pakistanischen Kampfgebieten an seine Mutter adressierte:

„Mutter bleibe standhaft, ich bin im Jihad,
trauer' nicht um mich und wisse, Er hat mich erweckt.
Die Umma [islamische Gemeinschaft] ist geblendet,
doch ich wurde geehrt, Mutter bleibe standhaft, dein Sohn ist im Jihad."

In Anlehnung an einen frühen Theoretiker des militanten Jihad[9] deklariert Chouka hierin den Jihad als eine „unerfüllte Pflicht", der er angesichts des Krieges, den der Westen gegen „den Islam" und „die Muslime" führe, im afghanisch-pakistanischen Grenzgebiet nachkommen müsse. Da die westlichen Staaten diese Territorien wie auch „Palästina" und den Irak militärisch besetzten und dort den Koran schändeten, sei der Kampf unausweichlich:

„Noch heute muss ich gehen, morgen wäre es schon zu spät
Mutter bleibe standhaft, dein Sohn ist im Jihad
Mich auf meinen Herrn verlassend, machte ich mich auf den Weg

fi Sabilillah [auf dem Wege Gottes], egal wohin es geht
Egal, wie weit die Wüste und egal wie hoch der Berg
Mutter bleibe standhaft, dein Sohn ist im Jihad."

An seine Mutter gerichtet behauptet der Jihadist, dass er hierfür von Gott auserwählt sei, weshalb sie sich nicht um ihn sorgen solle. Wenn er auf dem Schlachtfeld falle, sei er auch nicht tot, sondern käme ins Paradies:

„Mutter, wenn ich auf dem Schlachtfeld falle, dann glaub nicht, ich sei tot
vielmehr bin ich lebendig, an einem besseren Ort."
„Mutter bleibe standhaft, dein Sohn ist im Jihad
trauer' nicht um mich und wisse, Er hat mich erweckt."

Insbesondere für jugendliche Rezipienten geht von der über das Medium Kampflied vermittelten Ideologie eine erhebliche Gefährdung aus. Diese jihad-salafistische Ideologie verbietet nicht allein weltliche Musik und ersetzt sie durch Kampflieder. Vielmehr werden Jugendliche mit Gedankengut indoktriniert, das den militanten Jihad sowie den Märtyrertod zu vermeintlich essenziellen Bestandteilen des Islam erklärt. Aktuelle Radikalisierungsverläufe zeigen, dass jihad-salafistisches Gedankengut junge Menschen in sehr kurzen Zeiträumen fanatisiert hat. Zudem sind einige Naschids höchst professionell aufgemacht. Im Falle des zum Jihad-Salafisten gewandelten ehemaligen Rappers Deso Dogg finden sich sowohl im Hip-Hop-Stil vorgetragene Kampf-Naschids (z. B. in „Labbayk") als auch jugendkompatible Designs. So lehnt sich das CD-Logo seines Naschids „Wofür wir stehen" zwar optisch an den Hip-Hop-Stil an, transportiert aber gänzlich andere Botschaften. Hierzu gehört die Behauptung, der Inhalt der CD sei Ausdruck der „wahren Religion" *(true religion),* verkörpere die vorbildhafte Lebensweise der frühislamischen „Angehörigen der Prophetenüberlieferung" (Ahlu-Sunnah) und stehe für einen echten „islamischen Inhalt" *(Islamic content).* Dass die CD ein Kampflied enthält, das radikalisierendes Gedankengut transportiert und terroristische Gewalt verherrlicht, ist auf den ersten Blick nicht erkennbar.

Fallbeispiel eines „neugeborenen" Salafisten: Jihad-Naschids statt Gangsta-Rap

Als exemplarisch für in Deutschland verbreitete Kampflieder können die Naschids von Denis Cuspert gelten, der sich zu einem der prominentesten Kampflied-Vortragenden in Deutschland entwickelte und insbesondere Jugendliche mit jihad-salafistischer Propaganda indoktriniert.[10] Der 1975 in Berlin geborene Cuspert war in der Rapperszene lange unter dem Künstlernamen Deso Dogg aktiv, bevor er sich 2010 vom Rap abwandte und sich Abou Maleeq (Abu Malik), später dann Abu Talha al-Almani nannte.[11] Seine Abkehr vom Rap begründete Cuspert mit szenetypischem Drogen- und Alkoholkonsum, Waffenbesitz sowie vermeintlicher Unzucht der Geschlechter.

Die Phase vor dem „Neugeborensein" als „Muslim" ist für ihn inzwischen „Dschahiliyya" (die vorislamische Periode der „Unwissenheit") – ein Begriff, mit dem Sayyid Qutb, Begründer des militanten Islamismus, bereits in den 1960ern die westliche Welt und muslimische Länder für exkommuniziert erklärt und zu deren gewaltsamer Bekämpfung er aufgerufen hatte. In seinem Sinneswandel beeinflusst wurde Cuspert unter anderem durch das – von ihm als Ungerechtigkeit gegenüber „Muslimen" empfundene – Verbot der islamistischen Salafisten-Organisation „Kalifatstaat" (2001) sowie durch Kontakte zu der in Deutschland 2003 ebenfalls verbotenen islamistischen „Hizb al-Tahrir" („Partei der Befreiung"), durch die er – neben dem Gaza-Krieg 2009 – vermutlich radikalisiert wurde.

Inzwischen warnt Cuspert eindringlich vor dem Rap und ruft dazu auf, Musik gänzlich als „teuflisches Werkzeug" zu „verabscheuen". Ganz im Sinne salafistischer Ideologie behauptet er sogar, dass der Islam Musik verbiete und fordert Jugendliche auf, sich von Musik fernzuhalten. So heißt es bei ihm: „Wallah [bei Gott], wenn Ihr Musik hört, oder Musik macht, versucht da ganz schnell raus zu kommen. Weil diese Sache, ist keine leichte Sache. Es ist haram [verboten], hundertprozentig haram [...] Haltet Euch von Musik fern." Cuspert befürwortet auch die massive Einschränkung der Rechte der Frau und unterstellt Prostitution bzw. „Fremdgehen" von Mädchen, wenn diese das Haus ohne männliche Aufsicht verließen. Diese wie auch andere vermeintliche Exzesse der hierfür verantwortlichen Musikbranche sind für ihn Unzucht, vor der allein die Hinwendung zum – salafistisch geprägten – Islam bewahren würde.[12]

Nach eigenen Worten ist Cuspert stark mit der deutschen Salafistenszene vernetzt. Dies betrifft insbesondere die Internetplattform „Die Wahre Religion" sowie den inzwischen aufgelösten Verein „Einladung zum Paradies". Vor seiner Flucht ins Ausland 2012 war Cuspert Teil des virtuellen Netzwerks „Millatu Ibrahim" [Gemeinschaft Abrahams], eines Nachfolgeprojekts der „Globalen Islamischen Medien-Front", das u. a. zur Nichtanerkennung des deutschen Rechtssystems aufruft. Zum Netzwerk „Millatu Ibrahim" gehörten bis zu dessen Verbot 2012 auch die Webseiten „Millatu Ibrahim", „Salafimedia" sowie das noch existente salafistische Gefangenenhilfeprojekt „Ansarul-Aseer" [Gefangenenhelfer], das etwa deutsche Justizvollzugsanstalten der Folter muslimischer Gefangener bezichtigte.

Dass Cuspert 2010 nicht, wie behauptet, allein den Islam entdeckte, sondern sich der äußerst radikalen Strömung des Salafismus zuwandte, zeigt seine Übernahme salafistischer Ideologie und Terminologie: So diffamiert er Nicht-Muslime als vermeintliche Ungläubige (Sing. Kafir, Pl. Kuffar) – er nennt sie die „dreckigen Diener des Shaytan" [Satan], er bezeichnet Berlin als „Kuffar-Metropole" und er stigmatisiert Musik-Clubs und Kneipen als vermeintlich islamrechtlich „verbotene" Orte (Haram-Orte). Auch Behörden[13] beschimpft er als „Diener des Shaytan" und wirft ihnen vor, den Koran zu beschmutzen.[14] Ferner befürwortet Cuspert den ersten jihadistischen Anschlag auf deutschem Boden und verherrlicht den Attentäter Arid Uka, der am 2.3.2011 am Flughafen Frankfurt/M. amerikanische Soldaten tötete. Schließlich glorifiziert er Bekay Harrach, der im Namen von „al-Qa'ida" mehrfach mit Anschlägen in Deutschland gedroht hatte, als „Märtyrer" und nahm auch dessen Kampfnamen Abu Talha al-Almani an.[15]

Radikalisierungsfaktor Jihad-Werbung

Zur Radikalisierung trägt insbesondere der Inhalt der Botschaften bei. Hauptelemente der Kampf-Naschids sind die Verketzerung von Nicht-Muslimen als vermeintliche Ungläubige (Kuffar), das Werben für die Einführung der Scharia, die Propagierung des militanten Jihad als vermeintlich untrennbaren Bestandteil des Islam, die Verherrlichung des Märtyrertods und Aufrufe zur Teilnahme am bewaffneten Kampf. Aufgrund dieser Ideologiemischung wird diese islamistische Strömung inzwischen als Jihadismus oder präziser als jihadistischer Salafismus bezeichnet.

„Islamischsein" durch den militanten Jihad

Der Jihadismus als weitaus gefährlichste Ausformung des Islamismus basiert vor allem auf einer Neubestimmung des „Islamischseins". So ist die Ausübung des militanten Jihad für jihadistisch orientierte ‚Muslime' der bestimmende Daseinsgrund. Sie erleben den militanten Jihad als existenziell und als über die eigene Lebenszeit hinaus sinnstiftend. Entsprechende Vorstellungen hatte Abd Allah Azzam (1941-1989) bereits in den 1980er Jahren formuliert. Er war nicht allein der Auffassung, dass der militante Jihad einen höheren Rang besitze als etwa das tägliche Pflichtgebet. Vielmehr postulierte er eine Identität zwischen dem Einzelnen und dem militanten Jihad und forderte, dass jegliche Gemeinschaftsbildung auf Grundlage des militanten Jihad zu erfolgen habe. So suchen Jihadisten mit der Ausübung des militanten Jihad „den Islam" zu verwirklichen. Hierbei verstehen sie sich ausdrücklich als Exekutive eines vermeintlichen islamischen Willens, den wiederum sie selbst verkörpern. Dies hat zur Folge, dass für sie kaum ein Leben außerhalb der Netzwerke vorstellbar ist und dass die Islamität der Mitglieder vor allem allein durch die terroristische Tat gegeben ist.[16]

Grundmotive jihadistischer Gewaltanwendung

Um Gewaltanwendung zu begründen, bedienen sich jihadistische Salafisten z.T. (pseudo-)religiöser Argumentationen und formulieren darüber hinaus eine Reihe von Grundmotiven für den Einsatz des militanten Jihad. Hierzu gehört erstens die Behauptung, dass ein historischer Konflikt zwischen dem Islam und der nichtmuslimischen Welt bestehe, der den militanten Jihad zur weltweiten Durchsetzung der Scharia erforderlich mache. Ein zweiter Legitimationsstrang ist die von „al-Qa'ida" verbreitete Behauptung, die westlichen Staaten führten einen Vernichtungskrieg gegen den Islam und die Muslime. Ein Motiv für den Jihad seien drittens apostatische Regime im Nahen und Mittleren Osten, die unislamisch regieren und säkulare Gesetze anwenden würden. Diesbezüglich wird nicht allein die nichtmuslimische Welt für ungläubig *(kafir)* erklärt, sondern auch muslimisch geprägte Länder. Grundmotive für den Einsatz des militanten Jihad sind viertens Vergeltung für die Kriege fremder Staaten – etwa in Afghanistan und im Irak –, fünftens die Behauptung der ‚Legitimität von Angriffen auf den fernen Feind', sechstens die Behauptung der ‚Legitimität von Angriffen auf Zivilisten' sowie siebtens das Motiv der Verunglimpfung des Islam (z. B. Prophetenbeleidigung in der Karikaturenaffäre 2006).

Der militante Jihad als sechster Pfeiler islamischer Glaubenspflichten

Zur Jihad-Werbung gehört u. a. die Behauptung, dass der Islam und die militante Variante des Jihad (arab. „al-Jihad fi sabilillah", wörtl. „Jihad auf dem Wege Gottes") untrennbar verbunden seien und dass diese Jihad-Variante den sechsten Pfeiler islamischer Glaubenspflichten bilde. So behaupten Jihadisten, dass der Islam nicht allein fünf Glaubenspflichten aufweist (das Glaubensbekenntnis, das Gebet, das Fasten, die Almosensteuer und die Pilgerfahrt), sondern mit dem militanten Jihad auch eine sechste Glaubenspflicht. Diese sei verloren gegangen und müsse wieder belebt werden. Unter Bezug auf den Jihad-Ideologen Muhammad Abdassalam Faraj (1952-1982) ist folglich oft von einer „unerfüllten religiösen Pflicht" die Rede, der Muslime nachkommen müssten. Versäumten sie die Pflicht zum militanten Jihad, seien sie keine „wahren Muslime". Die Untrennbarkeit von Religion und Gewalt postuliert etwa der Jihad-Ideologe Anwar al-Aulaqi (1971-2011):

> *„Den Jihad zu verlassen, bedeutet, den Deen [die Religion] zu verlassen. Daher ist der einzige Weg um zum Deen [zur Religion] zurückzukehren, zum Jihad fi Sabeelillah [zum „Jihad auf dem Wege Gottes", d. h. zum militanten Jihad] zurückzukehren; daher entspricht der Jihad gleich Religion."*[17]

Entsprechend verherrlicht der Ex-Rapper und ‚neugeborene' Jihad-Salafist Denis Cuspert in seinem Naschid „Wofür wir stehen" unzweideutig den militanten Jihad („mein Herz schlägt für Jihad"), den er zum untrennbaren Bestandteil des Islam („das Schwert, das niemals ruht") erhebt und als gerechte Sache verbrämt („für Gerechtigkeit ya Allah"). Auch in seinem Naschid „Wofür wir stehen" bewiesen die Kämpfer ihre Liebe zum Islam vor allem durch die Ausübung des Jihad und durch die Hingabe ihres Blutes („aus Liebe geb'n wir unser Blut"). Zugang zum versprochenen Paradies erhielten sie durch den „Märtyrertod", das Blutszeugnis („unser Blut für shuhada" [hier: Blutszeugnis]).

Zur Jihad-Werbung von Mounir Chouka (in dessen Naschid „Sterben um zu leben") wie auch von Cuspert gehört ferner der Schlachtruf „haiya ala'l Jihad" („auf zum Jihad"), den Letzterer in seinem Naschid „Mumina" benutzt („Haya al-Jihad hört ihr uns're Schreie nicht?"). Dieser allein in diesem Naschid elf Mal benutzte Schlachtruf ist im Gegensatz zu den Behauptungen von Jihadisten allerdings kein Bestandteil islamischer Glaubenspraxis.[18] Der jihadistische Schlachtruf „haiya ala'l Jihad" („auf zum Jihad") lässt zum einen Rückschlüsse auf das jihadistische Umfeld zu, das Cuspert und andere Naschid-Sänger offenbar gezielt mit einschlägiger salafistischer Ideologie indoktriniert. Zum anderen zeigt die Verwendung des Schlachtrufs „auf zum Jihad", dass Jihadisten mit dem militanten Jihad ihre Version des Islam zu verwirklichen suchen. Für sie ist der Jihad der vorrangige Existenzgrund, der über die eigene Lebenszeit hinaus wirkt.

Individuelle Pflicht *(fard ain)* zum militanten Jihad

Darüber hinaus verengen jihadistische Salafisten den vielschichtigen Jihad-Begriff[19] fast ausschließlich auf die Bedeutung von Kampf und kriegerischer Handlung. Selbst den militanten Jihad entwerfen sie zudem nicht als eine Methode, die früher vorrangig der Landesverteidigung diente. Vielmehr propagieren sie Terroranschläge und Selbstmordattentate als offensive Kampfformen und als eine vermeintliche „individuelle Pflicht" *(fard ain)*, die jeder einzelne Muslim weltweit erfüllen müsse. Bereits der 1998 von Bin Ladin und Zawahiri verbreitete Aufruf der „Islamischen Weltfront für den Jihad gegen Juden und Kreuzzügler" hatte den militanten Jihad als eine individuelle Pflicht eines jeden Muslims propagiert und Muslime zur unterschiedslosen Tötung von Amerikanern und ihrer Verbündeten in den Ländern des „fernen Feindes" aufgerufen:

> *„Die Amerikaner und ihre Alliierten, Zivilisten und Militärs gleichermaßen zu töten, wo immer ihm dies möglich ist, ist eine individuelle Pflicht für jeden Muslim, der hierzu in der Lage ist, bis die Aqsa-Moschee [in Jerusalem] und*

die Heilige Moschee [in Mekka] von ihnen befreit sind und bis ihre Armeen das gesamte Territorium des Islam verlassen haben, geschlagen und unfähig, irgend einen Muslim noch zu bedrohen."[20]

Mit Blick auf Deutschland existiert ein von dem Jihadisten Abu Azzam al-Almani im Namen der Globalen Islamischen Medienfront (Netzwerk Millatu Ibrahim) veröffentlichtes Kampf-Naschid „Die Umma" [Gemeinschaft der Muslime], das zum militanten Jihad in Deutschland aufruft und dies zu einer individuellen Pflicht eines jeden Muslims erklärt. Auch Cuspert propagiert in seinem Kampf-Naschid „Sheikh Usama" den militanten Jihad zu einer – bereits vom Propheten Muhammad praktizierten – religiösen Pflicht („auf dem Wege Rasul Allahs" [„Gesandter Gottes"]) und droht mit dessen Einsatz („fi sabil Allah Jihad, fühlt ihr wie die Erde bebt?"). In seinem Naschid „Wofür wir stehen" benutzt er die v. a. von „al-Qa'ida" verbreitete Behauptung, dass die westlichen Staaten einen ‚Vernichtungskrieg gegen den Islam und die Muslime' führten und beschwört eine Pflicht der Muslime, den militanten Jihad zum Schutze ihrer angegriffenen Glaubensbrüder („Uns're Brüder schre'in und fall'n") und der muslimischen Länder („heil'ger Boden, wo Bomben fall'n") auszuüben. In seinem Naschid „Wacht doch auf" fordert Cuspert in Frageform dazu auf, sich dem Jihad nicht zu verschließen („Mütter schrei'n, Kinder wei'n, fi sabillillah Jihad [der militante Jihad], warum bleib'n unsere Herzen hart, Allahu akbar [Gott ist groß], Allahu akbar"). Entsprechend preist er in seinem Naschid „Mumina" mehrfach die angebliche Pflicht zum militanten Jihad („Allah ruft seine Löwen zum schönsten Licht").

Popularisierung jihadistischer Vorbilder

Vorbilder jihadistischer Kämpfer und Ideologen stehen im Mittelpunkt sämtlicher Kampf-Naschids und sonstiger jihadistischer Propaganda. Dies gilt auch für Usama Bin Ladin, den 2011 getöteten Anführer von „al-Qa'ida", der etwa von dem deutschen Jihadisten Abu Azzam al-Almani in „Die Umma" verherrlicht wird („Usama wartet auf uns"). Entsprechend wird Bin Ladin von Cuspert in seinem Ende Juni 2011 veröffentlichten Kampf-Naschid „Sheikh Usama" als „der schönste Märtyrer dieser Zeit" gepriesen, weil er den militanten Jihad („fi sabil Allah Jihad") in Afghanistan, dem „Land der edlen Mujahidin", etabliert habe und zum Märtyrertod bereit gewesen sei. Somit habe Bin Ladin sein Leben der Gemeinschaft der Muslime geopfert („für die Umma warst du bereit"; „du gabst dein Leben für einen Preis") und Generationen von Jihadisten inspiriert („Generationen hast Du geprägt und die Umma neu belebt"). Bin Ladin sei deshalb ein nachzuahmendes Beispiel für alle Jihadisten („Dein Name fließt in unsrem Blut") und solle hierfür in ihre Bittgebete genommen werden („unsre Du'a gelten nur dir").

Märtyrertod und Paradiesversprechen

Eine zentrale Rolle in der Jihad-Propaganda spielen der Märtyrertod und das Paradies, die häufig miteinander kombiniert werden. Dies geschieht vor allem durch die Verknüpfung des Märtyrertods mit dem Versprechen des Einzugs ins Paradies und der Heirat von Paradiesjungfrauen. So bildet der Begriff des Märtyrers bei militanten Islamisten die theoretische Basis, um sowohl Morde als auch Selbstmordanschläge als mit dem Islam vereinbar zu rechtfertigen. Diese Interpretation weist deutliche Unterschiede zur nichtextremistischen Religion des Islam auf: So hat im Islam das Martyrium keine grundsätzlich andere Bedeutung als etwa im Christentum. Es steht für die Reinwaschung von Sünden und sichert dem Betroffenen den Zugang zum Paradies. Auch im Islam gab es traditionell zwei Kategorien von Märtyrern: Erstens zufällige, auch zivile Opfer von Gewalthandlungen und zweitens Menschen, die den Tod um ihrer Religion willen in Kauf nahmen. Jihadisten dagegen verwenden den Begriff Märtyrer nicht allein im passiven Sinne, sondern darüber hinaus für Menschen, die Selbstmordanschläge verüben. Sie verstehen unter einem Märtyrer auch jemanden, der andere und sich durch einen Sprengstoffanschlag tötet, und popularisieren hierfür den Begriff des Istishhadi (wörtl. „derjenige, der zum Märtyrertod bereit ist"). Da im Islam sowohl Mord als auch Selbstmord verboten sind, deklarieren Jihadisten wie auch andere gewaltorientierte Islamisten ihre Selbstmordanschläge als sogenannte „Märtyrer-Operationen" *(amaliyat istishhadiya).* Allerdings werden nur jene Selbstmordanschläge als „Märtyrer-Operationen" bezeichnet, die der eigenen Ideologie und Gewaltstrategie entsprechen.[21]

Die Aussicht auf das durch den Märtyrertod erlangte Paradies (arab. Al-Firdaus) findet sich bei Cuspert mehrfach: Bereits in seinem ersten, im Januar 2011 erschienenen Kampf-Naschid „Wacht doch auf" beschwört Cuspert die Ehrenhaftigkeit des Märtyrertods, den Jihadisten im Kampf erlitten („Inshallah [so Gott will], inshallah, wir kämpfen, fallen Shuhada [Märtyrer], den Feind im Auge bismillah [im Namen Gottes], Allahu akbar, Allahu akbar"). Auch in „Wofür wir stehen" wird der Todesmut der Jihad-Kämpfer gepriesen („und wir fürchten nie den Tod"). Etwaige Todesfurcht wird durch die innere Loslösung vom diesseitigen Leben („geschieden von dieser Welt"; „wir fürchten nie den Tod") und durch das Paradiesversprechen aufgelöst („das ist unser g'rader Weg – der Weg ins Paradies"; „Al-Firdaus [das Paradies] der beste Sieg"; „ein Leben an einem bess'ren Ort"). Cuspert zufolge sichert allein der „Märtyrertod", das Blutszeugnis („unser Blut für shuhada" [hier: Blutszeugnis]), den Zugang zum versprochenen Paradies. Auch in „Mumina" beschwört er den im Kampf erlittenen „Märtyrertod", der ihm den Einzug ins Paradies sichert („Ich warte auf der anderen Seite weil Allah verspricht"; „Wenn ich auf uns'ren Herrn treff' der sein Versprechen nie bricht").

Entsprechende Jihad- und Märtyrertod-Propaganda findet sich ferner in Cusperts Naschid „Mujahid lauf, Mujahid kämpf". Hier wird die Möglichkeit von Todesangst durch das Blutszeugnis der Jihad-Kämpfer („Schahada [Blutszeugnis] ist der Lohn, ja Schahada") und den durch den Märtyrertod erlangten Eintritt ins Paradies kompensiert. In „Sheikh Usama" führt die Erfüllung der angeblichen individuellen Pflicht der weltweiten Ausübung des militanten Jihad ins Paradies („der höchsten Stufe im Firdaus [Paradies]), wo Jungfrauen warteten („die Huriyin [Paradiesjungfrauen] warten auf uns").

Aufrufe zur Teilnahme am militanten Jihad

Aufrufe zur Teilnahme am militanten Jihad finden sich in fast allen Kampf-Naschids. Dies gilt auch für den Ex-Rapper Cuspert. Bereits in seinem Kampf-Naschid „Wacht doch auf" fordert er Muslime in Europa auf, in die bekannten „Jihad-Schauplätze" nach Usbekistan und Afghanistan (histor. die Region Khorasan) zu reisen und sich dort am bewaffneten Kampf zu beteiligen („Wandert aus, wandert aus, Usbekistan, Afghanistan, wir kämpfen in Khorasan, Allahu akbar, Allahu akbar").

In dem Naschid „Sheikh Usama" fordert Cuspert „Muslime" zur weltweiten Ausübung des militanten Jihad auf („bis ans Ende dieser Welt führt unsre Pflicht uns zum Jihad"). Seine auf „al-Qa'ida" und dessen Anführer bezogene Werbung für terroristische Aktivitäten beschließt Cuspert mit der Ankündigung, jihad-salafistische Ideologie noch stärker zu verbreiten („nicht zu stoppen dieser Ruf"). Auch in „Mujahid lauf, Mujahid kämpf" wird zum Kampf der Jihadisten aufgerufen. Vermeintliche nichtmuslimische Feinde werden zu „Ungläubigen" (Sing. Kafir) erklärt und ihr Tod wird gepriesen („Guck wie der Kafir stirbt und brennt"). Ferner wird den Jihad-Kämpfern das Paradies in Aussicht gestellt („Al-Firdaus al-Firdaus").

Der militante Jihad zur „Durchsetzung der Scharia" und Vorherrschaft des Islam

Weitere Themen jihadistischer Naschid-Propaganda sind die „Durchsetzung der Scharia" und die weltweite Vorherrschaft des Islam. In Cusperts Naschid „Mujahid lauf, Mujahid kämpf" wird der von Gott bestimmte und durch den Todesmut der Jihadisten verwirklichte militärische Sieg („Allah hat versprochen, der Sieg wird kommen") unmissverständlich an das Ziel der Durchsetzung der Scharia geknüpft („Unser Ziel ist die Scharia bis der Tod zu uns kommt"). In seinem Naschid „Labbayk" („Zu Diensten") vom 12.5.2012 beschwört er ein „edles Schwert der Scharia". Das Naschid „Wofür wir stehen" ist vor allem durch die für den Jihadismus typische Bindung eines militärischen Siegversprechens an die Aussicht auf eine weltweite Vorherrschaft des Islam geprägt („Wir kämpfen für den Sieg, versprochen, dass es ihn gibt, egal, wohin wir geh'n, wird uns're Flagge weh'n"). Hierfür steht auch das Cover der CD. Dieses zeigt Cuspert vor dem Brandenburger Tor, dem eine schwarze Flagge aufgepflanzt ist. Hierbei handelt es sich um eine schwarze Flagge mit dem islamischen Glaubensbekenntnis (Shahada), wie sie heutzutage vor allem jihadistische Gruppen (etwa „al-Qa'ida im Irak") verwenden. Das mit der Flagge des Jihadismus visualisierte deutsche Nationalsymbol verkörpert hierbei den Anspruch des Sängers, den Jihad nicht allein im Nahen und Mittleren Osten zu führen, sondern durch Gewaltanwendung auch die politischen Verhältnisse in Deutschland zu ändern.

Anschlagsdrohungen wegen Verunglimpfung des Islam

Weitere Anlässe für den Einsatz des militanten Jihad sind die Verunglimpfung des Islam sowie das Motiv der Vergeltung und Rache. So heißt es bei Yassin Chouka (Kampfname Abu Ibraheem), dem anderen der beiden jihadistischen Chouka-Brüder, in dessen mit „Mutter bleibe standhaft" betitelten Naschid:

> *„Man beleidigt den Propheten, und man tritt auf den Koran*
> *Mutter bleibe standhaft, dein Sohn ist im Jihad."*

Anschlagsdrohungen gegen Deutschland sowie deutsche Interessen im Ausland sind spätestens seit 2009 fester Bestandteil deutschsprachiger Kampf-Naschids; in anderen Medien noch länger. Dies betrifft vor allem die Jihad-Propaganda der beiden Chouka-Brüder. Diese der terroristischen IBU angehörenden Jihadisten erklären insbesondere Anschläge auf Zivilisten für legitim und verweisen u. a. auf einen vermeintlichen „Krieg gegen den Islam und die Muslime". In seinem Audio „Böses Vaterland" vom 9.2.2012 erklärt Mounir Chouka Zivilisten in Deutschland sogar wegen ihrer vermeintlich schweigenden Billigung des Afghanistaneinsatzes für verantwortlich und erhebt sie zu einem vermeintlich legitimen Ziel von Anschlägen.

In Deutschland hatte Cuspert im Mai 2012 das Kampflied „Labbayk" veröffentlicht. Hierin bezog er sich auf das im Mai 2012 vom Bundesminister des Innern verfügte Verbot der virtuellen Plattform „Millatu Ibrahim" und kündete Vergeltung mittels massiver Gewalt an. Nachdem ein Salafist, der im Mai 2012 bei den gewaltsamen Auseinandersetzungen in Bonn eine Messerattacke auf zwei Polizisten verübt hatte, wegen gefährlicher Körperverletzung, Landfriedensbruch und Widerstand gegen Vollstreckungsbeamte zu sechs Jahren Haft verurteilt wurde, meldete sich Cuspert im Dezember 2012 aus dem Ausland mit dem Kampf-Naschid „Der Deutsche Löwe Murat K.". Hierin glorifizierte er den Attentäter als „mutigen Löwen" und droht, ihn mit Anschlägen und Geiselnahmen freizupressen („Und wisse, oh Bruder, die

Deutschen sind auch zum Greifen nah. Wir werden sie gefangen nehmen, bis du frei bist, für deine edle Tat"). Ferner droht Cuspert, sämtliche Personen, die den Islam und seinen Propheten Muhammad beleidigen, zu töten („Murat K., die Mujahidin schließen dich in ihre Dua [Bittgebet]. Jeder Beleidiger des Gesandten wird geschlachtet, ob fern oder nah").

Radikalisierungsgefahren

Kampf-Naschids können aufgrund ihres Inhalts und der vermeintlichen Autorität ihrer Vortragenden Radikalisierungen befördern. Dies gilt unabhängig von der Erkenntnis, dass bei Radikalisierungsprozessen meist mehrere Faktoren eine Rolle spielen. Kampf-Naschids zielen insbesondere auf Jugendliche bzw. junge Erwachsene ab – ganz gleich, ob diese als Muslime geboren oder Konvertiten sind. Gerade jungen Menschen wird hierbei häufig nicht klar, dass sie mit radikalisierungsfördernder salafistischer Ideologie indoktriniert werden, da ihnen die Kampflieder als eine harmlose und die vermeintlich einzig richtige Praktizierung des Islam präsentiert werden.

Bei Cuspert wirken darüber hinaus noch Charisma und Attraktivität eines ehemaligen Rappers, der inzwischen vermeintlich zum „wahren Islam" bekehrt ist und jetzt Gewalt für den Sieg der „Mujahedin [Jihad-Kämpfer] in Somalia, Irak, Afghanistan Tschetschenien, Palästina, im Jemen" propagiert. Diese Wirkung verstärkt Cuspert noch dadurch, dass er sich im Internet mit militärischer Montur und einer auch bei den afghanischen Taliban-Milizen gebräuchlichen Kopfbedeckung inszeniert.

Cuspert ist für Salafisten ein Türöffner, den diese ganz bewusst zur Rekrutierung Jugendlicher einsetzen, um ihre Ideologie publikumswirksam zu vermitteln. Dies zeigt ein Gespräch zwischen Cuspert und dem – nicht erst durch seine Aufforderung zur Einführung von Scharia-Strafen in Deutschland umstrittenen – Bonner Salafisten Pierre Vogel. Hierin wird deutlich, wie Salafisten auf die Attraktivität des bei Jugendlichen beliebten Rappers setzen und mit dem jetzt vermeintlich zum „wahren Islam" bekehrten Cuspert vor allem Jugendliche anzuwerben suchen.[22]

Teile des Salafismus verheißen den Jugendlichen zwar eine neue Identität und Zugehörigkeit zu einer großen Gemeinschaft, was vor allem für Sinnsuchende attraktiv ist. Aber gerade die mit Kampf-Naschids vermittelte salafistische Ideologie droht insbesondere Jugendliche zu radikalisieren. Denn gerade Jugendliche vermögen häufig nicht zu erfassen, dass sie mit Gedankengut indoktriniert werden, das den militanten Jihad sowie den „Märtyrertod" zu vermeintlich essenziellen Bestandteilen des Islam erhebt. Dies gilt insbesondere für Aufrufe zum militanten Jihad und zum Märtyrertod, die ihnen von Salafisten als die vermeintlich einzig authentische Verwirklichung „des Islam" präsentiert werden.

Anmerkungen

1 Vgl. Jochen Müller (2011): Jugendkulturen und Islamismus. Gangsta-Rap und religiöse Lieder – Musik in Jugendkulturen zwischen Islam und Islamismus, in: Verfassungsschutz Brandenburg: Kultur des Hasses / Extremisten und Musik – Fachtagung am 16.6.2011.

2 Vgl. Behnam Said (2013): Salafismus – ein deutscher Extremismus, in: SIAK-Journal 1, S. 19-31, hier: S. 22.

3 Im Folgenden wird die eingedeutschte Pluralform „Naschids" verwendet.

4 Vgl. Olaf Farschid (2013): Von der Salafiyya zum Salafismus. Extremistische Positionen im politischen und jihadistischen Salafismus, in: Floris Biskamp/Stefan E. Hößl (Hrsg.): Islam und Islamismus. Perspektiven für die politische Bildung. Gießen, S. 41-64.

5 Vgl. Ekkehard Rudolph (2013): Salafistische Netzwerke zwischen religiösem Wahrheitsanspruch, politischer Protestbewegung und Legitimierung von Gewalt, in: Klaus Spenlen (Hrsg.): Gehört der Islam zu Deutschland? Fakten und Analysen zu einem Meinungsstreit. Düsseldorf, S. 193-211.

6 Vgl. Abu Bilal Mustafa al-Kanadi (2004): Der islamische Rechtsspruch über Musik und Gesang im Licht des Qur'an, der Sunnah und der übereinstimmenden Meinung unserer religiösen Vorfahren, ins Deutsche übersetzt von Umm Jamal und Umm Souhail, überarbeitet von Mohammed Benhsain (Abu Jamal). o.O., 106 S., hier: S. 83-86.

7 Ebd., S. 89; 61.

8 Vgl. Rüdiger Lohlker (2009): Dschihadismus. Materialien. Wien, S. 133-134.

9 Dies betrifft die Schrift „al-Farida al-gha'iba" (Die unerfüllte religiöse Pflicht) von Muhammad Abdassalam Faraj (1952-1982), Mitglied der ägyptischen Terrororganisation „al-Jihad al-islami".

10 Auf Antrag der Berliner Senatsverwaltung für Inneres und Sport (vgl. „Vom Gangster-Rap zum Jihad-Aufruf – radikalisierende Hymnen ‚neugeborener' Salafisten", Berlin 2011) indizierte die Bundesprüfstelle für jugendgefährdende Medien 2012 seine Naschids „Wofür wir stehen", „Mumina" („die Gläubige") und „Mujahid lauf". Hierbei nahm sie die ersten zwei Naschids in Teil C der Liste jugendgefährdender Medien auf („jugendgefährdend"); das Naschid „Mujahid lauf" sogar in Teil D („schwer jugendgefährdend" mit möglicher strafrechtlicher Relevanz).

11 Die Übernahme des Kampfnamens „Abu Talha al-Almani" ist eine Reminiszenz an den Jihadisten Bekay Harrach, der Deutschland 2009 mehrfach mit Anschlägen gedroht hatte und 2010 in Afghanistan getötet wurde.

12 Vgl. Interview mit Dajjal – TV: Von Deso Dogg zu Abou Maleeq, abgerufen am 26.4.2011.

13 Bei der Durchsuchung seiner Wohnung fanden sich Munition und ein Video, das ihn mit einer Handfeuerwaffe zeigt. Gegen ihn wurde daher wegen unerlaubten Waffenbesitzes Anklage erhoben, vgl. Der Tagesspiegel vom 18.4.2011.

14 Vgl. das von der „Islamic Hacker Union" präsentierte Video Cusperts (Abou Maleeq): „Ich werde Allahs Wort so hochheben wie ich nur kann".

15 Vgl. Interview mit Dajjal – TV: Von Deso Dogg zu Abou Maleeq, abgerufen am 26.4.2011.

16 Vgl. Reinhard Schulze (2003): Politische Widerstandsideologien zwischen Utopie und Pragmatismus, in: Landeszentrale für politische Bildung Baden-Württemberg (Hrsg.): Der Bürger im Staat 2/3, „Islam und Globalisierung", S. 104-109.

17 Vgl. Anwar al-Aulaqi: Allahs Vorbereitung auf den Sieg, S. 32-34, arab.

18 Es existiert nur ein „Haiya ala'l-salat" („auf zum Gebet").

19 Grundsätzlich hat der Jihad (wörtl. Anstrengung) aus Sicht der islamischen Religion zwei Bedeutungen – eine zivile und eine kriegerische: Die erste zivile Form wird „großer

Jihad" genannt und bezeichnet das Bemühen des Gläubigen, sich zu vervollkommnen und sich Wissen anzueignen *(jihad al-nafs)*. Die zweite Form des militanten Jihad wird „kleiner Jihad" genannt und steht in der Bedeutung von Kampf und kriegerischer Handlung *(jihad al-saif)*.

20 Usama Bin Ladin u. a. (1998): Aufruf der „Islamischen Weltfront für den Jihad gegen Juden und Kreuzzügler" (engl.), in: www.fas.org/irp/world/para/docs/980223-fatwa.htm.

21 Dies bedeutet etwa, dass die mehrheitlich sunnitischen Jihadisten die von der schiitischen „Hizb Allah" gegen Israelis verübten Selbstmordanschläge nicht „Märtyrer-Operationen" nennen, weil sie der Organisation gegenüber feindlich eingestellt sind und Schiiten nicht als Muslime anerkennen wollen. Umgekehrt bezeichnet die „Hizb Allah" die Anschläge sunnitischer Jihadisten – etwa im Irak und in Syrien – nicht als „Märtyrer-Operationen", sondern grundsätzlich als „Selbstmordanschläge" *(amaliyat intihariya)*.

22 Vgl. „Pierre Vogel Interview mit Deso Dogg, Rapper aus Berlin", eingestellt auf YouTube am 21. April 2010.

III. Antworten und Angebote für junge Menschen aus der demokratischen Gesellschaft

Roland Mecklenburg

Interkulturelle Öffnung im Landesjugendring NRW – Das Projekt Ö

Der Landesjugendring NRW ist die Arbeitsgemeinschaft der landesweit tätigen demokratischen Jugendverbände in Nordrhein-Westfalen. In Jugendverbänden engagieren sich Kinder und Jugendliche mit ganz eigenen Wünschen, Sorgen und Interessen, unterschiedlichen Fähigkeiten und Perspektiven. Jugendverbände sind in ihrer Wertorientierung sehr verschieden; vertreten sind beispielsweise religiöse, musisch-kulturelle, sportliche, politisch oder gewerkschaftlich orientierte oder MigrantInnen- und MIgrantenjugendverbände. Derzeit sind 25 Jugendverbände im Landesjugendring NRW organisiert. Sein wichtigstes Anliegen ist es, Kindern und Jugendlichen Gehör zu verschaffen und ihre Interessen in der Öffentlichkeit und im politischen Raum zu vertreten. Kinder und Jugendliche bestimmen und entscheiden in den demokratischen Strukturen der Jugendverbände selbst. Sie formulieren ihre Vorstellungen von einem guten Leben und diskutieren Probleme und Herausforderungen in unserer Gesellschaft. Im Landesjugendring NRW werden die Meinungen und Interessen junger Menschen gebündelt. Er versteht sich und die Jugendverbandsarbeit als Interessenvertretung aller Jugendlichen in Nordrhein-Westfalen unabhängig von ihrer Herkunft, Lebenslage und auch davon, ob sie Mitglieder eines seiner Mitgliedsverbände sind oder nicht. Die gleichberechtigte Partizipation aller Kinder und Jugendlichen und die Verbesserung ihrer Lebensbedingungen sind gemeinsame zentrale Anliegen der Jugendverbände.

Der Landesjugendring NRW greift die für die Lebenslagen von Kindern und Jugendlichen relevanten gesellschaftspolitischen Herausforderungen durch inhaltliche Schwerpunkte, Modellprojekte, Beteiligungskampagnen und jugendpolitische Initiativen auf. Im Themenfeld der interkulturellen Öffnung engagiert sich der Landesjugendring NRW bereits seit vielen Jahren. Dabei ist das Engagement so vielfältig wie das Thema selbst: Mit der Alevitischen Jugend in NRW (BDAJ NRW) und der DIDF-Jugend (Demokratik Işçi Dernekleri Federasyonu, Föderation demokratischer Arbeitervereine) wirken derzeit zwei Vereine Jugendlicher mit Migrationshintergrund (VJM) als Mitglieds- beziehungsweise Anschlussverband im Landesjugendring NRW mit. Zu weiteren VJM bestehen enge Kontakte. Nach dem Projekt Ö initiierte der Landesjugendring NRW 2010 das Folgeprojekt $Ö_2$ und steht mit vielen der im Themenfeld aktiven Akteure im regelmäßigen Austausch.

Das Projekt Ö

Im Jahr 2007 startete der Landesjugendring NRW mit „Projekt Ö – Integration durch Partizipation" ein Modellprojekt mit dem Ziel, interkulturelle Öffnungsprozesse in den Jugendringen und Jugendverbänden zu initiieren. In den Aktivitäten und Strukturen der Jugendverbandsarbeit fanden sich seinerzeit deutlich weniger junge Menschen mit Migrationshintergrund, als es ihrem Anteil an der Gesamtbevölkerung entsprochen hätte. Da der Landesjugendring NRW und die Jugendverbände für sich in Anspruch nehmen, die Mehrzahl der Kinder und Jugendlichen in Nordrhein-Westfalen zu erreichen und zu vertreten, bestand dringender Handlungsbedarf. Dies galt auch für hauptamtliche und ehrenamtliche Mitarbeiterinnen und Mitarbeiter. Zugleich wurde deutlich, dass VJM, die für die Identitätsbildung und Interessenvertretung von Kindern und Jugendlichen mit Migrationshintergrund eine bedeutende Rolle einnehmen, nur wenig Beachtung und Unterstützung erfuhren. Projekt Ö sollte daher die Beteiligungsmöglichkeiten von Kindern und Jugendlichen mit Zuwanderungsgeschichte verbessern.

Der Projektkonzeption von Ö lag dabei die Idee zugrunde, dass Integration und interkulturelle Öffnung sich nicht „von oben" verordnen lassen, sondern nur lokal entwickelt und gestaltet werden können. Der Landesjugendring NRW setzte daher auf die Initiative und das Engagement lokaler Jugendringe in NRW, um interkulturelle Veränderungsprozesse anzuregen. Die Durchführung des dreijährigen Projekts (01.10.2007 bis 30.09.2010) wurde durch Mittel des nordrhein-westfälischen Integrationsministeriums ermöglicht. Die Fachhochschule Köln begleitete das Projekt wissenschaftlich. Im Abschlussbericht „Integration durch Partizipation – Abschlussbericht des Projekts zur Interkulturellen Öffnung von Jugendringen und Jugendverbänden in NRW" sind die wichtigsten Erfahrungen und Erkenntnisse des Projekts dokumentiert.[1]

Integration durch Partizipation

Dem Konzept des Projektes lag die Hypothese zugrunde, dass Jugendverbandsarbeit für Kinder und Jugendliche mit Zuwanderungsgeschichte und ihre Selbstorganisationen ein attraktives und passgenaues Angebot darstellt und dass sowohl „angestammte" Jugendverbände und ihre Mitglieder als auch Migrantenjugendliche und ihre Organisationen von einem interkulturellen Öffnungsprozess in besonderer Weise profitieren.

Konkret sollten durch das Projekt Ö junge Migrantinnen und Migranten einen Zugang zu den Aktivitäten der Jugendverbände erhalten. Partizipative Strukturen sollten für junge Migrantinnen und Migranten geöffnet und VJM gefördert und unterstützt werden. Das Konzept des Projekts Ö sah vor, Kinder und Jugendliche mit Zuwanderungsgeschichte innerhalb der Jugendverbandsarbeit stärker zu beteiligen und sie mitgestalten zu lassen. Zusammen mit drei kommunalen Jugendringen, dem Kinder- und Jugendring Bochum, dem Jugendring Wuppertal und dem Stadtjugendring Siegen, hat der Landesjugendring NRW Impulse für die interkulturelle Öffnung der Jugendverbandsarbeit gesetzt und für die je unterschiedlichen Ausgangssituationen angepasste Strategien entwickelt. Übergreifend stand nicht der Blick auf mögliche Defizite, sondern die Interessen und Potenziale der jungen Menschen mit Zuwanderungsgeschichte im Vordergrund des Projektes. Dieser Ansatz entspricht damit dem Selbstverständnis verbandlicher Jugendarbeit und kommt in der Umsetzung von Projekt Ö deutlich zum Ausdruck. Projekt Ö sah vor, jungen Migrantinnen und Migranten Zugang zu etablierten Strukturen zu ermöglichen, damit sie selbst ihre Stärken einbringen und Jugendverbandsarbeit aktiv mitgestalten können.

Die Projektstandorte

Jugendringe sind kommunale Zusammenschlüsse von Jugendverbänden zu einer Arbeitsgemeinschaft. In den Kommunen vertreten sie die Interessen von Kindern und Jugendlichen. Daher haben Jugendringe den Zugang, um kommunale Netzwerke zu erweitern und interkulturelle Öffnungsprozesse in die Mitgliedsverbände zu transportieren.

Für das Projekt Ö wurden drei sehr unterschiedliche Stadtjugendringe als Projektstandorte ausgewählt, um die Heterogenität der Jugendring- und Jugendverbandsstrukturen in Nordrhein-Westfalen abzubilden. Mit den Projektpartnern hat der Landesjugendring NRW beispielhaft interkulturelle Öffnungsprozesse angeregt und erprobt. Im Aufgabenfeld der interkulturellen Öffnung haben sich alle Jugendringe damit auf spannendes Neuland begeben.

Im Verlauf des Projektes Ö haben sich bei den drei beteiligten Jugendringen übergreifend fünf neue gemeinsame Handlungsschwerpunkte ergeben:

I. Zu Beginn des Projektes standen alle Jugendringe vor der neuen Herausforderung, Kontakte zu Migrantinnen und Migranten beziehungsweise ihren Organisationen in Form von Migrantenselbstorganisationen (MSO) und VJM aufzubauen, diese zu intensivieren und zu verstetigen.

II. Darüber hinaus hat sich bestätigt, dass ein großer Unterstützungs- und Qualifizierungsbedarf bei VJM, Jugendringen und Jugendverbänden besteht. Hierfür haben die Jugendringe beispielsweise interkulturelle Qualifizierungsangebote wie eine interkulturelle Juleica-Schulung[2] oder einzelne Module zur interkulturellen Kompetenz entwickelt.

III. An allen drei Standorten wurden die Jugendringe zu einem wichtigen Partner der Integrationsarbeit im kommunalen und politischen Umfeld und wurden beispielsweise Mitglied der kommunalen Migrationsforen oder kooperierten mit den Integrationsbüros vor Ort.
IV. Ein weiterer Arbeitsschwerpunkt der Jugendringe im Projekt Ö war die Anerkennung von VJM als freie Träger der Jugendhilfe. Für das Anerkennungsverfahren boten die Jugendringe zum Teil umfangreiche Unterstützung und Beratungen in Hinblick auf Fördermöglichkeiten und Anerkennungsfragen im Jugendhilfesystem an.
V. Darüber hinaus sicherten die Jugendringe entstandene oder neu in das System einbezogene Organisationen zunächst mittelfristig strukturell ab und stellten hierzu auch Ressourcen personeller und/oder finanzieller Art bereit oder warben diese (mit) ein.

Die beteiligten Jugendringe haben sich durch ihre Teilnahme an dem Projekt nach innen und außen verändert: Neben der Aufnahme neuer Mitglieder in den Jugendringen und internen Strukturveränderungen wurden auch interkulturelle Netzwerke initiiert und neue Kontakte geknüpft. Die Jugendverbandsarbeit wurde durch das Projekt Ö belebt und es wurden neue Zielgruppen erschlossen.

Das Projekt Ö hat gezeigt, dass die Jugendringe und Jugendverbände in Nordrhein-Westfalen ein großes Potenzial für Kinder und Jugendliche mit Zuwanderungsgeschichte sowie deren Selbstorganisationen bieten. Die Mehrsprachigkeit, der kulturelle Hintergrund und das gesellschaftliche Engagement von jungen Migrantinnen und Migranten sind eine Bereicherung für die Jugendverbandsarbeit. Insgesamt neun Aufnahmen von VJM bis zum Projektende (zwei auf Landesebene, sieben auf kommunaler Ebene) zeigen, dass interkulturelle Öffnungsprozesse erfolgreich verlaufen können. Projekt Ö verdeutlichte, dass Jugendverbandsarbeit für junge Menschen mit Zuwanderungsgeschichte attraktiv und bedeutsam ist. Auf Basis dieser zentralen Erkenntnisse aus dem Projekt haben sowohl die Jugendringe Bochum, Siegen und Wuppertal als auch der Landesjugendring NRW in den letzten Jahren vielfältige Strategien und Ideen für ihre interkulturelle Öffnung erarbeitet und umgesetzt und so die interkulturelle Praxis wesentlich weiterentwickelt.

Das Projekt $Ö_2$

Das Projekt Ö hat gezeigt, dass Jugendringe erfolgreich interkulturelle Öffnungsprozesse in der Jugendverbandsarbeit initiieren und bei der Integration von VJM eine wichtige Funktion einnehmen können. Zudem wurde deutlich, dass interkulturelle Öffnungsprozesse in Stadtjugendringen neben der Initiative von innen auch Impulse, Beratung und Unterstützung von außen benötigen. Um die Impulswirkung von Projekt Ö über dessen Ende im Oktober 2010 hinaus zu nutzen, interkulturelle Öffnungsprozesse auch in anderen Stadtjugendringen anzuregen und das Engagement in diesem Bereich fortzusetzen, initiierte der Landesjugendring NRW ein weiteres Projekt zur interkulturellen Öffnung: Das Projekt „$Ö_2$ – Beratung von Jugendringen in Prozessen interkultureller Öffnung" begann am 1. Oktober 2010. $Ö_2$ startet dort, wo das Modellprojekt Ö endete und verankert die gesammelten Erfahrungen und Erkenntnisse: Das Projekt $Ö_2$ setzt den Prozess der interkulturellen Öffnung der Jugendverbandsarbeit mit dem Ziel fort, VJM zu unterstützen und Vernetzungen und Kooperationen zwischen Jugendringen und MSO auszubauen und weiter zu intensivieren. Wie das Projekt Ö gezeigt hat, eignen sich Jugendringe, die mit ihren unterschiedlichen Mitgliedsverbänden von ihrer Grundstruktur her vielfältig und plural sind, um interkulturelle Öffnungsprozesse anzuregen. Daher basiert auch das Projekt $Ö_2$ darauf, dass Jugendringe für sich den Begriff der Vielfalt neu definieren und für VJM öffnen. Im Gegensatz zum Projekt Ö gibt es bei $Ö_2$ keine Projektstandorte. Die Beratungs- und Unterstützungsangebote im Rahmen von $Ö_2$ richten sich an alle Jugendringe in NRW. Das Projekt wird für den Zeitraum vom Oktober 2010 bis einschließlich Dezember 2012 vom Ministerium für Familie, Kinder, Jugend, Kultur und Sport des Landes Nordrhein-Westfalen gefördert.

Beratung von Kreis- und Stadtjugendringen

Ziel des Projektes $Ö_2$ ist es, Jugendringe in NRW im Prozess der interkulturellen Öffnung zu unterstützen und zu begleiten. Hierfür bietet die Projektleiterin von $Ö_2$ den Jugendringen in NRW ein passgenau angelegtes Beratungsangebot zum Themenbereich der interkulturellen Öffnung an. Die Beratung und Begleitung erfolgt dabei durch die persönliche Kontaktaufnahme, das Aufzeigen möglicher Handlungsfelder und die gemeinsame Annäherung an das Thema unter Berücksichtigung der regionalen Potenziale. Die Unterstützungsangebote im Rahmen des Projektes sind dabei vielfältig: Neben Impulsvorträgen vor den Gremien der Jugendringe durch die Projektleitung erhalten die Jugendringe beispielsweise auch inhaltliche Unterstützung bei der Konzeption und Durchführung von Veranstaltungen.

Initiierung von interkulturellen Netzwerken

In Nordrhein-Westfalen gibt es eine Vielfalt und Vielzahl von Gruppen und VJM, die je nach ihrer Werteorientierung, ihrem Organisationsgrad sowie ihrer religiösen und kulturellen Ausrichtung unterschiedlich arbeiten und so die Gesellschaft in NRW mitgestalten. Ihre Struktur ist dabei häufig jugendverbandsnah. Das bedeutet, dass ähnlich wie bei den traditionellen Jugendverbänden viele Vereine und Initiativen von jungen Migrantinnen und Migranten freiwillige und selbstorganisierte Zusammenschlüsse von Jugendlichen mit gemeinsamen Ziel- und Wertvorstellungen sind. Ein weiterer Schwerpunkt von $Ö_2$ ist neben der Beratung von Jugendringen die Initiierung von interkulturellen Netzwerken zwischen Kreis- und Stadtjugendringen und VJM. Dabei steht die direkte und persönliche Kontaktaufnahme mit VJM mit den hauptsächlich ehrenamtlichen Mitarbeiterinnen und Mitarbeitern von VJM, die in Nordrhein-Westfalen aktiv sind, im Mittelpunkt. Die Projektleiterin sucht hierfür den Kontakt zu VJM und MSO und Netzwerken in NRW und ist Ansprechpartnerin für Fragen zur Jugendverbandsarbeit, zu Kooperationen mit anderen Jugendverbänden und Jugendringen sowie zu Qualifizierungen für ehrenamtlich Aktive in der Kinder- und Jugendarbeit (Jugendleiter/-innen-Schulungen gegebenenfalls mit Erwerb der Jugendleiter/-innen-Card Juleica) oder Ratgeber bei organisatorischen oder strukturellen Fragen der VJM. Bei ersten Treffen mit VJM sind insbesondere der Austausch über die Arbeit und das Engagement der meist ausschließlich ehrenamtlichen Aktiven interessant. VJM und MSO erhalten durch die Projektleiterin Informationen über die Arbeit von Jugendringen und Jugendverbänden, die das Interesse an Kooperationen wecken und die Möglichkeiten der Jugendverbandsarbeit verdeutlichen sollen. Je nach Bedarf können dabei bereits gemeinsame Anknüpfungspunkte mit den Jugendringen und den traditionellen Jugendverbänden und mögliche Unterstützungsbedarfe ausgelotet werden. Hierbei stellt sich häufig heraus, dass viele VJM jugendverbandstypische Strukturen aufweisen und es vielfältige Möglichkeiten zur Kooperation zwischen traditionellen Jugendverbänden und VJM gibt. Besteht Interesse an einem Austausch, wird ein erstes Treffen zwischen dem VJM und dem Jugendring oder Jugendverband initiiert. Dabei ist die Gestaltung dieses Treffens in seiner Form völlig offen. Es können sich einzelne Aktive oder Multiplikatoren treffen oder es erfolgen gegenseitige Einladungen zu Gremiensitzungen, bei denen VJM, Jugendringe und Jugendverbände ihre Arbeit vorstellen können. So können sich die unterschiedlichen Jugendorganisationen gegenseitig kennenlernen und bei Bedarf erste Unterstützungsbedarfe und Kooperationsmöglichkeiten eruieren.

Handlungsfelder

Jeder Prozess der interkulturellen Öffnung ist einzigartig und bietet allen Beteiligten eine Vielzahl von möglichen Handlungsfeldern. Beispielsweise haben VJM auf der kommunalen Ebene nur eingeschränkten Zugriff auf Räume, in denen regelmäßige Treffen beispielsweise von Jugendgruppen stattfinden können. Zugleich verfügt der Jugendring vor Ort meist durch seine Mitgliedsorganisationen und Kooperationspartner über Netzwerke und Kontakte, die VJM bei der Suche nach einem geeigneten Raum unterstützen können. Dies ist ein Beispiel dafür, wie $Ö_2$ die Bedarfe von VJM und die Möglichkeiten von Jugendringen miteinander verbindet. $Ö_2$ wählt diesen praktischen Ansatz, da diese Form der niedrigschwelligen Kooperationen Vertrauen schafft und häufig zu einer weiteren Zusammenarbeit führen kann. $Ö_2$ begleitet bei diesem Prozess sowohl VJM als auch Jugendringe. Neben der gegenseitigen Einladung zu Veranstaltungen können beispielsweise auch Gremiensitzungen geöffnet werden. Die Bandbreite der Handlungsfelder kann von niedrigschwelligen Kooperationen wie z. B. der Öffnung von Seminaren oder Fortbildungen bis hin zur strukturellen Zusammenarbeit, beispielsweise durch die Aufnahme in den Jugendring oder die Durchführung gemeinsamer Projekte, reichen. Das Projekt $Ö_2$ setzt Impulse zur interkulturellen Öffnung und bringt VJM, Jugendringe und Jugendverbände zusammen.

$Ö_2$-Austauschtreffen der Jugendringe in NRW

Um den Transfer der gesammelten Erfahrungen auch zwischen den Jugendringen zu gewährleisten, wurde im Rahmen des Projektes Ö im Sommer 2011 erstmals ein Austauschtreffen für die Stadt- und Kreisjugendringe zum Themenbereich der interkulturellen Öffnung initiiert. Zielgruppe des Austauschtreffens sind Vertreterinnen und Vertreter von Jugendringen in NRW, die bereits zum Themenbereich interkulturelle Öffnung arbeiten oder sich hierzu informieren und austauschen möchten. Da dieses erste Treffen auf positive Resonanz gestoßen ist, wurde diese Art des Austausches und der kollegialen Beratung verstetigt. Inhaltlich berichten hier Jugendringe über die Erfahrungen, die sie bereits im Bereich der interkulturellen Öffnung sammeln konnten, oder Aktive von VJM stellen sich und ihre Arbeit vor. Ein weiterer wichtiger Bestandteil des Treffens ist der allgemeine Austausch zwischen den Teilnehmerinnen und Teilnehmern, bei dem beispielsweise Fragestellungen zum Themenbereich diskutiert werden können und über den aktuellen Stand der interkulturellen Öffnung in den Jugendringen berichtet werden kann.

Broschüre „Qualifizierung interkulturell“

Pädagogisches Handeln in der Migrationsgesellschaft bedarf besonderer Kompetenzen und Qualifikationen. Dies gilt in besonderer Weise für die Aktivitäten der Kinder- und Jugendarbeit, deren Gelingen wesentlich von der Qualifizierung ihrer vielfach auch ehrenamtlich tätigen Akteure abhängt. Aus diesem Grund hat der

Landesjugendring NRW im Rahmen des Projektes Ö$_2$ die Broschüre „Qualifizierung interkulturell" erarbeitet. Sie bietet einen Überblick über interkulturelle pädagogische Methoden und einen Einstieg in die interkulturelle Qualifizierungsarbeit. Der Broschüre liegt die Idee zugrunde, die praktischen Erfahrungen von VJM und Jugendringen im Bereich der interkulturellen Öffnung in einem Sammelband zusammenzuführen. Das Autorenteam setzt sich dabei aus dem Spektrum der Akteure zusammen, die im Projekt Ö$_2$ aktiv sind und mitarbeiten. Die Autorinnen und Autoren engagieren sich ehrenamtlich bei VJM oder bei Jugendringen in NRW und sind in der Kinder- und Jugendarbeit aktiv.

Zwischen Offenheit und Vorsicht

Die interkulturelle Öffnung der Jugendringe führte zu einer wachsenden Zahl an Kontakten zu und Kooperationen mit Vereinigungen junger Migrantinnen und Migranten (VJM) sowie Migrantenjugendselbstorganisationen (MJSO). Die Initiative ging dabei nicht nur von den Jugendringen aus, sondern diese wurden verstärkt von VJM und MJSO für Kooperationen, gemeinsame Aktivitäten und Mitgliedschaften in den Jugendringen angefragt. Auch zahlreiche muslimische Organisationen bekundeten ihr Interesse an einer Zusammenarbeit. Der Landesjugendring und die am Projekt Ö beteiligten Jugendringe sahen sich vor die Frage gestellt, ob sich darunter auch Organisationen befanden, die als demokratiefeindlich und verfassungswidrig, islamistisch oder salafistisch einzustufen sind. So gab es beispielsweise Kontaktanfragen von Organisationen, denen nachgesagt wurde, den Grauen Wölfen nahezustehen. Der Landesjugendring Nordrhein-Westfalen hat daher bereits im November 2008 und im April 2010 zwei interne Veranstaltungen durchgeführt, um eine Übersicht und Einordnung entsprechender Organisationen und Verbände vorzunehmen.

Dabei bestand und besteht die Herausforderung für den Landesjugendring vor allem darin, dass Prozesse interkultureller Öffnung nur gelingen können, wenn sie weder von Angst und Vorbehalten einerseits noch von naivem Ausblenden potenzieller Bedrohungen andererseits geprägt sind. Um hier die Balance zwischen Offenheit und Vorsicht zu gewährleisten, hat der Landesjugendring neben den genannten Initiativen auch den Kontakt zu den zuständigen Ministerien und Behörden gesucht um deren Einschätzungen bei der Umsetzung seiner Vorhaben einzubeziehen. Der Landesjugendring lässt sich dabei grundsätzlich von der Auffassung leiten, dass eine Kontaktaufnahme nur dann nicht angestrebt oder aufgegriffen wird, wenn gewichtige Gründe, etwa eine bekannte Verfassungsfeindlichkeit oder negative Erfahrungen aus Mitgliedsverbänden oder örtlichen Jugendringen, dem widersprechen. Auch ist aus den bisherigen Projekten deutlich, dass die Migrantenorganisationen, zu denen im Kontext von Jugendarbeit Kontakte bestehen, nicht monolithisch verfasst oder eindimensional ausgerichtet sind. Vielmehr weisen auch sie ihrerseits ein vielfältiges Spektrum an politischen Positionen und religiösen Prägungen auf.

Das für die Jugendverbandsarbeit konstitutive Ziel der Vermittlung von Toleranz, Zivilcourage und demokratischem Handeln gilt gleichermaßen in allen Initiativen und Projekten des Landesjugendrings. Diese beziehen die Auseinandersetzung mit religiös und politisch motivierter Gewalt in jeglicher Form und damit auch Islamismus wie Islamfeindlichkeit mit ein. So ist der Landesjugendring in NRW Träger des bundesweit gespannten Netzwerks für Demokratie und Courage.[3] Es wird unter der Federführung des Landesjugendrings von jungen Menschen getragen, die sich ehrenamtlich für eine demokratische Kultur und gegen menschenverachtendes Denken engagieren. Hauptarbeitsfeld ist die Durchführung von Projekttagen und Bildungsangeboten für Jugendliche ab 14 Jahren zu den Themen Vorurteile, Demokratie und couragiertes Handeln.

Anmerkungen

1 Der Abschlussbericht kann in der Geschäftsstelle des Landesjugendrings NRW bestellt werden und steht auf der Internetseite im Themenbereich „Interkulturelles" unter www.ljr-nrw.de zum Download bereit.

2 Die Jugendleitercard (auch Jugendleiter/in-Card, Juleica) ist ein amtlicher Ausweis, der in Deutschland für ehrenamtliche Mitarbeiter in der Jugendarbeit, insbesondere der Jugendverbände, ausgestellt werden kann. Sie weist nach, dass die Inhaberinnen und Inhaber der Juleica eine Ausbildung nach festgeschriebenen Standards absolviert haben und für ihre Tätigkeiten als Jugendleiterinnen und Jugendleiter umfassend qualifiziert wurden. Die Karte dient den Jugendleiterinnen und Jugendleitern zudem zur Legitimation gegenüber den Erziehungsberechtigten der minderjährigen Teilnehmer, staatlichen und nichtstaatlichen Stellen, von denen Beratung und Hilfe erwartet wird sowie als Berechtigungsnachweis für die Inanspruchnahme von bestimmten Rechten und Vergünstigungen.

3 http://www.ljr-nrw.de/index.php?id=624.

Halima Zaghdoud

Interkultureller Dialog zur Aktivierung und Partizipation von Kindern und Jugendlichen in der Einwanderungsgesellschaft

„In meiner Definition bedeutet Dialog gemeinsames Ergründen, gemeinsames Denken und Nachdenken. Es geht nicht darum, jemandem etwas beizubringen, sondern etwas gemeinsam mit Anderen zu tun. Der Dialog ist die gelebte Ergründung in und zwischen Menschen!" (W. Isaacs)

Projektgeschichte

Der Fachbereich Interkulturelle Orientierung/Kommunales Integrationszentrum[1] der Stadt Essen führt seit 2007 das Projekt *„Interkultureller Dialog zur Partizipation und Aktivierung von Jugendlichen in der Einwanderungsgesellschaft"* durch.

Das Projekt entstand als Pilotmaßnahme zur Prävention von Islamismus und seinen terroristischen Auswüchsen. Insofern ist das Projekt eine Konsequenz der Ereignisse des 11. Septembers 2001 und eine lokale Reaktion auf den Auftritt eines sogenannten „Kofferbombers" in Essen. Spätestens seit der Verhaftung der „Sauerlandgruppe" ist Islamismusprävention in Deutschland ein wichtiges Thema geworden. Diese Ereignisse und damit zusammenhängende Themen wurden innerhalb des Fachbereichs Interkulturelle Orientierung/Kommunales Integrationszentrum diskutiert und Überlegungen angestellt, wie man diesem Problem begegnen kann. Im Austausch mit EU-Partnern, in diesem Fall mit den Niederlanden, erfuhren die Essener Mitarbeiter des Fachbereichs Interkulturelle Orientierung von der Praxis des „Dialoges" aus Rotterdam, den die dortige Stadtverwaltung nach der Ermordung des Regisseurs Theo van Gogh initiiert hatte. Am „Dag van de Dialoog" wurde auf der „Sonnenstraat" eine große Anzahl an Tischen aufgebaut, mit dem schlichten Ziel, dass sich Menschen treffen und mit Hilfe eines Moderators nach besonderen Gesprächsregeln über das Geschehene reden konnten. 2007 brachte der Fachbereich Interkulturelle Orientierung/Kommunales Integrationszentrum den „Tag des Dialogs" auch nach Essen. Der Fachbereich organisierte in verschiedenen Einrichtungen Dialoggruppen zu je acht Personen unter Moderation eines geschulten Gesprächsleiters, damit Menschen miteinander in einen Austausch treten konnten.

Die Resonanz nach dem „Tag des Dialogs" war positiv und der Bedarf der

Menschen eindeutig. Der Dialog bringt Menschen einander näher, fördert den Austausch und hilft, Vorbehalte abzubauen.

Unmittelbar nach diesen Erfahrungen ist die Idee geboren worden, so früh wie möglich mit Menschen in den Dialog zu treten. Vor diesem Hintergrund qualifizierte Fachbereich Interkulturelle Orientierung/Kommunales Integrationszentrum mit den Referenten M. Hartkemeyer und H. Verst die ersten Dialogbegleiter/-innen und richtete in Kooperation mit lokalen Partnern, wie Jugendeinrichtungen, Schulen und Moscheen, die ersten acht Gruppen mit 14- bis 16-jährigen Jugendlichen ein. So entstanden Anfang 2007 die ersten Dialoggruppen mit Jugendlichen in Essen. Das Projekt trägt heute den Titel *„Interkultureller Dialog zur Aktivierung und Partizipation von Jugendlichen in der Einwanderungsgesellschaft"*. Zunächst war das Projekt in den Stadtteilen „mit besonderem Erneuerungsbedarf", Katernberg und Altendorf, verortet, da man hier den größten Handlungsbedarf sah.

Schon zu Beginn des Projekts hat ein Paradigmenwechsel stattgefunden. Die Praxiserfahrung der ersten Monate zeigte, dass das Thema „Islamismus" nicht die Bedeutung für die Jugendlichen hatte, die ihm zu Beginn von den Projektverantwortlichen aufgrund der gesellschaftlichen Ereignisse zugeschrieben wurde. Diese Erkenntnis lässt schon ein Resultat des Dialogs erkennen. Es wurde recht schnell deutlich, dass es vielmehr um das Thema „politische Bildung" im Umgang mit Verschiedenheit in der Gruppe und Vielfalt in der Einwanderungsgesellschaft geht. Die Themen religiöser und politischer Extremismus werden jedoch in den Dialoggruppen auch immer wieder behandelt und von den Jugendlichen selbst eingebracht. Für die Jugendlichen in den Dialoggruppen war es während ihrer entwicklungspsychologischen Phase der Suche nach (Gruppen-)Identität wichtig, sich kennenzulernen und mit dem Anderen klarzukommen.

Das Projekt orientiert sich in seiner Konzeption an den Jugendlichen, an ihren persönlichen Interessen und realen Lebenswelten. Dabei versuchen die Dialogbegleiter, die Potenziale der Jugendlichen zu erkennen und zu würdigen, indem sie im Projekt Berücksichtigung finden. Die Jugendlichen können sich dadurch als Teil der Gesellschaft erfahren und den Willen entwickeln, sich für diese, ihre Gesellschaft, aktiv einzubringen. Allerdings sollte der Fokus zunächst einmal auf ihre persönliche Entwicklung gerichtet sein. Nur wenn sie eine Förderung auf ihrem Weg zur Selbstbestimmung erfahren, werden sie zu mündigen Bürgerinnen und Bürgern heranwachsen können.

Die Umsetzung

Innerhalb der bisher sechsjährigen Projektlaufzeit haben über 250 Jugendliche im Alter von 14 bis 21 Jahren regelmäßig über jeweils drei Jahre hinweg an den Dialoggruppen teilgenommen. Für die anfängliche Moderation und spätere Begleitung der Jugendlichen wurden sogenannte Dialogbegleiter/-innen über einen Zeitraum von zwölf Monaten weitergebildet.

Eine Dialoggruppe wird von acht bis zwölf Jugendlichen besucht und kommt einmal wöchentlich für zwei Stunden unter der Anleitung einer geschulten Honorarkraft, der sogenannten Dialogbegleitung, zusammen. Zusätzlich begleitet und dokumentiert ein Beobachter den Prozess (der Interaktion in der Gruppe) und stellt wöchentlich die Protokolle dem Team aller Dialogbegleiter zur Verfügung. In regelmäßigen Auswertungstreffen tauscht sich das Team aus.

Die Mehrheit der Begleiter/-innen hat einen Migrationshintergrund. Das ist nicht Voraussetzung für die Arbeit mit Jugendlichen mit Migrationshintergrund, auch nicht für ein Vertrauensverhältnis. Es ist jedoch an manchen Stellen durchaus hilfreich, beispielsweise bei der Suche nach Vorbildern, die mit ähnlicher Migrationsgeschichte erfolgreich im Bildungssystem oder Berufsleben angekommen sind.

Was lernen die Teilnehmer/-innen?

Über die Haltung des Dialogs eignen sich die Schüler/-innen basisdemokratische Kompetenzen im Umgang miteinander an. Sie üben, die Meinung des Anderen auszuhalten, auch wenn sie diese nicht teilen, und gegenseitigen Respekt, indem sie einander zuhören und ausreden lassen.

Neben den wöchentlichen Dialoggruppen führen die Jugendlichen erlebnispädagogische und künstlerische Aktivitäten durch. Hier hat das Theaterspielen bei ihnen besonderen Anklang gefunden und dient ihnen als Sprach- und Ausdrucksmittel. Diese Form der kulturellen Bildung hat besonders positive Auswirkungen für die Integration neuer Schüler im Klassensystem und für das soziale Miteinander.

Notwendig für die Umsetzung des Dialogkonzepts ist eine gute Zusammenarbeit mit Lehrkräften und Ansprechpersonen außerschulischer Einrichtungen. In der bisherigen Evaluation des Projekts mit diesen Kooperationspartnern konnte nachgewiesen werden, dass die regelmäßige Teilnahme an einer Dialoggruppe bei den Jugendlichen zu einer besseren Ausdrucksfähigkeit und einer gesteigerten Motivation und Leistungsbereitschaft führen konnte.[2]

Der Dialog als Haltung

„Der Dialog ist eine Chance, Neues zu entdecken, keine Garantie, Altes zu bewahren.“ (David Bohm)

Die Gesprächsführung des griechischen Philosophen Sokrates wird gewissermaßen als eine Vorform des dialogischen Gesprächs gesehen. Er hatte die Fähigkeit mit viel Ironie entscheidende Fragen zu stellen, die Menschen in ihrem Denken und ihrer Selbsterkenntnis voranbrachten. Eine Besonderheit dieses Gesprächs war stets die Beschäftigung mit ein und derselben Fragestellung über einen längeren Zeitraum. Gelingt es, sich Zeit zu nehmen, um bei einem Thema oder einer Frage derart zu verweilen, dass sich ein Raum eröffnet für das Erkunden von Hintergründen, tiefer liegenden Beweggründen und unbeachteten Aspekten, dann, so die Philosophie des Dialogs, öffnet sich das Tor zu der Weisheit, die jedem einzelnen Menschen innewohnt.

Dieses Dialogverständnis wurde grundlegend von dem jüdischen Religionsphilosophen Martin Buber (1878-1965) und später vom Quantenphysiker David Bohm (1917-1992) geprägt und weiterentwickelt.

Bohm machte die Erfahrung, dass durch den Gruppendialog gänzlich neuer Sinn und neue Bedeutung entdeckt oder aus dem Moment heraus geschaffen werden kann. Dies gelingt unter anderem durch das Ergründen und Hinterfragen gewohnter Gedankenprozesse und Interpretationsmuster. Dabei üben sich die Dialogteilnehmer/-innen darin, eine *lernende* statt einer *belehrenden* Haltung anzunehmen. Der Unterschied zwischen Dialog und Diskussion wird an diesem Punkt deutlich: Bei einer Diskussion stehen sich oftmals gegensätzliche Meinungen in einer Art gegenüber, die dem Gespräch den Charakter eines Kampfes verleiht, der gewonnen oder verloren werden kann. Während hier der argumentationsstarke und schlagfertigere Gesprächspartner versucht, den meinungsschwachen oder zurückhaltenden Diskussionspartner vom eigenen Standpunkt zu überzeugen, geht es im Dialog vielmehr darum, zu ergründen und zu verstehen, wie der Dialogpartner zu seinen Auffassungen und Wahrnehmungen kommt. Das bedeutet, dass die Absichten, mit denen an ein dialogisches Gespräch herangegangen wird, sich von Grund auf von denen unterscheiden, mit denen Diskussionen begonnen werden. Im Gegensatz zu einer Diskussion ist selbst ein Konsens nicht Hauptziel des Gesprächs, kann aber durch ein Klima des Verständnisses, des Respekts von Andersartigkeit und des Wohlwollens durchaus zustande kommen. Im Vordergrund des Dialogs steht somit, durch ein Gespräch des Miteinanderdenkens, Entwicklung bei sich selbst und Erkenntnis über das eigene Denken und Handeln zu erwerben, anstelle der Ambition, andere verändern zu wollen oder ihr Denken und Handeln zu analysieren und zu bewerten.

Die Kernfähigkeiten des Dialogs[3]

Im Rahmen des Dialogprozesses wird angestrebt, zehn Kernfähigkeiten bzw. Maximen beim Dialog zu berücksichtigen, die charakteristisch für ein dialogisches Gespräch sind und die Qualität einer „echten Begegnung" im Sinne Bubers ausmachen.

Die Jugendlichen geben diesen Kernfähigkeiten zu Beginn des Dialogprozesses andere Bezeichnungen, finden dafür Umschreibungen und erstellen Karten mit entsprechenden Symbolen darauf, da diese Maximen teilweise zu abstrakt für die Jugendlichen sind.

Für die Verlangsamung (siehe unten Punkt 9) beispielsweise stehen symbolisch Gegenstände in der Mitte (wie z. B. eine Schnecke, Redeball), die daran erinnern sollen, einen Moment auszuhalten, bevor man sich zu dem Gehörten äußert. In einem späteren Gruppenprozess erinnern sich die Jugendlichen gegenseitig an die Einhaltung der Regeln. Die aufgeführten Kernfähigkeiten und deren Einhaltung bzw. Berücksichtigung stellen nicht nur für die Jugendlichen eine Herausforderung dar.

1. Eine lernende Haltung einnehmen

Die Teilnehmer treten nicht als Experten auf, sondern verkörpern den „Anfängergeist". Sie zeigen Interesse an neuen Sichtweisen, die die tradierten Denk- und Verhaltensmuster in Frage stellen.

2. Radikalen Respekt zeigen

Zum radikalen Respekt gehören die tiefe Annahme der Person und die Akzeptanz in ihrem „Sosein". In der Auseinandersetzung mit dem Gegenüber geht es sowohl um ein Aufeinander-Einlassen als auch um ein Miteinander-in-Beziehung-treten. Der Versuch, den Gesprächspartner aus dessen Perspektive zu sehen, ist ein weiterer Aspekt dessen.

3. Von Herzen sprechen

Die Teilnehmer sprechen über das, was ihnen am Herzen liegt. Ihre Äußerungen setzen sie in Beziehung zu ihren eigenen Anliegen und Erfahrungen. Sie verzichten dabei auf belehrende Worte, Eitelkeiten, intellektuelle Spielereien und theoretische Ergüsse.

4. Zuhören

Die Teilnehmer hören aktiv und empathisch zu, sodass der Sprecher sich selbst beim Sprechen entdecken kann. Der Zuhörer kann sich außerdem beim Einordnen des Gehörten selbst beobachten.

5. Suspendieren

Die Teilnehmer machen sich ihre Annahmen und Bewertungen bewusst und halten diese dann „in der Schwebe“. Somit haben sie Platz für neue, andere Meinungen, Annahmen und Interpretationen, die sie sich anhören können. Jeder Teilnehmer ist aufgefordert, seine Achtsamkeit zu schulen und zu unterscheiden, wann Vor-Erfahrungen zu Vor-Urteilen werden.

6. Erkunden

Die Teilnehmer stellen keine rhetorischen, sondern aufrichtige Fragen, die eine Haltung der Neugierde, Achtsamkeit und Bescheidenheit dem Gegenüber aufzeigen. Es wird so das Bedürfnis des „Wirklich-verstehen-Wollens“ entwickelt. Fragen dienen dem Erkenntnisgewinn und bilden die Basis für neue Antworten. *„Ich bin bereit, meine Rolle als Wissender aufzugeben.“*

7. Produktives Plädieren

Das produktive Plädieren legt die Gefühle und Beweggründe, die das Denken, Fühlen und Handeln leiten, offen. Die Herkunft eigener Bewertungen wird deutlich gemacht und das Gegenüber an eigenen Denkprozessen beteiligt, nicht mit einem Denkprodukt konfrontiert. Dies ermöglicht gegenseitiges Lernen und Verstehen. *„... was immer du zu sagen hast, lass die Wurzeln dran, lass sie hängen, mitsamt der Erde, um klar zu machen, woher sie kommen.“* (C. Olsen)

8. Offenheit

Offenheit im Dialog meint die Transparenz der eigenen Beweggründe und auf die Beweggründe des Gegenübers ohne Vorurteile und Kritik einzugehen. Offenheit heißt auch, sich von seinen eigenen Überzeugungen lösen zu können und für andere Meinungen und Ideen offen zu sein. *„Draußen vor der Vorstellung von richtig und falsch ist ein Land. Lass uns dort treffen!“* (W. Isaacs)

9. Verlangsamung

Diese beinhaltet einerseits die „innere“ Verlangsamung, die durch das Beherzigen der anderen Kernfähigkeiten gegeben sein sollte, und andererseits die „äußere“ Verlangsamung, die das langsame Sich-Zeit-Nehmen für das Sprechen und Nachdenken ermöglichen. Das gegenseitige Aussprechen-lassen und das langsame Reagieren tragen ebenso zur Verlangsamung des Dialogs bei.

10. Die innere Beobachterin/Den inneren Beobachter beobachten

Sich selbst einmal die Gelegenheit zu geben, sich zu beobachten, ist keine Selbstverständlichkeit im Alltag. Im Dialog macht man sich selbst bewusst, durch welche eigenen Gefühle und Vorannahmen die eigene Haltung zum Gegenüber ausgelöst wird, und beobachtet dies aktiv. Man beobachtet den eigenen Zensor in sich.

Die Umsetzung dieser Dialogregeln in den Jugendgruppen erfolgt in einem längeren Prozess von bis zu drei Jahren.

Der Verlauf einer Jugend-Dialoggruppe

Begonnen wird die ca. 90-minütige Dialogsitzung mit einem kleinen Imbiss, den die beiden Dialogbegleiter zuvor mit einigen Jugendlichen vorbereitet haben. Diese Vorbereitungszeit ermöglicht bereits erste lockere Gespräche mit Jugendlichen der Dialoggruppe, die freiwillig mithelfen wollen. Besonders wichtig ist dieser Kontakt in der Gründungsphase der Gruppe. Einerseits testen hier einige Jugendliche ihre Grenzen im Umgang mit den Begleitern aus. Andererseits gibt es einigen Jugendlichen die Möglichkeit, die Begleiter in einem beiläufigen Gespräch kennenzulernen und sich ihres ehrlichen Interesses langsam zu vergewissern.

Der anschließende fünfzehnminütige Imbiss erlaubt einen ungezwungenen Einstieg in die Sitzung. Dabei sitzen alle Dialogteilnehmer in einem Stuhlkreis und setzen ihre Pausengespräche fort. Die Dialogbegleiter mischen sich unter die kleineren Gesprächsgruppen. Sie haben so die Möglichkeit, ihr Interesse an alltäglichen und für Erwachsene scheinbar belanglosen Jugendgesprächen zu zeigen. Außerdem setzen sie damit ein Zeichen, dass sie keine Lehrkräfte sind. Anders als diese sind die Begleiter nicht an ein feststehendes inhaltliches Lehrprogramm gebunden. Sie können sich daher den aktuellen Stimmungen in der Gruppe und den aufkommenden Themen anpassen.

Den Jugendlichen wird dennoch eine Sitzungsstruktur vorgegeben, die im Vergleich zum offenen Gesprächsgeschehen und -inhalt Orientierung und Sicherheit bieten kann. Die von einem Dialogbegleiter eingeleitete Befindlichkeitsrunde lässt die Imbisszeit ausklingen. Gleichzeitig ermöglicht sie jedem Gruppenteilnehmer, besonders auch zurückhaltenden oder schüchternen Jugendlichen, als Teil der Gruppe sichtbar zu werden. Alle kommen nacheinander zu Wort und haben die Möglichkeit, darüber zu berichten, wie sie ihr Wochenende verbracht haben und wie es ihnen zurzeit geht. Anschließend folgt eine „News-Runde". Hier wird die Frage in den Raum gestellt, was es an neuen Nachrichten in der Gruppe gibt. Das können sowohl persönliche oder schulbezogene Neuigkeiten sein, aber auch Gesellschaftspolitisches, das über verschiedene öffentliche Medien das eigene Interesse geweckt hat (z. B. Drogen, Religion, Zukunft oder Naturkatastrophen, Wahlen, Stars).

Die Dialogbegleiter helfen beim Prozess der Themenfindung für das folgende Gruppengespräch. Sie fassen die Themen kurz zusammen, die in den Befindlichkeits- und News-Runden hervorgebracht wurden. Wenn sich daraus noch kein Gesprächsanreiz ergibt, stellen sie Fragen, die zum gemeinsamen Nachdenken über ein Thema anregen sollen. Im Dialog kann es geschehen, dass das Ausgangsthema sich entwickelt oder verändert, weil es die Jugendlichen zu anderen Fragestellungen oder Überlegungen angeregt hat. An den Begleitern liegt es, das Gesprächstempo zu verlangsamen und an geeigneter Stelle auf Dialogfähigkeiten aufmerksam zu machen, die anhand einer Gesprächssituation geübt werden können (z. B. Erkunden, Suspendieren, produktiv Plädieren etc.).

Für den Fall, dass kein gemeinsames Thema gefunden wird, haben die Dialogbegleiter stets ein Thema vorbereitet. Das kann eine Fragestellung sein und/oder eine Übung zu einer Dialogkernfähigkeit. Für verschiedene gruppendynamische Zwecke halten sie außerdem Spiele bereit, wie Warm-ups oder Konzentrationsübungen. Beendet wird die Dialogsitzung mit einer Feedback-Runde. Die Jugendlichen können hier eine kurze Rückmeldung zum Sitzungsthema, zum Gesprächsverlauf oder an die Gruppe geben.

Im Folgenden sind Ausschnitte aus zwei Dialoggruppen aufgeführt, um eine Entwicklung in der Dialogfähigkeit zu verdeutlichen. Der erste Ausschnitt gibt die Originalaussagen der Jugendlichen nach drei Monaten wieder. Bei dem zweiten Ausschnitt sind die Teilnehmer bereits zweieinhalb Jahre im Projekt aktiv.

Auszüge aus Protokollen zweier Dialogsitzungen, u. a. zum Thema Religion

Eine Gruppe nach drei Monaten Dialog[4]

A.: „Wir müssen nach unserem Prophet leben und Verbote akzeptieren. Wenn man keine Ahnung hat, besteht die Möglichkeit zu Imam zu gehen und ihn persönlich zu fragen."

Unruhe … Fünf Jugendliche sprechen gleichzeitig, haben Recht und wollen alle Teilnehmer überzeugen. F greift den Streit auf und macht die Teilnehmer auf den winzigen Redeball aufmerksam.

A.: „Es gibt zwei Koffer, schwarz und weiß. Weißer Koffer ist für die guten Taten und schwarzer Koffer für die Sünden, die jeder Mensch getan hat."

S.: „Oder die berühmte Brücke zwischen Hölle und Paradies, die man überqueren muss."

A. erzählt eine wahre Geschichte: „Es geht um eine Frau, die gestorben war und wieder ins Leben zurückgekommen ist. Sie wurde nach einer Woche raus geholt und lebt jetzt weiter, aber im verbrannten Körper."

Mit A.s Geschichte sind die Neugierigen auf hundert gegangen. Die Teilnehmer haben viele Fragen, z. B., ob die Frau gläubig war oder in Mekka (Haji) gewesen war. Vielleicht hat sie deswegen eine zweite Chance bekommen usw.

S. erklärt, dass, wenn ein Muslim ständig gesündigt hat, hat es gereicht, dass er nach Mekka pilgert. Danach ist man wie neu geboren, ohne Schuld und er ist rein.

F.: „Das ist genau wie Beichten in der Kirche."

Unruhe ...

H.: „Ich habe in YouTube ein Video auf deutsch über Tod und nach dem Tod gesehen. In diesem Film geht es um den Weltuntergang. Das wurde von einem Imam erzählt. Ich glaube in dieser Situation kannst du niemandem helfen, man muss sich nur retten."

A.: „Es wird erzählt, dass es beim Weltuntergang einen Mann mit drei Augen gibt, er wird gegen Jesus sein und auf der Suche nach ihm. Wenn er es schafft, Jesus zu vernichten, dann wird die Welt untergehen."

S.: „Steht das in der Bibel? Hat sich die Bibel verändert?"

A.: „Ich weiß, dass der Papst die richtige Bibel hat."

DG-Begleiter: „Bei uns gibt es ein Altes und ein Neues Testament."

A.: „Aber der Koran hat sich verändert."

F.: „Warum ist in der Bibel der Prophet Muhammad aufgetaucht und im Koran wird von Jesus gesprochen?"

I. F. hat einen großen Redebedarf und unterbricht ständig andere, und dabei ist er auch sehr laut und respektlos.

A. antwortet auf die Frage: „In den meisten Religionen kennt man nur einen Gott."

S.: „Durch sehr viele Sünden und Ungerechtigkeiten in der Welt von Menschen wird die Welt untergehen. Das steht auch im Koran: Das, was dem Körper und der Seele schadet, ist verboten und Haram, z. B. Alkohol, Rauchen, Fi... Wenn die Frauen sich reizvoll präsentieren, können Männer sich nicht beherrschen. Das ist bei uns verboten."

A.: „Ich weiß die zehn Zeichen für den Weltuntergang. Die Sonne wird komisch scheinen, wenn der Himmel sich rötet (F. begründet das: weil die Autos viel CO_2 produzieren), alle Ozeane werden rot, Krankheiten, Katastrophen ..."

Eine Dialoggruppe nach zweieinhalb Jahren Dialog

Als der Redeball bei A. ist, geht es um das Thema Religion und Glaube. Er erzählt, dass er an das glaube, was ihm seine Mutter über ihre Religion, den Hinduismus, weitergegeben habe. Daher beschäftige er sich nicht viel mit dem, was andere glauben. Für ihn sei dies eine persönliche Entscheidung. Als M. (DG-Begleiter) davon berichten möchte, wie es um seinen christlichen Glauben steht, ist die Gruppe im ersten Moment sehr überrascht. Die meisten Muslime in der Gruppe hätten gedacht, dass er als Türkeistämmiger Muslim sein müsse. Sie stellen ihm daraufhin viele Fragen: Welcher christlichen Gruppe er genau angehöre, wo und seit wann es in der Türkei Christen gibt.

M.: „Wir gehören zu den syrisch-orthodoxen Christen. Wie ist das bei den Muslimen mit verschiedenen Gruppierungen?"

I.: „Es gibt zwei große, Schiiten und Sunniten. Aber noch so viele Untergruppen, 82 sagt man."

Dann geht es um die Unterschiede zwischen diesen Gruppierungen und I. meint, dass die Schiiten, die zweitgrößte Gruppe unter Muslimen, eigentlich keine echten Muslime seien, weil sie nicht an den Koran glaubten und einen anderen als den Propheten Muhammad als eigentlichen Propheten verehrten. H. (DG-Begleiterin) weist darauf hin, dass ihrer Meinung nach keiner das Recht habe, jemand anderem die Identität abzusprechen.

H. (DG-Begleiterin): „Wie würde sich das für dich anfühlen I., wenn jemand zu dir sagen würde, du seist kein echter Muslim? Was meinst du, wie würde T. sich fühlen, wenn ich zu ihm sagen würde, er sei kein echter Schalke-Fan?"

T.: „Das wäre eine solche Beleidigung, die würde bis in meinen kleinen Zeh reichen!"

H.: „Siehst du, und hier geht es in Anführungszeichen ‚nur' um Fußball, wie ist das dann bei der Religion, die man sich meist nicht selbst ausgesucht hat?"

E.: „Ich habe mich irgendwann schon mit den drei großen Religionen beschäftigt und mich dann für die logischste entschieden, das war für mich der Islam. Letztens hat jemand im Fernsehen gesagt, dass er Angst hat vor der Ausbreitung des Islam, das fand ich schlimm. Warum sollte man Angst davor haben?"

M.: „Die Frage ist, hättest du dich auch für den Islam entschieden, wenn du nicht da reingeboren wärst?"

Ma.: „Ich denke schon, denn es gibt ja viele Christen, die zum Islam konvertieren."

M. versucht zu erklären, dass für ihn das Christentum auch logisch ist.

I.: „Aber, was bedeutet euch dann der Papst?“

M. erklärt, was es mit dem Papst auf sich hat und dass er nur für die Katholiken eine zentrale Rolle spielt.

Dann geht es um die Frage, wie die drei großen Religionen miteinander zusammenhängen. T. möchte daraufhin von R. und A. wissen, an welchen Gott sie glauben und wie sie sich das Leben nach dem Tod vorstellen. Beide fühlen sich ein wenig von der Frage bedrängt. Auf die Frage, ob man sich wirklich seine eigene Religion aussuchen kann, antwortet J., sie denke, dass sie die Religion hätte, in die sie reingeboren wurde. Sie fügt hinzu, dass sie sich selbst zwar nicht an alle Regeln halte, aber jeden respektiere, der diese einhält. Sie selbst habe einen atheistischen Freund. E. fühlt sich daraufhin missverstanden.

E.: „Ich weiß nicht, ob ihr mich nicht versteht oder nicht verstehen wollt, aber das heißt nicht, wenn ich an den Islam glaube, dass ich andere Glaubensrichtungen nicht respektiere und wertschätze.“

S.: „Was ich nicht mag ist, wenn Leute so tun als ob sie religiös wären, dann aber so viel nicht einhalten. Das mag ich gar nicht.“

Diese zwei Protokollauszüge machen deutlich, wie sich der Dialog unter den Jugendlichen zu Beginn und nach zweieinhalb Jahren entwickelt hat. Auffällig ist, dass die Jugendlichen sich zu Beginn der Dialoggruppe kaum aufeinander beziehen, den anderen unterbrechen, häufiger die Themen wechseln und wenig nachfragen. Sie konzentrieren sich mehr auf den Dialogbegleiter und seine Äußerungen.

Mit der Zeit verändert sich dieser Prozess und die Teilnehmer beziehen sich mehr aufeinander, sind interessierter an den Beiträgen der anderen und fragen mehr nach. Der Dialogbegleiter wird mit der Zeit mehr zum Begleiter und moderiert weniger, da sich die Verantwortung für den Prozess auf die Teilnehmer aufteilt und die Jugendlichen diese auch zunehmend wahrnehmen.

Ausblick

Im laufenden Jahr nehmen durchschnittlich 90 Jugendliche an zehn Dialoggruppen teil, die sich auf vier Stadtteile in Essen verteilen. Die Standorte wurden zu Beginn des Projekts 2007 nach dem Programm „Soziale Stadt“ ausgewählt. In den Folgejahren sind Institutionen, die von dem Projekt erfahren haben, auf die RAA/Büro für interkulturelle Arbeit zugekommen, haben ihr Interesse an dem Dialogprojekt geäußert und sich mit den Rahmenbedingungen beschäftigt, die gegeben sein müssen, um solch eine Gruppe einzurichten.

Neben fünf schulischen gibt es fünf außerschulische Gruppen in Kooperation mit Jugendeinrichtungen bzw. Migrantenselbstorganisationen (z. B. Moscheen). Eine Gruppe von Jugendlichen trifft sich unabhängig von einer Institution einmal wöchentlich zum Dialog. Die Jugendlichen hatten zu Beginn am Projekt, das damals an ihrer Schule als Arbeitsgruppe angeboten wurde, teilgenommen. Sie haben sich, nachdem sie die Schule verlassen hatten, mit großem Interesse dafür eingesetzt, dass die Dialoggruppe auch außerhalb der Schule weiter stattfindet.

Bei den kooperierenden Schulen handelt es sich überwiegend um Hauptschulen. In den außerschulischen Gruppen ist zu beobachten, dass Jugendliche aus unterschiedlichen Schulformen, wie z. B. Förderschule, Realschule und Gymnasium, zusammenkommen. In den Schulen bietet die Dialoggruppe, die meist als Wahlpflichtfach neben Kunst, Technik oder Politik angeboten wird, einen wichtigen Vertrauensraum, der frei von Notendruck und Bewertung ist. Die Dialogbegleiter haben in diesem Fall die Möglichkeit, frei von den Vorgaben eines Curriculums ganz nah an den Themen der Jugendlichen zu arbeiten, die diese selbst einbringen. Nach einer Projektlaufzeit von drei bis sechs Jahren melden die Kooperationsschulen positive Entwicklungen, die sie bei einzelnen Schülerinnen und Schülern, aber auch im Klassenverband feststellen.

Die Schüler haben zunehmend gelernt zu argumentieren, ihren Standpunkt zu vertreten und Themen aus unterschiedlichen Perspektiven zu betrachten. Ein weiterer positiver Effekt, der von den Lehrkräften beobachtet wurde, ist der Rückgang von feindlicher oder gar gewalttätiger Stimmung im Klassenverband. Die Einschätzung der Lehrkräfte deckt sich mit der Selbstwahrnehmung der Schüler, die eine Evaluation des Projekts im Jahr 2010 ergeben hat.[5] Im Rahmen der Ganztagsschule in Nordrhein-Westfalen könnten in Kooperation mit der Jugendhilfe „neue Bildungsräume" geschaffen werden, wo die Dialoggruppen als eine Form von politischer Bildung ein interessantes und innovatives Format darstellen.

Ein weiterer wichtiger Ort für die Dialoggruppen sind Migrantenorganisationen, wie z. B. Moscheevereine. Auffällig hierbei ist, dass sich die Moscheevereine im Rahmen dieses Projekts zunehmend mit der Professionalisierung von Jugendarbeit in ihren Einrichtungen beschäftigen. Neben den Schulen und den Jugendeinrichtungen sind die Moscheevereine auch ein weiterer wichtiger Sozialisations- bzw. Bildungsraum speziell für Jugendliche mit islamisch geprägtem Sozialisationshintergrund.

Mittlerweile kommen in der Bundesrepublik Deutschland 29 % der Kinder und Jugendlichen unter 25 Jahren aus Familien mit Zuwanderungsgeschichte (Statistisches Bundesamt, 2012). Der größte Teil dieser Bevölkerung gehört dem Islam an.

In diesem Zusammenhang erhalten die Moscheen in Zukunft eine immer wichtiger werdende Rolle. Laut den Beschreibungen der im Projekt kooperierenden Essener Moscheen sind an den Wochenenden 200 bis 400 Kinder und Jugendliche in den Moscheen, um Angebote wahrzunehmen.

Es ist daher wichtig, diese Einrichtungen zu unterstützen und zu beraten, damit sie stärker Verantwortung übernehmen und auf diese Weise ihre Position im Bereich Bildung, Erziehung und Betreuung entwickeln können. Auch wenn Schule als Bildungsort einen zentralen Stellenwert hat, reicht Bildung (auch im Sinne von Selbstbildung) weit über Schule hinaus.

Anmerkungen

1 Ehemals RAA/Büro für interkulturelle Arbeit der Stadt Essen.
2 http://ris.essen.de/vorgang.do?id=MjyGc0CfsBSq7Qm9Nf-MGJ [Zugriff: 14.03.2013].
3 Vgl. Hartkemeyer, Martina und Johannes (2005): Die Kunst des Dialogs – Kreative Kommunikation entdecken. Erfahrungen, Anregungen, Übungen. Stuttgart.
4 Sprachliche Mängel sind in der Protokollabschrift mit Absicht nicht korrigiert worden.
5 http://ris.essen.de/vorgang.do?id=MjyGc0CfsBSq7Qm9Nf-MGJ [Zugriff: 14.03.2013].

Michael Kiefer

Dialog als Methode der Radikalisierungsprävention – Das Modellprojekt „Ibrahim trifft Abraham“

Einleitung

Bereits im Jahr 2010 traf der renommierte französische Islamwissenschaftler Olivier Roy in seinem Buch „Heilige Einfalt“[1] die Feststellung, dass fundamentalistische Religionen jedweder Couleur im globalen Maßstab auf dem Vormarsch seien. Nach Roy befinden wir uns in einem historischen Übergangsprozess, in dem traditionelle Formen des Religiösen zu fundamentalistischen Formen des Religiösen mutieren. Allen Mutationen gemeinsam sei, dass sie eine größere Sichtbarkeit im öffentlichen Raum anstrebten und einen Bruch mit den herrschenden Praktiken und Kulturen herbeiführten. Roy spricht in diesem Kontext von Dekulturierung und Deterritorialisierung. Die Begriffe stehen für die Abkopplung der Religion von der jeweiligen Regionalkultur. Die heiligen Texte (Bibel, Koran usw.) werden außerhalb jedes Kulturzusammenhangs zum Sprechen gebracht. Das Ergebnis sei eine karge, kompromisslose und auf sich selbst bezogene Religiosität.

Quasi als ein sehr erfolgreicher Prototyp der „heiligen Einfalt“ erscheint die heutige neosalafistische Mobilisierung, deren Akteure einem weitgehend imaginierten frühen Islam anhängen, der nach Auffassung seiner Anhängerschaft von allen Zeitumständen „gereinigt“ sei. Noch vor zehn Jahren war diese Spielart des Islamismus außerhalb der Fachöffentlichkeit nahezu unbekannt. Heute steht sie im Fokus der Berichterstattung der Mainstreammedien über den Islam. Dies obwohl die Neosalafiyya[2] mit geschätzten 5000 Personen ohne jede Frage eine sehr kleine Minorität innerhalb der Muslime Deutschlands darstellt. Die Größenordnung kann jedoch nicht darüber hinwegtäuschen, dass die Akteure der Neosalafiyya mit gezielten Propagandaaktionen ein außergewöhnlich hohes Maß an medialer Aufmerksamkeit erreichen können. Herausragendes Beispiel ist die von dem Kölner Neosalafisten Abou Nagie orchestrierte Koranverteilungsaktion, über die auch in den Qualitätsmedien wochenlang berichtet wurde. Auffällig ist darüber hinaus die wachsende Dominanz neosalafistischer Inhalte im Internet. Rechercheversuche zu islamischen Begriffen enden zunehmend auf ansprechend gestalteten Seiten neosalafistischer Netzakteure. Dieser Umstand veranlasste den Islamwissenschaftler Asiem El Difraoui unlängst zu der Aussage, dass Islamisten und Jihadisten im Internet faktisch die „Deutungshoheit“ über zentrale Begriffe des Islams errungen hätten.[3]

Zahlreiche Berichte aus Jugendhilfe, Schule und Wohnquartieren zeigen, dass vor allem die Internetaktivitäten und die sehr umfangreichen Veranstaltungsaktivitäten neosalafistischer Akteure Jugendliche aus islamischen Sozialisationskontexten, aber auch anderer Herkünfte in einem steigenden Ausmaß erreichen. Das Islamverständnis, das den Jugendlichen im Internet und in den Predigten präsentiert wird, weist eine Reihe von Haltungen und Sichtweisen auf, die das gedeihliche und friedliche Zusammenleben in einer wertepluralen Gesellschaft empfindlich stören können. Kernmerkmal des neosalafistischen Diskurses ist ein „Pathos der strikten Einwertigkeit“[4], der menschliches Handeln nahezu zwanghaft in einem bipolaren Haram-Halal-Diskurs verortet. Eine Handlung ist erlaubt oder verboten. Ambiguitätstoleranz wird systematisch ausgeschlossen. Auf der Grundlage dieser Haltung konstituieren sich neosalafistische Gruppen als Eifererkollektive, die alle Anstrengungen darauf orientieren, den „falschen“ Glauben (Din) abzuschaffen und an seine Stelle den „wahren“ Glauben zu setzen. In der Konsequenz bedeutet dies, dass die Neosalafisten diejenigen, die nicht ihren Auffassungen folgen, als Ungläubige (Kuffar) brandmarkt. Als solche gelten alle Nichtmuslime und diejenigen Muslime, die nicht den „richtigen“ Glauben leben. Folglich wird auch jedwede Form des interreligiösen Dialogs abgelehnt. Ein weiteres Merkmal ist eine strikte Jenseitsorientierung. Zu den Standardelementen neosalafistischer Predigten gehören detailreiche Ausschmückungen des Jüngsten Gerichts, der Höllenqualen und der ewigen Verdammnis, die angeblich allen Ungläubigen auferlegt werden. Nur den Rechtgläubigen, das heißt denjenigen, die der Islamauffassung der Neosalafiyya folgten, sei das Paradies gewiss. Kennzeichen der neosalafistischen Ideologie ist ferner eine deterritorialisierte und dekulturierte Religionsauffassung. Koran und Hadith (Prophetenüberlieferung) werden nicht als kulturell geprägte Texte gelesen. Die neosalafistische Bewegung negiert die Kontextgebundenheit der Quellen. Ihrem Verständnis nach spricht Gott ohne jeglichen Kontext.[5] Schließlich sollte auch das Prinzip der Geschlechtersegregation angeführt werden. Neosalafistische Akteure praktizieren im öffentlichen Raum eine strikte Geschlechtertrennung. Die Anwendung dieses Prinzips führt auch dazu, dass die direkte und freie Wahl eines Ehepartners oder einer -partnerin abgelehnt wird. Die Anbahnung muss gemäß der Prophetentradition (Sunna) über den Vormund (Wali – zumeist der Vater der Frau) erfolgen.

Prävention – Chancen und Grenzen präventiver Konzepte

Die skizzierte neosalafistische Ideologie sowie andere Ideologien der Ungleichwertigkeit stellen für die Zivilgesellschaft ohne jede Frage eine große Herausforderung dar. Die Forderung nach wirksamen Präventionskonzepten wurde vor allem nach den gewaltsamen Vorfällen vom 5. Mai 2012 laut. In Bonn hatten an diesem Tag 200 Demonstranten, die dem neosalafistischen Spektrum zugerechnet werden, mit einem Gewaltausbruch gegen die rechtspopulistische Bewegung pro NRW reagiert und dabei 29 Polizisten teils schwer verletzt. Doch was ist in diesem Kontext unter Prävention zu verstehen? Was sind die Prämissen einer erfolgreichen Präventionsarbeit und wo liegen die Grenzen?

Grundgedanke der Prävention

Nach Christian Lüders bezeichnet man als Prävention all jene Aktivitäten, „die darauf abzielen, jemandem oder etwas zuvorzukommen".[6] Wichtig dabei sei, „dass das Zuvorkommen sich auf unerwünschte Ereignisse, Entwicklungen, Zustände bzw. Auswirkungen bezieht".[7] Eine Präventionsstrategie hat also die Aufgabe, Problemlagen frühzeitig zu identifizieren, bestehende und mögliche Risiken kritisch einzuschätzen und auf der Grundlage dieser Einschätzungen spezifische Vorsorgemaßnahmen zu ergreifen. Angesichts der Vielzahl von Faktoren, die in diesem mehrschrittigen Vorgehen eine Rolle spielen, muss betont werden, dass Prävention „mitnichten ein einfaches, sondern vielmehr ein sehr anspruchsvolles und voraussetzungsvolles Konzept"[8] darstellt.

Probleme der Präventionsarbeit

Eine pädagogisch orientierte Präventionsarbeit, die sich gegen Ungleichheitsideologien richtet, ist immer mit einem komplexen und unübersichtlichen Problemfeld konfrontiert. Es beginnt mit der nicht unwesentlichen Frage, worin konkret das Unerwünschte zu sehen ist. Akteure der Präventionsarbeit schlüpfen zunächst in die Rolle des „Problemdefinierers", der festlegt, was als erwünscht und unerwünscht gilt. Sozusagen kollateral werden damit Normen gesetzt, die durchaus nicht immer den ungeteilten Zuspruch aller Beteiligten finden. Überaus deutlich ist dies z. B. in der Präventionsarbeit gegen islamistische Eindeutigkeitsangebote. Manche Akteure aus dem Umfeld der Moscheegemeinden reagieren aktuell sehr ungehalten auf eine problemzentrierte Sichtweise der Salafiyya, da diese mit ihrem Traditionsverständnis des frühen Islams kollidiert. Der Begriff „Salafiyya" hat für viele Muslime eine überaus positive Konnotation. Die „Salaf" (Altvorderen bzw. Prophetengefährten) gelten als große und verehrungswürdige Vorbilder.

Ein weiteres Grundproblem pädagogischer Präventionsarbeit ist die mögliche negative Markierung und Stigmatisierung der Zielgruppe. Holthausen, Hoops und Lüders weisen explizit darauf hin, dass Prävention auf der Logik des Verdachts basiert – „dies widerspricht der Unschuldsvermutung und ist aus pädagogischer Perspektive defizit- und nicht ressourcenorientiert".[9] Durch Zuschreibungen werden bestimmte gesellschaftliche Gruppen ausgewählt und als potenzielle „Problemträger" markiert. Dass derartige Markierungen durchaus kontraproduktiv wirken können, lässt sich erneut an der Islamismusprävention belegen. Werden Jugendliche explizit als Muslime und damit als potenzielle Problemträger angesprochen, sind nicht selten Verweigerungshaltungen zu beobachten. Viele Projekte erreichen aufgrund dieses Sachverhalts oftmals nicht oder nur im geringen Umfang ihre Zielgruppe. Bei der Festlegung des Präventionsgegenstandes, der Präventionsstrategie und der Bestimmung und Bezeichnung der Zielgruppe ist daher grundsätzlich viel Feingefühl und Augenmaß erforderlich.[10]

Darüber hinaus stellt sich in der Präventionsarbeit immer die Frage der Wirksamkeit bzw. der Zukunftsbezogenheit. Eine Prognose geht immer mit großen Unwägbarkeiten einher. Ereignisse und Zustände können eintreten oder auch ausbleiben. Der Anteil der Präventionsarbeit auf das Ausbleiben negativer Entwicklungen – z. B. von Radikalisierung – ist faktisch nicht bestimmbar. Hinzu kommt, dass die Vermeidung des Unerwünschten quasi eine Daueraufgabe darstellt. Eine vollständige Zielerreichung in der oftmals temporär begrenzten Projektarbeit ist aufgrund dieses grundlegenden Sachverhalts nicht herstellbar.

Eine weitere Schwierigkeit ist darin zu sehen, dass zum Themenfeld Radikalisierungsprävention in Jugendhilfe, Schule und Gemeinde bislang nur wenige belastbare Erfahrungsberichte vorliegen. De facto wissen wir wenig über Radikalisierungsverläufe und ihre Einflussfaktoren. Folglich ist derzeit unklar, wie sinnvolle pädagogische Interventionen aussehen können. Für die pädagogische Praxis bedeutet dies, dass Präventionsarbeit in eher experimentellen Anordnungen stattfindet und einen explorativen Charakter aufweist.[11]

Präventionsformen

Nach Danny Bürkli wird der Begriff der Radikalisierungsprävention als Oberbegriff benutzt, um eine Vielzahl von Maßnahmen zu bezeichnen. „Diese reichen von klassischen polizeilichen und nachrichtendienstlichen Terrorabwehrmaßnahmen, wie Abhöraktionen oder Infiltrationen von Gruppierungen, über gezielte Interventionen bis hin zu ‚weicheren' Sensibilisierungskampagnen und allgemeinen Integrationsmaßnahmen."[12] Auch wenn eine trennscharfe Differenzierung innerhalb des Maßnahmenfächers sich schwierig gestaltet, werden in der fachwissenschaftlichen Diskussion die Bereiche primäre, sekundäre und tertiäre Prävention unterschieden.

Unter der primären Prävention (auch soziale oder universelle Prävention) werden Maßnahmen subsumiert, die in erster Linie erwünschte Haltungen oder Einstellungen bestärken. Pädagogische Präventionsbestrebungen „verbinden die Perspektive des Vermeidens mit einer genuinen Perspektive des Förderns, die die ‚Objekte' präventiver Arbeit als Subjekte in diesen Prozess mit einbezieht".[13] Angesprochen werden Gesamtgruppen ohne besondere Risikofaktoren. Zur primären Prävention zählen unter anderem schulische und außerschulische Maßnahmen, die auf eine Förderung und Stärkung der sprachlichen Leistungsfähigkeit, sozialer Kompetenzen und der Ambiguitätstoleranz zielen.

Die sekundäre Prävention (auch situative oder selektive Prävention) soll verhindern, dass bereits im Ansatz bestehende unerwünschte Haltungen sich verfestigen. Die Präventivmaßnahmen in diesem Bereich zielen auf Gruppen oder Einzelpersonen, die durch klar bestimmbare Risikofaktoren gekennzeichnet sind. Auch in diesem Bereich kann es eine große Bandbreite an Interventionen bzw. Maßnahmen geben. Hierzu zählen unter anderem die Beseitigung persönlicher und sozialer Defizite, die Verringerung von Tatgelegenheiten und die Erhöhung des Entdeckungsrisikos.

Die tertiäre Prävention (auch indizierte Prävention) richtet sich an Menschen, die sich bereits in problematischen Milieus befinden und soll Ablösungsbereitschaft erzeugen bzw. diese unterstützen. Zu Maßnahmen dieses Bereichs zählen unter anderem Aussteigerprojekte und bestimmte Formen der Gefängnisseelsorge. Zu nennen sind aber auch polizeiliche oder geheimdienstliche Maßnahmen, die direkt auf eine konkrete Verhinderung von Tatgelegenheiten zielen.[14]

Erfahrungen aus der Radikalisierungsprävention

Zu den unverzichtbaren Prämissen einer erfolgreichen und nachhaltigen Radikalisierungsprävention, die sich gegen die neosalafistische Mobilisierung und andere Formen des Islamismus richtet, zählt die Beteiligung aller relevanten Akteure, die sich im Umfeld der Zielgruppe befinden. Hierzu zählen neben Schulen und Institutionen auch die Familie und das Gemeindeumfeld der Moschee. In den vergangenen Jahren gestaltete sich insbesondere die Zusammenarbeit zwischen islamischen Gemeinden und institutionellen Akteuren mitunter spannungsreich. Ursache ist hier die Überlagerung der Präventionsarbeit durch Aspekte der Terrorabwehr. Ein problematisches Beispiel ist die sogenannte ‚Islamisten-Checkliste', die der ehemalige niedersächsische Innenminister Uwe Schünemann durch den Verfassungsschutz unter anderem an Lehrer und Jugendarbeiter hat verteilen lassen. Die Broschüre soll die Leserschaft befähigen, mögliche Radikalisierungsmerkmale (z. B. intensive Beschäftigung mit dem Tod, längere Reisen in islamische Länder usw.) zu erkennen.[15] Nicht nur nach Auffassung der islamischen Gemeinden werden Muslime durch solche Maßnahmen als potenzielle Gefahrenträger markiert und letztlich unter Generalverdacht gestellt. Eine vertrauensvolle Zusammenarbeit zwischen Moscheegemeinde und Staat kann sich im Kontext einer solchen Maßnahme mit Sicherheit nicht entwickeln.

Dieser im Rahmen der Präventionsarbeit sehr bedeutsame Sachverhalt zeigt sich auch deutlich in den Ländern, die seit geraumer Zeit eine landesweite Präventionsstrategie verfolgen. Herausragend ist in diesem Kontext Großbritannien, das im Rahmen der CONTEST-Strategie[16] seit 2003 die Radikalisierungsprävention systematisch und landesweit ausgebaut hat. In den ersten Phasen konzentrierten sich die Maßnahmen im Rahmen der Prevent-Strategie nahezu ausschließlich auf die muslimischen Bevölkerungsteile. Durch eine durchgehende Überbetonung der religiösen Aspekte und der damit einhergehenden Fremdislamisierung entstand der Eindruck, Muslime hätten generell ein höheres Gewaltpotenzial als andere Bevölkerungsteile. Islamische Organisationen, Moscheegemeinden und Einzelpersonen standen aufgrund dieser einseitigen Fokussierung und der damit verbundenen Stigmatisierungseffekte den Prevent-Programmen lange Zeit misstrauisch bis ablehnend gegenüber. In den Jahren 2010 und 2011 wurden die Programme grundlegend überarbeitet. Ergebnis war eine klare Trennung von Maßnahmen der universellen Prävention von Terrorabwehrmaßnahmen, die der indizierten oder tertiären Prävention zuzurechnen sind.[17] Zu wünschen wäre, dass die Entkoppelung von universeller Prävention und tertiärer Prävention auch hierzulande Schule macht.

„Ibrahim trifft Abraham"

Nach der ausführlichen Darstellung der Präventionsproblematik soll nun das Modellprojekt „Ibrahim trifft Abraham" (ITA) vorgestellt werden, das der Düsseldorfer Jugendhilfeträger Aktion Gemeinwesen und Beratung e.V. seit dem Jahr 2010 in Düsseldorf mit schulischen und außerschulischen Kooperationspartnern – darunter das Ministerium für Inneres und Kommunales des Landes Nordrhein-Westfalen – durchführt. ITA ist ein zunächst auf drei Jahre angelegtes Modellprojekt für Jungen aller Herkünfte und Religionen, das neue Formate der auf Partizipation angelegten interkulturellen und interreligiösen Bildungs- und Dialogarbeit erprobt und miteinander verschränkt. Das Projekt, das einen ausgeprägten explorativen Charakter aufweist, wird mit Mitteln des Bundesprogramms „Initiative Demokratie Stärken" durchgeführt. Eine externe Evaluation erfolgt durch das Deutsche Jugendinstitut (DJI). ITA verfügt über eine eigene Internetpräsenz,[18] auf der umfassend über alle Projektaktivitäten berichtet wird.

Ausgangsüberlegungen des Projekts

Das Projekt geht von der grundlegenden Annahme aus, dass das Zusammenleben in einer werteplural orientierten Einwanderungsgesellschaft, die durch eine hohe Diversität an Lebensentwürfen und damit verbundenen Wertesystemen gekennzeichnet ist, für alle gesellschaftlichen Gruppen eine große Herausforderung darstellt. Gerade für jüngere Menschen stellt der Umgang mit verschiedenen Lebensentwürfen, Religionen und Weltanschauungen hohe Anforderungen an ihre Ambiguitäts- und Frustrationstoleranz. Dieser Sachverhalt gilt insbesondere für junge Menschen aus bildungsbenachteiligten Milieus, die diesen Anforderungen nicht immer gerecht werden, da unter anderem ausgeprägte Schwierigkeiten in Schule, Beruf und Familie instabile Lebenslagen hervorbringen können. Dieser Sachverhalt gilt, so die Erfahrungen des Projektträgers, insbesondere für Jungen. Belastungen durch instabile Lebenslagen, Diskriminierungserfahrungen, Orientierungsprobleme in einer komplex verfassten Umwelt und weitere Faktoren können bei jungen Menschen dazu führen, dass Eindeutigkeitsangebote, z. B. der eingangs skizzierte Neosalafismus, erheblich an Attraktivität gewinnen. Vor dem Hintergrund der skizzierten Ausgangslage ist ITA als ein Präventionsprojekt konzipiert, das sich an der Schnittstelle von primärer und sekundärer Prävention verortet.

Ziele

ITA ist seinem Selbstverständnis nach ein ressourcenorientiertes und ausdrücklich kein defizitorientiertes Projekt, das in einem jungenspezifischen Setting insbesondere auf eine Stärkung des Toleranzvermögens und der Dialogkompetenz zielt. Diese allgemeinen Zielsetzungen können für den Gruppenprozess in Anlehnung an Stephan Leimgruber[19] in die nachfolgend skizzierten Teilzielsetzungen ausdifferenziert werden. In den Dialoggruppen sollen die Jungen zunächst eine *achtsame Wahrnehmung* für differente Elemente anderer Religionen und Weltanschauungen entwickeln. Hierzu zählt insbesondere ein möglichst konstruktiver Umgang mit Dissonanzen und Störungen, die in der alltäglichen Begegnung mit Menschen vorkommen können. Zum konstruktiven Umgang mit Dissonanzen zählen auch die Fähigkeiten des *Vergleichens* und *Auswertens.* In diesen Prozessen können Differenzen sichtbar und begreifbar gemacht werden. Ferner soll den Teilnehmern durch *Perspektivwechsel,* der z. B. in Rollenspielen erreicht werden kann, die Möglichkeit geboten werden, sich empathisch in die Rolle des anderen zu versetzen. Ein weiteres wichtiges Teilziel ist die *Anerkennung und der Respekt* für andere religiöse oder weltanschauliche Sichtweisen. In Verbindung mit dem letztgenannten Teilziel sollen die Jungen erkennen, dass unsere Sicht auf Menschen anderer Religionen und Weltanschauungen in einem erheblichen Maße geprägt ist durch die *eigene kulturelle Bedingtheit,* die nicht selten Bewertungsmuster bereithält, die der kritischen Reflektion bedürfen. Teilziel ist darüber hinaus die *Einsicht in die Pluralität der Zuwanderungsgesellschaft.* Moderne Zuwanderungsgesellschaften sind einem stetigen Wandlungsprozess unterworfen. Es gibt keine abgeschlossenen „reinen"

Kulturen. In diesem Kontext ist auch die Fähigkeit zur kritischen Auseinandersetzung mit Eindeutigkeitsangeboten als Ziel zu benennen. Die Teilnehmer sollen zur *Deutungskompetenz* befähigt werden. Das heißt, sie sollen befähigt werden Ideologien der Ungleichheit zu identifizieren, zu hinterfragen und letztlich als leere Phrasen zu entlarven.[20]

Zielgruppe

Berichte aus Jugendhilfe und Schule zeigen, dass insbesondere Jungen aus bildungsbenachteiligten Milieus mit Zuwanderungsgeschichte sich als anfällig für Eindeutigkeitsangebote extremistischer Gruppen zeigen, die z. B. die komplexen Folgen einer globalisierten Welt in einen monokausalen Wirk- bzw. Schuldzusammenhang stellen. Deutlich zeigt sich dies z. B. in der Wahrnehmung des Palästinakonflikts, die zunehmend mit antisemitischen Deutungen und Zuschreibungen einhergeht. „Du Jude" ist bei vielen Jugendlichen aus einem islamisch geprägten Sozialisationskontext zu einem gängigen Schimpfwort geworden. Dass der Antisemitismus bei der genannten Gruppe in den vergangenen Jahren eine problematische Dimension erreichen kann, belegen unter anderem die Übergriffe von sechs Jungen gegen eine jüdische Tanzgruppe in Hannover im Juni 2010 und der Angriff auf einen Rabbiner in Berlin im August 2012, der ebenfalls vonseiten der Polizei männlichen Jugendlichen mit einem islamischen Sozialisationskontext angelastet wird.

Hinweise auf eine spezifische Männerproblematik enthalten ferner die Ergebnisse des Terrorismusforschers Edwin Bakker. Der niederländische Forscher untersuchte 2006 insgesamt 242 Biografien von in Europa verurteilten Jihadisten. Nahezu alle Straftäter sind Männer, die sich in der Regel gemeinsam mit Teilen ihres Freundeskreises radikalisierten. Unter den Verurteilten befanden sich lediglich fünf Frauen.[21]

Ausgehend von diesen Beobachtungen und Zahlen geht das Projekt von der These aus, dass insbesondere bei Jungen eine gewisse Affinität für Eindeutigkeitsangebote extremistischer Gruppen zu beobachten ist. Das Projekt ITA ist daher ausschließlich als Jungenprojekt konzipiert. Um eine negative Markierung bzw. Stigmatisierung der primären Zielgruppe (insbesondere Jungen mit islamischem Sozialisationskontext) zu vermeiden, richtet sich das Projekt explizit an Jungen *aller* Religionen und Herkünfte, die zwischen 14 und 18 Jahre alt sind.

Konzeption

ITA ist ein Modellprojekt, das eine partizipativ angelegte Dialoggruppenarbeit in einem jungenspezifischen Setting mit einem Wettbewerb kombiniert. Die Wettbewerbskomponente und die ausgelobten hohen Sachpreise (z. B. Motorroller) stellen ein starkes Attraktivitätsmoment dar, das primär die Zielgruppe zur Teilnahme an den freiwilligen Dialoggruppen bewegen soll. Die Dialoggruppen und die Wettbewerbsdurchläufe folgen im Projektzeitraum (2010-2013) einem festen Jahresrhythmus.

- Im Januar werden gemeinsam mit den schulischen und außerschulischen Partnern zunächst die Dialoggruppen zusammengestellt, die maximal acht Teilnehmer umfassen.
- Von Februar bis Juli bzw. bis zum Start der Sommerferien bearbeiten die Teilnehmer in einer moderierten Dialoggruppe das Impulsmotto „Ibrahim trifft Abraham". Am Ende der Arbeitsphase erstellen alle Gruppen einen möglichst detailliert ausgearbeiteten Aktionsvorschlag, der als Wettbewerbsbeitrag bei der Jury eingereicht wird.
- Anfang September (nach den Sommerferien) tritt die Jury zusammen und wählt die besten drei Aktionsvorschläge aus.
- Bis zum Dezember werden je nach Aufwand die ausgewählten Aktionsvorschläge mit den Teilnehmern umgesetzt.
- Der Wettbewerb endet mit einer feierlichen Preisverleihung, auf der die Gewinner des Wettbewerbs mit hochwertigen Sachpreisen ausgezeichnet werden.

Dialoggruppen

Im Zentrum des Projekts stehen die Dialoggruppen, die jeweils von zwei erfahrenen Projektmitarbeitern moderiert werden. Die pädagogische Arbeit in den Dialoggruppen orientiert sich stark an partizipativen Grundsätzen. Eine thematische Festlegung bzw. Rahmung ist lediglich durch das Impulsmotto „Ibrahim trifft Abraham" gegeben. Dies bedeutet, dass in der Dialoggruppenarbeit gänzlich auf curriculare Vorgaben verzichtet wird. In der Dialoggruppenarbeit, die sich in der Regel über fünfzehn bis zwanzig Treffen erstreckt, können drei Phasen unterschieden werden. In der ersten Phase erarbeiten die Teilnehmer auf zwei bis drei Treffen zunächst beliebig viele Themen- und Aktivitätsvorschläge. Diese werden dann in einem konsensorientierten Prozess gemeinsam diskutiert und zur Abstimmung gebracht. Die Vorschläge, zu denen ein Konsens erzielt werden konnte, werden in der zweiten Phase umgesetzt. Die Umsetzung der Themen- und Aktionsvorschläge, darunter Exkursionen, Diskussionsrunden, Rollenspiele, Wissenswettbewerbe, Videoarbeiten und diverse Freizeitaktivitäten erstrecken sich über ca. sechs bis acht Treffen, die auch ein gemeinsames Wochenende umfassen können. Die dritte Phase mit zwei bis drei Treffen dient schließlich der Ausarbeitung eines detailliert dargelegten Aktionsvorschlags, der einen unmittelbaren Bezug zum Impulsmotto „Ibrahim trifft Abraham" aufweisen soll.

Die Dialoggruppen, die zu erheblichen Teilen im Vormittagsbereich bei den schulischen Kooperationspartnern durchgeführt werden, sind im Hinblick auf die

Religionszugehörigkeit heterogen zusammengesetzt. Neben Muslimen, die in einigen Gruppen die Mehrheit bildeten, nahmen bisher katholische, evangelische, orthodoxe, neuapostolische, yezidische und religionslose Jungen teil. Sieht man von den diversen Freizeitaktivitäten ab, hatten die von den Teilnehmern gewählten Themen auf der Grundlage des Impulsmottos einen unmittelbaren Bezug zu einer oder mehreren Religionen. Sehr beliebt waren vor allem Exkursionen zu Synagogen, Moscheen und Kirchen, die von den Teilnehmern weitgehend eigenständig inhaltlich vor- und nachbereitet wurden. In der Begegnungsarbeit bzw. der intersubjektiven Begegnung, die als „Königsweg" des interreligiösen Lernens angesehen werden kann, ist die Arbeit der Moderatoren von großer Bedeutung. In einem multireligiösen Setting müssen die Moderatoren mit viel Umsicht und Feingefühl agieren. Leitend sind hier der Grundgedanke der Gleichwertigkeit aller Religionen und der vollständige Verzicht auf jegliches Superioritätsdenken. In Anlehnung an John Hicks wird davon ausgegangen, dass Religionen und auch Weltanschauungen keinen Anspruch auf Absolutheit erheben können. Vielmehr wird von einer gleichwertigen Pluralität von Heilswegen ausgegangen.[22]

Praxiserfahrungen

Bislang gab es zwei Wettbewerbsdurchläufe, an denen insgesamt elf Dialoggruppen teilgenommen haben. Die Bandbreite der beteiligten Jugendlichen reichte von „schulmüden" Jugendlichen, die in BuS[23]-Gruppen den Hauptschulabschluss zu erlangen versuchen, bis hin zu Schülern aus Gesamtschulen, Realschulen und Berufskollegs (Berufsgrundschuljahr). Aufgrund des sehr guten Zugangs des Projektträgers zu den Kooperationspartnern gestaltete sich der Zugang zu den Jugendlichen in nahezu allen Fällen unproblematisch. Im ersten Wettbewerbsdurchlauf wurden die Dialoggruppen ausschließlich in den Räumlichkeiten des Trägers durchgeführt. Der Mobilisierungsaufwand, vor allem in der Startphase, erwies sich als sehr hoch. Um eine kontinuierliche Teilnahme der Jungen an den Dialoggruppen sicherzustellen, waren zahlreiche aktivierende Telefongespräche notwendig, die fast jeder Sitzung vorausgingen. Um den Mobilisierungsaufwand in einem vertretbaren Ausmaß zu halten, wurde in der zweiten Wettbewerbsrunde umgesteuert und der Großteil der Gruppen wurde als Go-in-Angebot direkt bei den schulischen Kooperationspartnern durchgeführt. Diese Umsteuerung hat sich in einem hohen Maße bewährt.

Bereits im Laufe der ersten Wettbewerbsphase konnten die Moderatoren die Erfahrung machen, dass sogenannte „bildungsbenachteiligte" Jugendliche bei der stofflichen Bearbeitung der teilweise sehr anspruchsvollen Themen sich erheblich leistungsstärker zeigten, als wir und unsere Kooperationspartner im Vorfeld erwartet hatten. Im ersten Wettbewerbsdurchlauf bearbeiteten zwei BuS-

Gruppen das Impulsmotto mit großem Engagement und in einer überraschenden Vielfalt. Die Jungen, die auf dem Regelweg alle nicht den Hauptschulabschluss erreichen konnten, zeigten sich z. B. in Rollenspielen zu Moscheebaukonflikten sehr argumentationsstark und differenziert. Nachfragen zeigten, dass das schulische Scheitern der Jungen, die größtenteils über einen Migrationshintergrund verfügten, nicht unzureichenden intellektuellen Fähigkeiten zuzuschreiben war, sondern durch häufiges Absentieren verursacht wurde.

Mitunter als schwierig erwiesen sich die Themen Judentum und Palästina. Antijüdische Ressentiments und teilweise offener Antisemitismus wurden in einigen Gruppen sowohl von muslimischen als auch von christlichen Jugendlichen (mit polnischen und italienischen Hintergründen) vertreten. Die negative Einstellung zum Judentum zeigte sich vor allem in Rollenspielen. Bei einer gespielten Podiumsdiskussion, an der Repräsentanten aller in Deutschland beheimateten Religionsgemeinschaften teilnehmen sollten, wollte keiner der Jugendlichen die Rolle des jüdischen Podiumsteilnehmers übernehmen. Konfliktträchtig erwiesen sich ferner in einer Gruppe die Vorbereitungen für einen Synagogenbesuch. Ein Junge mit polnischem Hintergrund verweigerte schlicht die Teilnahme am Synagogenbesuch mit dem vehement vorgetragenen Hinweis, dass ein Fluch auf einen fallen würde, sobald man eine Synagoge beträte. Einen erheblichen Beitrag zum Abbau bzw. zur Eindämmung antijüdischer Vorurteilsbekundungen brachte die Zusammenarbeit mit einer jüdischen Religionspädagogin, die in der Düsseldorfer Synagoge lebensweltnahe Einführungen ins Judentum durchführte und Alltag und Konflikte der Gemeinde detailliert darstellte.

Insgesamt betrachtet wird der bisherige Verlauf der Dialoggruppen und der damit verbundenen Wettbewerbe von allen Projektbeteiligten sehr positiv bewertet. Auch weitere heikle Themen, wie z. B. Haram-Halal-Diskurse (religiöse Verbote/Gebote) über Musik, konnten in den Dialoggruppen konstruktiv diskutiert werden. Erfreulich war hier, dass auch Jugendliche, die bereits regelmäßig Veranstaltungen von neosalafistisch orientierten Moscheegemeinden besuchen, sich ernsthaft und respektvoll dem Diskussionsprozess stellten. Zum Abschluss der Dialoggruppenphase äußerten viele Jungen den Wunsch nach einer erneuten Teilnahme. Einige Jugendliche mit islamischem Hintergrund erklärten sich sogar zur weiteren ehrenamtlichen Mitarbeit im Projekt bereit. In einem Fall entwickelte sich hieraus ein einjähriges Praktikum, das im Rahmen einer schulischen Ausbildung im Projekt abgeleistet wird.

Deutlich hinter den Erwartungen zurück blieb die ausdrücklich erwünschte Kooperation mit den Düsseldorfer Moscheegemeinden. Zwei ausführliche Informationsveranstaltungen, zu denen der Projektträger alle Düsseldorfer Moscheegemeinden eingeladen hatte, erzielten nur eine sehr geringe Resonanz. Lediglich eine

DITIB-Gemeinde entschloss sich zur Mitarbeit. Hiernach erfolgte eine Reihe von Einzelgesprächen, die von muslimischen und nichtmuslimischen Projektmitarbeitern in Moscheegemeinden durchgeführt wurden. Auch diese Gespräche verliefen ergebnislos. Über persönliche Kontakte kamen im zweiten Projektjahr Jugendliche aus dem Umfeld einer Düsseldorfer Romagemeinde hinzu. Hier zeichnet sich zurzeit eine stabile Zusammenarbeit ab. Weshalb die Moscheegemeinden mehrheitlich kein Interesse an einer gemeinsam getragenen Dialogarbeit haben, kann aus den Gesprächsverläufen nicht erschlossen werden. Lediglich in einem Fall wurden grundsätzliche Vorbehalte gegen christliche Moderatoren vorgetragen, da diese angeblich Missionierungsabsichten hätten.

Offene Fragen

Wie bei allen Präventionsprojekten stellt sich zunächst die Frage nach der Wirksamkeit der durchgeführten Maßnahmen. Die Dialoggruppenprozesse in Kombination mit der Wettbewerbsphase dauern jeweils ein Jahr. Aufgrund dieser temporären Eingrenzung sind langfristige Zukunftsprognosen nicht möglich. Eine vollständige Zielerreichung – die beständige Verhinderung von Radikalisierungsprozessen – hat zur Voraussetzung, dass Prävention auf Dauer angelegt ist. Diesem Anspruch kann ITA ohne jede Frage nicht gerecht werden. Wünschenswert wären daher eine Entfristung des Projekts und eine vertiefte Kooperation mit allen relevanten Akteuren im Lebensumfeld der Teilnehmer, die deutlich über die Wettbewerbsphase hinausreicht. Ferner wäre zu fragen, auf welchem Weg die Moscheegemeinden in die Präventionsarbeit miteingebunden werden können. Die Projekterfahrungen mit den Moscheegemeinden waren bis auf Ausnahmen bisher wenig ermutigend. Welche Faktoren eine Zusammenarbeit behindern oder gar verhindern, ist nicht bekannt. Zur Klärung dieser nicht unbedeutenden Frage wären weitere explorative Gespräche erforderlich. Schließlich wäre danach zu fragen, welche Erfahrungen andere Modellprojekte im Kontext der Radikalisierungsprävention machen konnten. Bedauerlicherweise gibt es bislang in Land und Bund hierzu keinen systematischen Austausch. So gab es im Bundesprogramm „Initiative Demokratie Stärken" in zwei Jahren lediglich ein bundesweites Treffen, auf dem die Projektträger ihre Erfahrungen austauschen konnten. Gerade dieser Sachverhalt ist als ein gravierendes Manko einzustufen. Die Entwicklung wirksamer Präventionsformate ist in einer partikularen Projektanordnung mit Sicherheit nicht möglich. Zukünftige Bundes- und Länderprogramme sollten einen regelmäßigen wissenschaftlich begleiteten Erfahrungsaustausch als Pflichtbereich ausweisen.

Resümee

Eine umfassende Radikalisierungsprävention, die sich gegen Ideologien der Ungleichheit richtet, befindet sich in Deutschland nach wie vor in eher experimentellen Anordnungen. Folglich existieren derzeit auch keine erprobten Formate und Methoden, auf die Schulen, Jugendhilfeträger und Gemeinden zurückgreifen können. „Ibrahim trifft Abraham" bildet in diesem Kontext keine Ausnahme. Die im Projekt entwickelte Dialoggruppenmethode in Kombination mit einem attraktiven Jugendwettbewerb wurde weitgehend aus Erfahrungen der Jugend- und Jugendsozialarbeit des Trägers generiert. Nach dem zweiten Durchlauf kann aus der Sicht aller Projektbeteiligten eine erste positive Zwischenbilanz gezogen werden. Die auf Partizipation angelegte Dialoggruppenmethode wurde zwischen 2010 und 2012 in elf Gruppen intensiv erprobt. Die intensive Mitarbeit und das Engagement der Teilnehmer sowie die Rückmeldungen der Moderatoren und Kooperationsteilnehmer zeigen unisono, dass das Konzept erfolgreich angewandt werden kann.

Anmerkungen

1 Roy, Olivier (2010): Heilige Einfalt. Über die politischen Gefahren entwurzelter Religionen. München.
2 In der politik- und sozialwissenschaftlichen Fachliteratur und in den Medien wird seit geraumer Zeit der Begriff Salafismus zur Kennzeichnung extremer islamistischer Bewegungen verwendet, deren krude anmutende Religionsauffassung sich nur auf einen idealisierten frühen Islam der Prophetengefährten bezieht. Aus der Perspektive der klassischen islamischen Wissenschaften und der großen sunnitischen Rechtsschulen ist diese Bezeichnungspraxis durchaus nicht unproblematisch. Zunächst muss gesehen werden, dass der Begriff Salafi für viele Muslime eine sehr positive Konnotation aufweist. Der Begriff Salaf (Altvordere) bezeichnet die Gefährten des Propheten, deren Wirken in der traditionellen islamischen Literatur unisono als vorbildlich zur Darstellung gebracht wird. Hinzu kommt, dass bereits im neunten Jahrhundert Ahmad Ibn Hanbal eine Rechtsschule begründete (Hanbaliyya), in der der Koran „sola scriptura" gelesen wurde und als weitere Quelle lediglich die Sunna und die Berichte der Salaf hinzugezogen wurden. Die Anhänger dieser Rechtsschule werden seit dem zweiten islamischen Jahrhundert in der innerislamischen Diskussion häufig mit dem Terminus Salafi belegt. Ausgehend von dieser historisch verbürgten Betrachtungsweise erscheint eine Übertragung des Begriffs Salafiyya/Salafismus auf zeitgenössische radikal islamistische Gruppen nicht sinnvoll, da er in der Diskussion mit Muslimen zu gravierenden Missverständnissen führen kann. Nachfolgend wird hier zur Abgrenzung deshalb der Begriff Neosalafiyya/Neosalafismus verwandt.
3 El Difraoui, Asiem (2012): jihad.de. Jihadistische Online-Popaganda: Empfehlungen für Gegenmaßnahmen in Deutschland, SWP-Studie, Februar, S. 6, unter: http://www.swp-berlin.org/fileadmin/contents/products/studien/2012_S05_dfr.pdf [13.10.2012].
4 Sloterdijk, Peter (2007): Gottes Eifer. Vom Kampf der drei Monotheismen. Frankfurt/M. und Leipzig, S. 157.
5 Roy, S. 32.

6 Lüders, Christian (2011): Von der scheinbaren Selbstverständlichkeit präventiven Denkens, in: DJI Impulse. Das Bulletin des Deutschen Jugendinstituts 2/2011, S. 5.
7 Ebd.
8 Holthausen, Bernd/Hoops, Sabrina/Lüders, Christian/Ziegleder, Diana (2011): Über die Notwendigkeit einer fachgerechten und reflektierten Prävention. Kritische Anmerkungen zum Diskurs, in: DJI Impulse. Das Bulletin des Deutschen Jugendinstituts 2/2011, S. 22.
9 Ebd., S. 24.
10 Ebd.
11 Glaser, Michaela/Greuel, Frank/Johannson, Susanne/Münch, Verena (2011): Etablierte Praxis, neue Herausforderungen, in: DJI Impulse. Das Bulletin des Deutschen Jugendinstituts 2/2011, S. 15.
12 Bürkli, Danny (2011): Antworten auf jihadistische Radikalisierung in Europa, in: Center for Security Studies (CSS) (Hrsg.): Bulletin 2011 zur schweizerischen Sicherheitspolitik. Zürich, S. 48.
13 Glaser/Greuel/Johannson/Münch, S. 16.
14 Ebd., S.15 ff.
15 Berger, Michael: Streit um „Islamisten-Checkliste". Online abrufbar unter: http://www.haz.de/Nachrichten/Politik/Niedersachsen/Streit-um-Islamisten-Checkliste [02.09.2012].
16 Die CONTEST-Programme, die seit dem Jahr 2003 in Großbritannien durchgeführt werden, dienen der Eindämmung des internationalen jihadistischen Terrorismus. Zentrale Elemente der CONTEST-Strategie sind die vier „P" *pursue* (Verfolgen), *prevent* (Vorbeugen), *protect* (Schützen) und *prepare* (Vorbereiten).
17 Bürkli, S. 66 f.
18 www.ibrahim-trifft-abraham.de.
19 Leimgruber, Stephan (2007): Interreligiöses Lernen. München, S. 95.
20 Leimgruber, S. 89 ff.
21 Bakker, Edwin: Jihadi terrorists in Europe their characteristics and the circumstances in which they joined the jihad: an exploratory study, S. 36, unter: http://www.clingendael.nl/publications/2006/20061200_cscp_csp_bakker.pdf [21.10.2012].
22 Leimgruber, S. 52.
23 BuS = Beruf und Schule.

Literatur

Bürkli, Danny (2011): Antworten auf jihadistische Radikalisierung in Europa, in: Center for Security Studies (CSS) (Hrsg.): Bulletin 2011 zur schweizerischen Sicherheitspolitik. Zürich.

Deutsches Jugendinstitut (Hrsg.) (2011): DJI Impulse. Das Bulletin des Deutschen Jugendinstituts, 2/2011.

Leimgruber, Stephan (2007): Interreligiöses Lernen. München.

Roy, Olivier (2010): Heilige Einfalt. Über die politischen Gefahren entwurzelter Religionen. München.

Sloterdijk, Peter (2007): Gottes Eifer. Vom Kampf der drei Monotheismen. Frankfurt/M. und Leipzig.

Bernd Rıdwan Bauknecht

Mit Islamischem Religionsunterricht gegen Extremismus

Langfristige Prävention

Eine wichtige Begleiterscheinung des Islamischen Religionsunterrichts (IRU) an öffentlichen Schulen ist, dass er auf lange Sicht die wichtigste Maßnahme zur Prävention gegen Extremismus darstellt. Denn der IRU kann nach seiner Einführung eine breite Öffentlichkeit erreichen und einen großen Beitrag zur langfristigen Partizipation der hier lebenden Muslime leisten. Mit der Einführung des IRU wurde die Möglichkeit geschaffen, an einem politisch und religiös weitgehend neutralen Ort wie der Institution Schule mit Hilfe pädagogischen Sachverstandes eine Reflexion aus der Außen- und Innenperspektive stattfinden zu lassen, die Schülerinnen und Schüler in ihrer Persönlichkeit nicht beschneidet, sondern deren Persönlichkeitsentwicklung begleitet und nach Möglichkeit bereichert. Der Unterricht fördert zunächst das kognitive Wissen über die eigene Religion, aber die Innenperspektive ermöglicht gleichermaßen, Schülerinnen und Schüler auf der emotionalen Ebene anzusprechen. Darüber hinaus fördert der Perspektivwechsel eine offene Sichtweise auf andere Religionen und Lebensentwürfe und bietet somit die Chance für einen gesamtgesellschaftlichen Dialog. So wird aus der Institution Schule ein wichtiger Partner neben Familie und Gemeinde, die Reflexion im Austausch ermöglicht.

Der Grad der Religiosität, der Liberalität oder Konservativität sowie Formen des religiös-kulturellen Lebens und theologische Strömungen sind auch unter den Muslimen sehr verschieden. Traditionen unterscheiden sich ebenso wie das Religionsverständnis, je nachdem ob die Familien beispielsweise aus Bangladesch, Syrien, Pakistan, Bosnien, Nordafrika, Togo, Mali oder Afghanistan, aus dem Irak, Iran, Jemen oder der Türkei stammen. Darüber hinaus gibt es auch sehr viele binationale Familien. So bunt und unterschiedlich wie zum Beispiel die verschiedenen Formen des „Kopftuchtragens" in den Traditionen gehandhabt bzw. dessen religiöse Verpflichtung oder Nichtverpflichtung betrachtet wird, so lebhaft und vielfältig wird darüber im Unterricht diskutiert. Die Lehrkraft sollte dabei als fachkundiger Experte zur Seite stehen. Sie muss die religiösen Quellen kennen, hermeneutisch deuten, Brücken zur Mehrheitsgesellschaft und zwischen dem Gestern und Heute bauen.

So spielen die Lehrkräfte des Faches IRU als Mittler in beide Richtungen, sowohl innermuslimisch als auch in Richtung der Mehrheitsgesellschaft, eine bedeutende Rolle. Sie erreichen sehr viele Menschen und wirken bis in die Moscheegemeinden hinein.

Sachstand

Als Lehrer für Islamischen Religionsunterricht an drei Grundschulen und einer Hauptschule in einem Stadtteil von Bonn habe ich nicht nur Kontakt zu den Moscheen im Stadtviertel – die Kinder der Imame nahmen und nehmen an meinem Unterricht teil –, sondern auch zu ansässigen Migrantenorganisationen, städtischen sowie kirchlichen Einrichtungen und politischen Parteien.

Islamlehrerinnen und -lehrer sind unentbehrliche Experten für die Entwicklung einer islamischen Religionspädagogik. Diese orientiert sich an den Fragen und Bedürfnissen der hier lebenden Muslime und stellt teils ein Gegengewicht zu traditionell islamischen und national geprägten Verbänden dar, ohne an Authentizität einbüßen zu müssen.[1] Die muslimischen Lehrkräfte sind für Kollegien und schulische Institutionen Ansprechpartner und Vermittler. Der Unterricht fördert innerhalb des Schulalltags Normalität im gemeinschaftlichen Umgang. Durch die Einführung des bekenntnisorientierten IRU fühlen sich Eltern und Schüler unabhängig vom Grade ihrer Religiosität wahr- und ernstgenommen. Dies fördert einen respektvolleren und reibungsloseren Schulalltag. Identitäten von Schülern werden gestärkt. Ihr neues Selbstbewusstsein kann so die Schullaufbahn positiv beeinflussen. Die Etablierung des Unterrichts und die Implementierung der Islamstudien an deutschen Universitäten fördern gesamtgesellschaftlich eine Partizipation, die im Zuge des akademischen Diskurses über das Feld Schule hinausgehen wird.

Seit 1999 gibt es in Nordrhein-Westfalen den Schulversuch Islamkunde in deutscher Sprache.[2] Zu Beginn des Schuljahres 2012/2013 hat die nordrhein-westfälische Landesregierung mit dem sogenannten Beiratsmodell und einem Zusatz im Schulgesetz an 44 Grundschulen einen regulären IRU parallel zur Islamkunde eingeführt. Somit wurde nach 13 Jahren das Feld eines Schulversuches verlassen. Dadurch erhalten die islamischen Dachverbände des Koordinationsrates der Muslime (KRM)[3] im Beirat ein Mitgestaltungsrecht. In der Unterrichtspraxis ändert sich zunächst nicht viel. Denn bereits für die Lehrtätigkeit im Schulversuchsfach Islamkunde war Voraussetzung, dass die Lehrkraft muslimischen Glaubens ist. Ebenso waren im Lehrplan der Islamkunde haptische Elemente aus der religiösen Praxis und innerperspektivische Positionen aufgeführt. Somit war und ist die Islamkunde in der Unterrichtspraxis genauso „wertneutral“ oder „wertevermittelnd“ wie der IRU.[4] Aus gesamtgesellschaftlicher Sicht ist die Einführung dennoch ein großer Schritt nach vorne, da die Religionsgemeinschaft nun erstmalig über das Beiratsmodell Möglichkeiten zur Beteiligung erhält. Analog zu den Kirchen kann der Beirat im Einvernehmen mit dem Ministerium für Schule und Weiterbildung Änderungen an Lehrplänen bewirken, Einfluss auf die Zulassung von Schulbüchern nehmen und aus religiösen Gründen die Lehrerlaubnis von Lehrkräften entziehen.

Doch auch in einem bekenntnisorientierten Religionsunterricht kann eine katechistische und rein dogmatische Glaubenserziehung nicht zum Inhalt gehören. Selbstreflexion und eigenverantwortliches Lernen müssen im Vordergrund stehen. Dabei ist der individuelle Glaube jedes einzelnen Schülers zu respektieren und zu schützen. Steht dieser Glaube im vermeintlichen Widerspruch zur Mehrheitsdeutung, so beginnen hier die wichtigsten Anforderungen an eine Religionspädagogik.[5] Dabei muss für die Lehrkräfte die Persönlichkeitsentwicklung der Schülerinnen und Schüler selbstverständlich gerade auch dann an erster Stelle stehen, wenn sie sich gegen den Glauben entscheiden. Lehrer mit Missionswillen werden den Anforderungen eines Religionsunterrichtes nicht gerecht und werden von Schülern nicht akzeptiert.

Die täglichen Herausforderungen an die Lehrkräfte sind sehr hoch. In der Sekundarstufe sind die Interessen der Jugendlichen vielfältig: Freundschaft, Partnerschaft, persönliche Zukunft, Existenzialismen, Normen und Pflichten oder Fragen nach Gewalt und Extremismus.

Der Handstand des Kämpfers: Thema Terror im Unterricht

Im Winter 2009 hörte ich zufällig ein Gespräch von Schülern der 10. Klasse. Sie unterhielten sich angeregt über einen beeindruckenden Handstand eines jungen Mannes in einem Videofilm aus dem Internet. Auf Nachfrage stellte sich heraus, dass die Szene aus einer Videobotschaft der Islamischen Bewegung Usbekistans (IBU) stammte. Diese Clips zeigen Aufnahmen von jungen Männern, die sich in Waziristan, einem Grenzgebiet zwischen Afghanistan und Pakistan, befinden. Es sind heroisch inszenierte Propagandafilme, die den Kampf gegen westliche Truppen und die afghanische Armee verherrlichen. Brisanterweise sind in diesen Botschaften auch immer wieder junge Akteure aus Bonn vertreten, die in Richtung Afghanistan gezogen waren. Es handelt sich hierbei um mindestens vier männliche Personen. Nach Veröffentlichung des Filmes starb einer der Akteure bei Kampfhandlungen gegen die afghanische Armee und ein anderer bei einem Drohnenangriff.

Auf die Gruppe der Schüler ging von dem Video eine gewisse Faszination aus. Zwei, drei Schüler kannten entfernt auch Angehörige der jungen Männer. Daraufhin habe ich das Internetvideo und etliche weitere Filme dieser Art analysiert. Es sind gut inszenierte, mit einem heroischen Gesang unterlegte Videoclips, in denen unter anderem auch Szenen wie in Actionfilmen nachgestellt werden. So wird z. B. an einer Stelle mit Waffen hantiert, als befände man sich in einem Sylvester-Stallone- oder James-Bond-Film. Allerdings sind diese Inszenierungen zunächst nicht als gestellte Szenen erkennbar, sondern wirken ähnlich dem Handstand des sportlichen Kämpfers sehr spontan und dokumentarisch. So zeigen die Videos junge Männer aus verschiedenen Ländern, wie sie mit neuen Markenturnschuhen auf den Ladepritschen von Geländewagen oder abends am Lagerfeuer sitzen. Dazwischen hört man Reden, in denen sich Einzelne im Duktus von Freiheitskämpfern präsentieren, um ihren Kampf und ihre Ideologie zu rechtfertigen.

Zur Legitimierung werden einzelne Koranverse auf Arabisch zitiert und übersetzt. Für den Unbedarften stilisieren sie sich so als Freiheitskämpfer und Korangelehrte. Die Biografien der „Filmhelden" belegen jedoch, dass sie keine fundierte theologische Ausbildung absolviert haben und vor ihrer Hinwendung zum Extremismus oftmals ein eher weltliches und wenig religiöses Leben geführt haben. Koranverse werden wörtlich ohne hermeneutischen Bezug über die eigene ideologische Blaupause gelegt. Islamische Traditionen der Exegese *(tafsīr)* oder die Untersuchung der Offenbarungsanlässe *(asbāb al-nuzūl)* werden ignoriert, relativiert oder selektiv verwendet.

Symptomatisch erscheint die gestrenge Rede eines Bonner Kämpfers auf freiem Feld. Umrahmt von zwei Bewaffneten, deren Gesichter vermummt sind, doziert er mit erhobenem Zeigefinger, dass dies ein Kampf zwischen Glaube und Unglaube sei. Kurz darauf gehen sie in Deckung, weil – das vermittelt zumindest die Geräuschkulisse – ganz in der Nähe eine Rakete einschlägt. Zunächst erscheint die Szene wie eine Projektion der eigenen Seelenzustände auf die Außenwelt. Die dunkle Seite der eigenen Seele wird als „das Böse" aus dem Selbst verbannt und zum Feind von außen, der nunmehr das Gute im Selbst bedroht. Der eigene innere „Unglaube" wird im äußeren Kampf und im Einsatz für den wahren Glauben getilgt. Dadurch wertet man sich selbst und seine Mitstreiter auf. Nach Durchsicht mehrerer Filme zeigt sich sehr schnell ein Muster in der Machart. Es ist klar, dass auch diese Szene nur inszeniert wurde und in Wirklichkeit keine Rakete einschlug. So zerbröselt der ehrenwerte Kampf des Aufrichtigen gegen das Böse zu einer sich selbst offenbarenden Inszenierung.

Aufgrund der Aktualität und des Interesses der Schüler entschloss ich mich dazu, das Thema „islamisch begründeter Extremismus" im Unterricht dieser besagten 10. Klasse zu behandeln. Hierzu zeigte ich auch Ausschnitte aus dem Internetvideo. Doch zunächst mussten als Vorarbeit Begriffe geklärt und historische Entwicklungen erläutert werden. Danach wurde auf aktuelle Kontroversen und Extremismusdiskurse Bezug genommen. Die Thematik wurde durch Themeneinheiten wie „Staat und Religion – über religiösen Fundamentalismus" und „Religiöse Toleranz", die im Lehrplan formuliert sind, flankiert. Die Unterrichtseinheiten gliederten sich in folgende Abschnitte:

1) Historische Bezugnahme: Herrschaftsformen im frühen Islam; Untersuchung der Trennung in weltliche und geistliche Macht unter den ersten vier Kalifen und den Umayyaden; Merkmale von Prophetie und der Unterschied zum Kalifat; Alis Wahlvorschlag; das Schura-Prinzip.

2) Untersuchung historisch gewachsener Begriffe: Kalifat *(ḫilāfa)*, Scharia *(šarī'a)*, Jihad *(Ǧihād)*, Dhimmis *(ḏimmī)*, Buchbesitzer *(ahl al-kitāb)*, Polytheisten.
3) Aktuelle Extremismusdebatte: Lesen des Comics Andi 2[6]; Arbeitsblätter aus dem Lehrerhandbuch zu Andi 2; Rollenspiele; Schreibgespräche; Wissensblöcke zur „Freiheitlichen Demokratischen Grundordnung", zu Menschenrechten, Statistiken, Feindbildern. In der Zwischenzeit erschien von der Bundeszentrale für politische Bildung das Arbeitsheft *Salafismus in der Demokratie*. Dieses Heft beinhaltet Unterrichtsfilme sowie Arbeitsblätter.[7]
4) Dekonstruktion des Extremisten-Videos: Aufdeckung der Inszenierung; Hinterfragen politischer Positionen und theologischer Argumentationen; Untersuchung der Koranzitate: Erläutern verschiedener Interpretationen; Darstellung von Missinterpretation.

Wie mit dem Thema umgegangen wird, hängt auch sehr stark von der Aktualität und den Schülerinteressen ab. Der Umgang mit den Videos ist dabei nicht einfach und mit gewissen Gefahren verbunden. So sollten die Videos nur gezeigt und besprochen werden, wenn sie den Schülern bereits bekannt sind und von ihnen thematisiert werden. Eine intensive Auseinandersetzung ist erst ab der neunten Klassenstufe zu empfehlen.

Auch in anderen Klassenstufen kommt es hin und wieder aufgrund aktueller Ereignisse zu lebhaften Diskussionen. Hierbei ist zu beachten, dass die Thematik mit Themeneinheiten aus den Lehrplänen verschränkt werden sollte, um einen weitreichenden Lerneffekt zu erzielen. Bei den Diskussionen ist festzustellen, dass die Jugendlichen teilweise sehr gut informiert sind. Durch Informationsmöglichkeiten über arabisch-, türkisch-, persisch-, urdu- oder anderssprachige Medien erhalten die Schüler noch einen anderen Blickwinkel als nur den der deutschen Medien. Häufig wird eine „Doppelmoral des Westens" wahrgenommen, der für sich selbst Menschenrechte und Demokratie reklamiere, diese jedoch im Hinblick auf Ressourcen und außenpolitische Sicherheitsstrategien im Nahen Osten zum Beispiel vernachlässige. An dieser Stelle muss die Lehrkraft Hintergrundwissen vermitteln und stärker differenzieren, was angesichts der politischen Begebenheiten nicht immer einfach ist. Grundsätzlich werden Demokratie und Islam von den Schülern als miteinander vereinbar und sogar als ineinandergreifend betrachtet. Doch Schule steht immer in der Verantwortung zur Vermittlung und Vertiefung der freiheitlichen demokratischen Grundordnung. Innerhalb einer sich entwickelnden islamischen Religionspädagogik wird hier die Korandidaktik einen fundamentalen Bereich einnehmen. Denn der sachliche und fundierte Umgang mit dem Koran im Unterricht ist ein wichtiger Baustein gegen extremistische und patriarchale Interpretationen und Strömungen.

Mit Korandidaktik gegen Extremismus

Für Menschen in schwierigen ökonomischen Verhältnissen oder mit wenig sozialem Ansehen kann Religion eine wichtige Lebenshilfe sein, die klare Regeln festlegt und zeigt, was richtig oder falsch ist. Nach dieser Sichtweise könnte ein religiöses Leben zum Beispiel vor Kriminalität, Drogensucht oder sozialem Abstieg schützen. Ängste werden kompensiert.

Hierbei besteht die Gefahr, dass Religion zu einer bloßen Gesetzesreligion und die Offenbarung zu einem einfachen Gesetzestext reduziert wird. Eine solche Sichtweise auf Religion kann den Einstieg zur Radikalisierung und zum religiös begründeten Extremismus begünstigen.

Doch sind Offenbarungsschriften nicht vielmehr Hoffnungstexte als Gesetzestexte? Der evangelische Religionspädagoge Ingo Baldermann sieht in der Schöpfungsgeschichte oder in den prophetischen Visionen Hoffnungstexte, die zum Umdenken anstiften sollen. Durch einen „dialogischen Lernprozess", durch „öffnendes Verstehen" und „befreiendes Lernen" können die elementaren Aussagen der heiligen Schriften gerade auch von Kindern begriffen werden.[8]

Formal und inhaltlich folgt der Koran nicht einem Gesetzbuch, sondern beleuchtet teils poetisch verschiedene Ebenen des menschlichen Zusammenlebens, Tiefen der menschlichen Seele und Gottes Wirken im Dies- und Jenseits.

Durch ein wortwörtliches und ahistorisches Textverständnis heiliger Schriften können deren Kernaussagen und zeitlose Intention sogar ins Gegenteil verdreht werden. So waren beispielsweise Körperstrafen oder deren Androhung vor 1500 Jahren eher eine gesellschaftlich akzeptierte Möglichkeit der Bestrafung. Der Koran hat diese Strafen nicht eingeführt, sondern ermahnt zur Vorsicht, Nachsicht und Barmherzigkeit, denn der Mensch urteile oft fehlerhaft – der gerechteste Richter sei Gott allein.[9] Doch anstatt die Barmherzigkeit und Gottes alleinige Unfehlbarkeit als elementare Aussagen zu begreifen, wird in radikalen Kreisen die Wiedereinführung von Körperstrafen gefordert. Dies ist absurd und widerspricht deutlich der Intention des Korans. Der Koran bevorzugt die Metaphorik. An etlichen Stellen verkündet Gott/Allah im Koran, dass er zum besseren Verständnis Sachverhalte in Bildern beschreibt. So heißt es beispielsweise im Lichtvers[10]:

„Gott ist das Licht der Himmel und der Erde.
Sein Licht ist einer Nische gleich, in welcher eine Leuchte steht.
Die Leuchte ist in einem Glas, das Glas gleicht einem funkelnden Stern,
entflammt von einem segensreichen Ölbaum, nicht östlich und nicht westlich.
[...]

Licht über Licht! Gott leitet, wen er will, zu seinem Licht.
Gott prägt Gleichnisse für die Menschen und Gott weiß alle Dinge.“

Dieser Vers kann bereits in der Primarstufe besprochen werden. Im Unterricht wird die Bedeutung von Licht erarbeitet. Mit Licht verbindet der Mensch Gefühle und Stimmungen wie Hoffnung, Wärme, Geborgenheit, Orientierung und Leben. Im Koran steht das (göttliche) Licht für Wissen. Dagegen bedeutet Dunkelheit Unwissenheit und Ungerechtigkeit.

„Gott prägt Gleichnisse für die Menschen.“ Eine metaphorische Annäherung im IRU verhindert die Reduzierung des Korans zu einem unantastbaren Bollwerk göttlicher Reglementierungen, das zu ideologischen Zwecken missbraucht werden kann.

Außerdem benötigen die Schüler mehr Hintergrundwissen über den Koran, selbst wenn sie aus religiösen Elternhäusern stammen. So wundern sich viele, dass manche Dinge, die doch angeblich so im Koran stünden, bei näherer Betrachtung in einem ganz anderen Lichte erscheinen. Exemplarisch sei hier die Genderfrage genannt. Etliche Koranverse legen eine geschlechtergerechte Sichtweise nahe, mit denen man im Unterricht gegen frauenfeindliche Positionen argumentieren kann. Als Beispiel hierfür sei das Kapitel „Starke Frauen“ genannt, das im sehr gelungenen und schülerorientierten Schulbuch Saphir 7/8 enthalten ist.[11]

Weiterhin ermöglicht die Korandidaktik im IRU ein tiefgehendes interreligiöses und interkulturelles Verständnis. Denn von der Schöpfungs- bis zu den Prophetengeschichten gibt es zahlreiche Parallelen und Gemeinsamkeiten in den (monotheistischen) Religionen und der jüdisch-christlich-islamisch geprägten Kultur Europas.

Abschluss

Sicherlich ist eine fundamentalistische Koranauslegung und der religiöse Extremismus, wie er sich in Teilen des sogenannten ‚Salafismus‘ äußert, ein internationales Problem. Ein Beispiel ist Indonesien, wo in den letzten zwei Jahrzehnten junge Menschen nach ihrem Studium in Saudi-Arabien den wahhabitischen Einfluss verstärkten. Die jüngsten Ereignisse in Mali oder Nigeria zeugen von einem aggressiven und gewalttätigen Zurückdrängen der weltoffenen, teils sufischen Mehrheitstraditionen zuungunsten salafistischer Prägungen.

In der Zwischenzeit ist es aber auch ein innerdeutsches gesamtgesellschaftliches Problem geworden. Hätten junge Muslime bereits vor dreißig Jahren die Möglichkeit der Reflexion im islamischen Religionsunterricht gehabt, so wären heute die radikal-religiösen Internetseiten für viele weit weniger interessant. Die darin propagierten klaren Regeln und die jeweils persönliche Aufwertung als Angehöriger einer erlesenen Gruppe sind Lockrufe für junge Menschen zur Kompensation, nicht Heilung eventuell vorhandener sozialer, familiärer oder gesellschaftlicher Brüche. Der Islamische Religionsunterricht verhindert möglicherweise nicht, dass sich ein Einzelner radikalisiert, aber er ermöglicht vielen eine wertvolle Teilhabe am gesellschaftlichen Leben, schafft Klarheit durch Wissen, religiöse Artikulationsfähigkeit und verhindert ambivalente emotionale Unsicherheiten, die Extremismus begünstigen.

Anmerkungen

1 Vgl. Yaşar Sarıkaya (2008): Grundlagen der traditionellen islamischen Kindererziehung und ihre Relevanz für den Islamunterricht in Deutschland, in: Michael Kiefer/Eckart Gottwald/Bülent Ucar (Hrsg.): Auf dem Weg zum Islamischen Religionsunterricht. Sachstand und Perspektiven in Nordrhein-Westfalen. Berlin, S. 95-113 – Bernd Bauknecht (2008): Zur Signifikanz einer islamischen Religionsdidaktik. Empirie und Erfahrungen aus der Unterrichtspraxis, in: Kiefer/Gottwald/Ucar (Hrsg.): Auf dem Weg zum Islamischen Religionsunterricht, Berlin, S. 59-71 – Yasemin Karakaşoğlu/Halit Öztürk (2007): Erziehung und Aufwachsen junger Muslime in Deutschland. Islamisches Erziehungsideal und empirische Wirklichkeit in der Migrationsgesellschaft, in: Hans-Jürgen von Wensierski/Claudia Lübcke (Hrsg.): Junge Muslime in Deutschland. Lebenslagen, Aufwachsprozesse und Jugendkulturen. Opladen und Farmington Hills, S. 157-172 – Muhiddin Okumuşlar (2010): Von lehrerzentrierter Unterweisung zum schülerorientierten Unterricht, in: Bülent Ucar/Danja Bergmann (Hrsg.): Islamischer Religionsunterricht in Deutschland. Osnabrück, S. 201-206.

2 Vgl. Deutsche Islam Konferenz: Islamischer Religionsunterricht in Deutschland, Perspektiven und Herausforderungen, Dokumentation der Tagung der DIK, Nürnberg, 13./14.02.2011, S. 138.

3 Der Koordinationsrat setzt sich aus folgenden muslimischen Dachverbänden zusammen: 1) DITIB (Türkisch-Islamische Union der Anstalt für Religion e.V.), 2) Zentralrat der Muslime in Deutschland e.V., 3) VIKZ (Verband der islamischen Kulturzentren e.V.), 4) Islamrat e.V.

4 Vgl. Irka-Christin Mohr/Michael Kiefer (Hrsg.) (2009): Islamunterricht – Islamischer Religionsunterricht – Islamkunde. Bielefeld.

5 Vgl. Muhiddin Okumuşlar (2010): Von lehrerzentrierter Unterweisung zum schülerorientierten Unterricht, in: Bülent Ucar/Danja Bergmann (Hrsg.): Islamischer Religionsunterricht in Deutschland. Osnabrück, S. 201-206.

6 http://www.andi.nrw.de/andi2/Comic/andi2_comic.htm.

7 Bundeszentrale für politische Bildung, Salafismus in der Demokratie, aus der Reihe Entscheidung im Unterricht..., Bonn 2013

8 Ingo Baldermann (2011): Einführung in die biblische Didaktik. 4. Aufl., Darmstadt, S. 3-12.

9 Vgl. Sure 5, 38-40. In der berühmten Prophetenbiografie von Ibn Ishaq wird im Kapitel „Der Wiederaufbau der Kaaba" ein Mann erwähnt, dem aufgrund eines Diebstahls die Hand abgetrennt wurde. Dies geschah Jahre bevor Muhammad zum Propheten berufen und ihm die ersten Koranverse offenbart wurden.

10 Sure 24, 35, Übersetzung nach Hartmut Bobzin: Der Koran. München 2010. (Statt „Gestirn" wie bei Bobzin wählte der Autor „Stern".)

11 Vgl. Saphir 7/8, Koesel-Verlag, München 2011, S. 55-66. Bei Saphir handelt es sich um die erste Schulbuchreihe für den Islamischen Religionsunterricht in der Sekundarstufe I.

Jochen Müller, Götz Nordbruch, Deniz Ünlü

„Wie oft betest Du?" Erfahrungen aus der Islamismusprävention mit Jugendlichen und Multiplikatoren

„Ist das nicht das mit dem Händeabhacken?" So antwortete ein Schüler der 9. Klasse einer Berliner Oberschule auf die Frage, worum es sich denn bei der Scharia eigentlich handele. Die meisten Jugendlichen in der Gruppe hatten einen türkischen oder arabischen Familienhintergrund, aber mit der Scharia konnte keiner von ihnen etwas anfangen. Dabei ist ihnen ihr Glaube sehr wichtig – das erklärten jedenfalls auch die weniger religiösen Schülerinnen und Schüler. Aber niemand von ihnen wusste besonders viel über den Islam. Pierre Vogel hingegen, den salafistischen Prediger aus Köln, den kennen sie fast alle – aus dem Internet ... Und das ist ein Alarmsignal. Denn Salafisten vertreten und verbreiten ein rigides und antidemokratisches Islamverständnis. Diesem vorzubeugen und zu begegnen ist daher ein wichtiges Anliegen von Pädagogik und politischer Bildung in der Einwanderungsgesellschaft und im „globalisierten Klassenzimmer".

Filme zu „Islam, Islamismus und Demokratie"

Die Präventionsarbeit in Sachen „Islamismus" und „Salafismus" steckt noch in den Anfängen. Dennoch sind einige Träger bereits seit geraumer Zeit in diesem Feld aktiv. So ist aus der Kooperation der *Hochschule für Angewandte Wissenschaften in Hamburg (HAW)* und dem Berliner Verein *ufuq.de* bereits 2010 die vom Bundesamt für Migration und Flüchtlinge geförderte Filmreihe „Islam, Islamismus und Demokratie" entstanden, die für die pädagogische Arbeit mit Jugendlichen entwickelt wurde. Sie ermöglicht es Multiplikatoren, sich in Schulen und Jugendeinrichtungen mit schwierigen und sensiblen Themen wie Islam und Islamismus, Scharia und Menschenrechten, Demokratie, Geschlechterrollen, Antisemitismus und dem Nahostkonflikt zu beschäftigen. Inzwischen liegen wichtige Erfahrungen aus der pädagogischen Arbeit mit Jugendlichen in Schulen und Jugendeinrichtungen sowie mit Multiplikatoren vor, die es erlauben, erste Erkenntnisse und Ergebnisse zusammenzufassen.[1]

Ziel der Filme ist es zunächst, Jugendliche vor dem Hintergrund ihrer Lebenswirklichkeit ins Gespräch über Fragen zu Religion, Identität und Selbstverständnis zu bringen. Einem traditionalistischen oder fundamentalistischen Islamverständnis begegnen die Filme dabei, indem sie zeigen, dass es unterschiedliche Formen gibt, den Islam zu denken und zu leben; dass es möglich ist, als gläubiger Muslim in Deutschland gut zu leben und dass Scharia und Grundgesetz kein Widerspruch sein müssen. Die Filme „funktionieren" dabei auch in gemischten Gruppen sehr gut: Muslimischen Jugendlichen geben sie Anlass, sich mit den Werten und Normen ihres Glaubens auseinanderzusetzen, und nichtmuslimische Jugendliche lernen Muslime und „den Islam" einmal anders kennen. Erfahrungen aus der Arbeit mit den Filmen zeigen, dass es sehr gut möglich ist, solche Gespräche zu initiieren und Jugendliche für das antidemokratische Islamverständnis von Islamisten zu sensibilisieren und deren Ideologie entgegenzuwirken.

Die Arbeit zu solch schwierigen und teils äußerst sensiblen Themen ist allerdings nicht voraussetzungslos. Das beginnt schon mit dem Thema Religion. So zeigt sich in der Schule, dass viele muslimische Schülerinnen und Schüler schwer verstehen können, dass ihre Lehrer oft nicht religiös sind: „Unsere Lehrer glauben nicht an Gott!", heißt es dann geradezu schockiert. Bei den Pädagogen ist es umgekehrt, wenn sie mitunter genauso fassungslos feststellen: „Meine Schüler glauben an Gott!" Eine offene Grundhaltung auch nichtreligiöser Pädagogen gegenüber der Lebens- und Glaubenswelt „ihrer" Jugendlichen erleichtert es, mit den Jugendlichen ins Gespräch zu kommen – mit religiösen Jugendlichen, aber auch mit solchen Jugendlichen mit Migrationshintergrund, denen die Religion vor allem als Bestandteil ihrer Identität wichtig ist, die sie oft gerade erst entwickeln. Diese Offenheit erleichtert es auch, nicht gleich in Alarmstimmung zu verfallen, wenn muslimische Jugendliche in diesem Zuge ihre Religion stark betonen oder junge Frauen eines Tages mit dem Kopftuch in die Schule kommen. Dahinter verbergen sich oft Orientierungs-, Such- und Selbstbehauptungsprozesse von Jugendlichen im familiären wie gesellschaftlichen Kontext. Diese sollten daher auch als Teil von Integrationsprozessen (nämlich dem Wunsch, mitsamt der religiös-kulturellen Besonderheit Anerkennung zu finden) verstanden werden, statt sie vorschnell als Ausdruck von Segregation zu verwerfen. Nur in Einzelfällen stecken tatsächlich ausgeprägte islamistische Positionen dahinter – bzw. Jugendliche, die sich in solchen Milieus bewegen.

Ohnehin empfiehlt es sich in der pädagogischen Arbeit, auf den Begriff „Islamismus" zunächst zu verzichten. Entsprechende Definitionen sind wissenschaftlich und sicherheitspolitisch relevant, in der pädagogischen Arbeit mit Jugendlichen helfen sie in der Regel aber nicht weiter. Meist sind sie sogar kontraproduktiv, wenn nämlich Jugendliche – wie viele andere in Politik und Medien auch – die Termini Islam und Islamismus nicht unterscheiden und in der Folge beide mit Gewalt und Terror verbinden. Das ist in doppeltem Sinne hinderlich: Für die Jugendlichen kann es ein neuerlicher Beweis sein, dass die Gesellschaft (hier in Person der Pädagogin oder des Pädagogen) den Islam ablehnt, was zu Misstrauen, Rückzug und pädagogischen „Kampfbeziehungen“[2] führt. Und für Pädagogen kann es heißen, dass sie Verhaltensformen und Positionen vorschnell als „islamistisch“ deklarieren und damit weder den Jugendlichen gerecht werden, noch eine Ebene der fruchtbaren Begegnung und Auseinandersetzung mit ihnen finden können.

AAA und WWGGG

Umso wichtiger für eine sensible und effektive Präventionsarbeit ist es daher erstens, eine genaue Vorstellung davon zu haben, wo eigentlich jenseits abstrakter Begrifflichkeiten konkrete Probleme mit Positionen und bestimmten Verhaltensweisen von Jugendlichen vorliegen; und zweitens eine Vorstellung davon zu entwickeln, worin die Attraktivität besteht, die islamistische Strömungen wie der Salafismus auf einzelne Jugendliche ausüben, um entsprechend gegensteuern und alternative Angebote machen zu können.

Am Beispiel des Kopftuchs lässt sich zunächst illustrieren, an welchem Punkt Ausdrucksformen legitimer Suchprozesse von Jugendlichen und jungen Erwachsenen in Ideologie umschlagen können: Es ist natürlich nicht „problematisch“[3] (und nicht „islamistisch“), ein Kopftuch zu tragen. Es ist vielmehr Bestandteil der Religionsfreiheit. Viele junge Frauen entscheiden sich dafür, weil es zu ihrem Religionsverständnis dazugehört – oft auch gegen den Willen der Eltern. Es ist auch nicht „problematisch“, für das Kopftuch zu werben. Dies ist Bestandteil von Meinungsfreiheit, die ein entsprechendes Engagement auch in Schulen und Jugendeinrichtungen umfasst. Problematisch wird es aber, wenn Jugendliche andere Jugendliche bedrängen, sie unter Druck setzen, andere (Nichtmuslime wie Muslime) abwerten oder ihnen absprechen „gute Muslime“ zu sein, wenn sie sich anders verhalten oder kleiden, als sie das für richtig halten. Damit – nicht durch einen abstrakten „Islamismus“ – wird gegen Gleichheitsgrundsätze verstoßen, sodass Schule und Jugendeinrichtungen intervenieren müssen. Und dies gelingt umso besser, je mehr die jeweiligen Akteure in der Lage sind, sensibel mit Religiosität und Suchprozessen „ihrer“ Jugendlichen umzugehen.

Dazu gehört zunächst, tatsächlich problematische Positionen und Verhaltensweisen erkennen, sie benennen und ihnen offen entgegentreten zu können. Aus der Ideologie der gegenwärtig unter Jugendlichen wohl populärsten islamistischen Strömung, dem Salafismus, haben wir zum Erkennen und Bestimmen solcher Einstellungen und Positionen eine Merkformel – AAA – entworfen: Problematisch und eventuell Anzeichen für eine islamistische Ideologisierung ist es demnach, wenn sich Jugendliche auf die *Autorität* von religiösen Texten und Gelehrten zurückziehen, denen absolute Wahrheit zugesprochen wird und denen unbedingter Gehorsam zu schulden sei. Zwar wird diese Haltung von vielen (also auch nicht-„islamistischen") Muslimen eingenommen und tradiert – in strenger Auslegung steht sie aber in diametralem Gegensatz zu den Idealen eines demokratischen, pluralistischen und auf Selbstbestimmung und Meinungsfreiheit basierenden Erziehungs- und Bildungsmodells. Zumindest können Salafisten mit ihrem rigiden und auf Gehorsam basierenden Islamverständnis hier sehr gut andocken. Auch die *Abwertung* anderer Lebens- und Denkformen kann Ausdruck einer islamistischen (hier: vor allem salafistischen) Ideologie sein. Zwar gehört es im Jugendalter dazu, sich von anderen mitunter auch in drastischer Form abzugrenzen – damit lässt sich Aufmerksamkeit gewinnen und Identität konstruieren. Dennoch sollte die Diffamierung von „Ungläubigen" und „schlechten Muslimen" oder das Ausüben von sozialem Druck in Schule oder Jugendeinrichtungen Anlass genug geben, darüber ins Gespräch zu gehen und gegebenenfalls pädagogische Maßnahmen einzuleiten. Hinzu kommt die für den Salafismus charakteristische *Ablehnung* von Parteien und Parlamenten. Zwar treten gerade Jugendliche mit Migrationshintergrund dem Bezug auf Demokratie und Menschenrechte oft skeptisch gegenüber – sie verweisen auf eigene Diskriminierungserfahrungen oder kritisieren die „Doppelmoral" internationaler Politik, wenn etwa Kriegseinsätze mit Bezug auf Demokratie und Menschenrechte begründet werden. Dennoch kann die explizite Ablehnung der demokratischen Ordnung und ihrer Institutionen auch Ausdruck einer für den Islamismus/Salafismus charakteristischen ideologischen Grundposition sein.

Diese hier aus der Ideologie des Salafismus extrahierten konkreten Positionen und Verhaltensformen bieten eine Orientierung für die pädagogische Praxis jenseits von teils zu Recht kontrovers diskutierten, sensiblen und abstrakten Begriffen wie „radikal", „extremistisch", „islamistisch", „verfassungsfeindlich" oder „demokratiegefährdend".[4] Darüber hinaus stellt sich für eine wirksame Prävention und Begegnung salafistischer Positionen im Weiteren die Frage, warum einzelne Jugendliche und junge Erwachsene salafistische Ideologie, Gruppen und Prediger überhaupt attraktiv finden und sich dieser Szene anschließen.[5] Ihre Motive zu kennen – so die Grundannahme – und vor diesem Hintergrund einen Zugang zu solchen Jugendlichen finden zu können, kann dazu beitragen, sie vor einem weiteren Abtauchen in islamistische Ideologien und Strukturen zu schützen. In der Arbeit mit Multiplikatoren didaktisch bewährt hat sich zur Skizzierung und Einprägung dieser „Motivlage" die Einführung einer weiteren Merkformel, WWGGG:

Zunächst geht es um *Wissen:* Sehr viele Jugendliche und junge Erwachsene, die auch die vorrangige Zielgruppe salafistischer Propaganda darstellen, sind nicht zuletzt vor dem Hintergrund der kritischen Islamdiskurse in Politik und Medien in den vergangenen Jahren verstärkt auf der Suche nach Wissen über ihren Glauben. Dieser ist, auch als Trotzreaktion, ein zunehmend wichtiger Bestandteil der Identität vieler muslimischer Jugendlicher geworden – und zwar unabhängig davon, wie religiös sie sind. Weil sowohl Imame als auch Eltern ihnen aber auf der Suche nach Informationen, die ihren Lebenswelten entsprechen, oft keine überzeugenden Angebote machen können, landen Jugendliche im Internet, bei „Scheich Google“ und damit schnell bei den Salafisten, die das Netz mit ihrem spezifischen, gleichwohl als allgemeingültig dargestellten Islamverständnis dominieren. Viele Jugendliche sind dann – auch infolge mangelnder kritischer Medienkompetenz[6] – nicht in der Lage, zwischen seriösen und ideologischen Angeboten zu unterscheiden.

Verbunden mit dem Bedürfnis nach Wissen sind viele Jugendliche auf der Suche nach *Wahrheit* bzw. einer Orientierung, die ihnen Sinn und Ziel gibt.[7] Das dichotome, streng in Gut und Böse bzw. islamisch und unislamisch unterteilende Weltbild des Salafismus vermittelt suchenden Jugendlichen diese Orientierung – und kann auch an ein traditionalistisches Islamverständnis anknüpfen, wie es jungen Muslimen in vielen Familien und Moscheen vermittelt wird. Zugleich bietet sie (auch den vielen in den Salafismus konvertierenden Jugendlichen nichtmuslimischer Herkunft) Gewissheit, auf dem rechten Weg zu sein, auf der richtigen Seite zu stehen, ja geradezu einer Avantgarde anzugehören. Gerade Jugendlichen mit schwierigen Biografien suggeriert es die Möglichkeit, das eigene Leben nun endlich selbst in die Hand nehmen zu können – und eine Identität als „richtiger Muslim“ zu entwickeln, was attraktiver ist, als nur ein „nicht richtiger“ Deutscher, Araber oder Türke sein zu können.

Diese Optionen von Identitätsfindung und Wahrheitsanspruch sind für viele attraktiv und stehen in engem Zusammenhang mit dem Anspruch auf *Gehorsam,* den der Salafismus an alle Muslime richtet. Attraktiv daran ist, dass auch hier eine Heilsgewissheit vermittelt wird, solange ich mich den Texten und Predigern/Gelehrten als Autoritäten unterwerfe. (Salafisten arbeiten dazu sehr stark mit Paradies- und vor allem Höllenvorstellungen.) Geliefert werden hier Führungspersönlichkeiten, denen sich der Einzelne anvertrauen kann, ohne eigene Entscheidungen in schwierigen Fragen und Lebenslagen treffen zu müssen. Der Salafismus kann auch hier andocken an ein weit verbreitetes, stark normenorientiertes Islamverständnis, das sich in der Befolgung von Geboten und Normen erschöpft, während eine Auseinandersetzung mit religiös geprägten Werten kaum stattfindet.

Zentrales Element der Attraktivität des Salafismus ist darüber hinaus das Angebot von *Gemeinschaft.* Hier findet der Einzelne unabhängig von seiner Herkunft eine Heimat, eine Gruppe Gleichgesinnter (in der Gemeinde oder virtuell im Internet), die ihm Zugehörigkeit, Aufmerksamkeit und Anerkennung garantiert – was ihm (oder ihr!) ansonsten im Leben womöglich fehlt. Die Gemeinschaftserfahrung ist dabei verknüpft mit der Abwertung anderer und vermittelt ein Gefühl von Selbstgewissheit, Stärke, Überlegenheit und Macht. Dazu gehört auch die konservative Entsagung von „allem, was Spaß macht". Sexy ist hier die in der Gruppe permanent bestätigte extreme Abgrenzung von der pluralistischen, offenen oder – wie Salafisten sagen – verkommenen, dekadenten und materialistischen Welt. All das garantiert zudem Selbstwirksamkeit: Wo sonst kann ich am einen Tag auf die Straße gehen und mich am nächsten in der Zeitung wiederfinden? Wie sonst könnte ich meine Umgebung in Familie oder Schule mehr provozieren? So ist der Salafismus vielleicht für den einen oder die andere, was früher einmal der Punk gewesen ist: eine Form der Provokation und Erregung maximaler Aufmerksamkeit.[8]

Und noch etwas spielt bei der Attraktivität des Salafismus eine wichtige Rolle: der Kampf für *Gerechtigkeit* bzw. gegen Ungerechtigkeit. Hier erhalten junge Menschen die Möglichkeit, gegen gefühlte und erfahrene Ohnmacht, Ungerechtigkeit und Diskriminierung protestieren und sich für eine gute Sache einsetzen zu können – sei es gegen die ebenso real erfahrene wie subjektiv empfundene Diskriminierung von Muslimen in Deutschland oder gegen Krieg und Ungerechtigkeiten in der Welt. Das ist sehr jugendtypisch und zugleich ein Hauptelement salafistischer Propaganda: tatsächlich bestehende Diskriminierungen von Muslimen zuzuspitzen und diese ideologisch zu instrumentalisieren. So warnt etwa Pierre Vogel, den Muslimen in Deutschland drohe ein neuer Holocaust. Damit verband er die Aufforderung, die Muslime müssten sich gegen eine ihnen feindlich gesonnene Umwelt in ihrem Glauben eng zusammenschließen. Die als „feindlich" wahrgenommene Umwelt wird hier nicht nur zum Motiv, sich als Avantgarde zusammenzufinden und abzugrenzen, um das eigene Islamverständnis zu behaupten, sondern kann in extremer (jihadistischer) Zuspitzung auch zur Rechtfertigung von Gewalt und Terror dienen.

Schlussfolgerungen für die Praxis

Ausgehend von der Bedeutung, die Religion, Herkunft und Tradition in der Adoleszenz- und Orientierungsphase von Jugendlichen in einer Einwanderungsgesellschaft haben können, ist es ein erster Schritt der „Islamismusprävention", wenn Multiplikatoren sensibel und offen sind für die Rollen und Formen, die Religion und Glaube im Leben von muslimischen deutschen Jugendlichen annehmen können.[9] Vor diesem Hintergrund sind Signale der Anerkennung und Zugehörigkeit als Element des pädagogischen Selbstverständnisses bedeutsam. Das gilt unserer Erfahrung nach auch für Jugendliche, die bereits in islamistischen Milieus angekommen sind: Du und Deine Religion und Herkunft – gleich wie wichtig sie dir sein mögen – seid in Ordnung, Ihr gehört selbstverständlich und ohne Vorbehalte dazu. Diese Botschaft erhalten Jugendliche zu selten – und entsprechend offen reagieren sie meist darauf. Auch in diesem Kontext gilt die pädagogische Faustformel „Bindung kommt vor Bildung“. In einem solchen Rahmen kann dann auch die Thematisierung islamischer Diversität stattfinden, die Jugendliche vor Stereotypen, Vereinnahmungen und Ideologien kollektiver Identität schützen kann.

Durch das Benennen konkreter problematischer Positionen (AAA) ergeben sich Optionen, mit diesen pädagogisch umzugehen. Dabei sollte man sich keineswegs auf den vermeintlich oder tatsächlich religiösen bzw. kulturellen Hintergrund der Jugendlichen konzentrieren. Das wäre sogar kontraproduktiv, weil es diese schnell in eine Verteidigungsposition zwingt, wenn sie befürchten müssen (oder sich darin bestätigt sehen), dass „ihre“ Religion mal wieder infrage gestellt werde. Pädagogisch fruchtbarer ist es also, nicht Kultur oder Religion, sondern die konkreten Positionen und Verhaltensformen in den Blick zu nehmen: „Deine Religion finde ich gut, aber ich nehme es nicht hin, wenn Du andere diffamierst.“ Außerdem können, z. B. wenn es um Abwertungen geht, andere Beispiele von Beleidigung, Diffamierung oder gruppenbezogener Menschenfeindlichkeit hinzugezogen werden.

Aus pädagogischer Perspektive kann es dann durchaus ausreichen, allgemeine Richtlinien und Konzepte für Pädagogik und politische Bildung (wie den Beutelsbacher Konsens oder Formate aus der Menschenrechtsarbeit) selbstverständlich auch in der Arbeit mit muslimischen (religiösen wie nichtreligiösen) Jugendlichen umzusetzen. Dazu gehören auch kreative lebensweltnahe Fragestellungen, die Jugendliche zum Innehalten und Nachdenken bewegen können – also etwa: Positionen Einzelner in die Runde zu geben („Was meint Ihr dazu, was xy gerade gesagt hat?“); Konsequenzen solcher Positionen auszumalen („Was hätte es für Folgen, wenn wir es so machen, wie xy vorschlägt?“); die Perspektive zu wechseln („Wie wäre es für Dich/Euch, wenn ...?“) oder eine Wunsch- oder Zukunftsfrage zu stellen („Wie wollt Ihr leben? Was findest Du gerecht? Wie willst Du einmal Deine Kinder erziehen?“). Mit solchen und anderen Fragen werden die Jugendlichen angehalten, sich Gedanken zu machen sowohl über ihr eigenes Leben und ihre persönlichen Glaubensvorstellungen als auch über universelle Werte.

Auch aus dem skizzierten Attraktivitätsmuster des Salafismus (WWGGG) lassen sich eine Reihe von Folgerungen für eine präventiv wirksame pädagogische Arbeit ableiten. So sollte es nicht vorschnell als Abwendung (Segregation) oder gar „Radikalisierung“, sondern als Ausdruck eines legitimen Strebens nach Anerkennung und Zugehörigkeit (Integration) betrachtet werden, wenn Jugendliche mit Migrationshintergrund und junge Konvertiten die Rolle des Islam in ihrem Leben betonen. Im Salafismus werden solche Gefühlslagen überspitzt und ideologisiert, indem reale Diskriminierungs-, Ausgrenzungs- und Entfremdungserfahrungen von jungen Menschen für eine Feindbildkonstruktion instrumentalisiert werden. (Präventive) Pädagogik und politische Bildung müssen also ansetzen an dem Punkt, an dem legitime Formen der Selbstbehauptung von Jugendlichen in Abwertungen und Feindbilder „umkippen" oder umzukippen drohen. Dazu kann, etwa anhand von Beispielen, zunächst die Legitimität ihres Anliegens, ihres Protests und ihres Engagements gewürdigt werden. Das ist die Voraussetzung, um im Weiteren genau an dem Punkt in eine kontroverse Auseinandersetzung kommen zu können, an dem die Schlüsse, die einzelne Jugendliche in Form von Positionen und Verhaltensformen daraus ziehen, „problematisch" oder „freiheitsfeindlich" ausfallen. Die dazu angemessene pädagogische Grundhaltung ließe sich als „zugewandt-hinterfragende" beschreiben, womit auch über die althergebrachte (etwa im Rechtsextremismus ausgetragene) Kontroverse zwischen akzeptierender und konfrontativer Pädagogik hinausgegriffen würde.[10] Integrativ – und damit auch präventiv – wirkt es dabei, auch in Fällen „problematischer" Positionen und Verhaltensformen nicht „überwältigend" oder belehrend aufzutreten. Das erhält die Möglichkeit zum Dialog und beugt der Bestätigung von Feindbildern vor, mit denen Salafisten arbeiten.

Deutlich wird in den skizzierten Motiven auch, dass die Attraktion, die vom Salafismus und seinen Predigern ausgeht, ganz von dieser Welt ist: Orientierung, Gemeinschaft, Anerkennung, Überlegenheit, Protest gegen Ungerechtigkeit sowie Provokation. Dies sind Angebote, die typischen Bedürfnissen von Jugendlichen in der Adoleszenz und jungen Erwachsenen nachkommen. Mit dem Islam als Religion hat das im Einzelfall nur noch indirekt zu tun. Vergleichbare Motive sind es denn auch, die Jugendliche dazu führen können, sich rechtsradikalen Milieus anzuschließen. Dennoch besteht kein Grund zum Alarmismus. Zwar sollte man die Gefahren nicht bagatellisieren: weil auch die „moderaten" unter den Salafisten antidemokratische Positionen verbreiten; weil sie die Lebenswege von Jugendlichen und jungen Erwachsenen beeinflussen; weil sie das Bild des Islam in der Öffentlichkeit prägen und auf diese Weise Integrationsprozesse behindern und natürlich weil einzelne Jugendliche in ihrer ideologischen Verblendung zu Attentätern werden können. Aber die Erfahrung in der Arbeit mit muslimischen Jugendlichen zeigt, dass diese in ihrer absoluten Mehrheit die Salafisten ablehnen und ihnen deren oft bizarr auftretende Repräsentanten in der Regel sogar peinlich sind. Vor diesem Hintergrund sind Pädagogen – gerade auch nichtmuslimische – in der Lage, mit den Jugendlichen zu arbeiten und ihnen alternative Angebote zu machen, darunter nicht zuletzt Bindungs-, Anerkennungs-, Zugehörigkeits- und Selbstwirksamkeitsangebote.

In einem weiteren Schritt – und hier sollten Materialien wie die oben genannten

Filme bereitstehen – können Jugendliche ins Gespräch über ihr Religionsverständnis gebracht werden. Dabei sollte anhand von Beispielen aus der Lebenswelt der Jugendlichen deutlich werden, dass es verschiedene Formen gibt, den Islam zu denken und zu leben und dass dieser sehr wohl mit Demokratie und Grundgesetz zu vereinbaren ist.[11] Das immunisiert sie nicht nur vor der „fundamentalistischen Verlockung“ (Heitmeyer), sondern vielen Jugendlichen fällt auf diesem Wege eine Last von den Schultern – wird ihnen doch von verschiedenen Seiten viel zu häufig suggeriert, dass sie nur eines sein können: islamisch und herkunftsbewusst oder demokratisch und deutsch.

Und: Solche Einsichten und Positionen können nicht nur präventiv wirken, sondern auch Jugendliche und junge Erwachsene irritieren und zum Umdenken bewegen, die bereits unter dem Einfluss islamistischer Ideologie stehen. Dabei können legitime Kritik und engagierter Protest gegen Ungerechtigkeiten angesichts von Diskriminierungs- und Entfremdungserfahrungen, die sehr viele junge Salafisten muslimischer wie nichtmuslimischer Herkunft formulieren, zunächst als positive Haltungen gewürdigt, als Ressource genutzt und „radikalisierte“ Jugendliche unter Umständen noch erreicht und „abgeholt“ werden.[12]

In der pädagogischen Präventionsarbeit mit Jugendlichen können unseren Erfahrungen nach[13] junge Muslime als Vorbilder besonders wirksam werden, die glaubhaft alternative Formen im Umgang mit spezifischen Erfahrungen wie Diskriminierung oder Entfremdung aufzeigen und vorleben.[14] Ebenso gilt dies für das Vorleben alternativer Formen von Religiosität: die Irritation monolithischer Glaubenswahrheiten und Absolutheitsansprüche ist der erste Schritt, junge Muslime für die Denk- und Verhaltensmuster des Salafismus zu sensibilisieren (oder sie aus diesen herauszulösen). Die in der pädagogischen Arbeit dazu erforderliche Haltung sowie die dazu erforderlichen Fragen können jedoch sowohl Muslime als auch solche Nichtmuslime einnehmen und formulieren, die einen Zugang zu den Jugendlichen und jungen Erwachsenen haben. Wichtig ist es dabei, dass die Jugendlichen ermutigt werden, sich eigene Gedanken zu machen und diese zu formulieren, statt im Bewusstsein ihres religiösen Halbwissens den Wahrheitsansprüchen älterer oder auch gleichaltriger Propagandisten das Feld zu überlassen. „Nachdem den Jugendlichen einmal die Angst genommen wurde und sie den Mut gefasst hatten, sich eigene Gedanken zu machen, war die ganze negative Spannung raus aus der Gruppe“, berichteten Lehrer in einer Hamburger Schule nach zwei Teamer-Workshops in einer Klasse, in der einige wenige salafistisch ideologisierte Schüler die anderen Jugendlichen agitiert hatten und die Pädagogen dem machtlos gegenüberstanden.

In einer „Pädagogik der Verunsicherung“ (s. Anm. 2) lassen sich diese Erkenntnisse aus der Präventionsarbeit auch mit Konzepten für eine Deradikalisierung verbinden. Die folgenden Beispiele aus der Workshoparbeit mit Jugendlichen islamischer Herkunft illustrieren diese These.

Szenen aus der Workshoparbeit mit Jugendlichen

Im Mittelpunkt unserer von jungen Teamern mit der Filmreihe „Islam, Islamismus und Demokratie“ durchgeführten Workshops steht das Anliegen, die Jugendlichen anhand von Fragen aus ihrer Lebenswelt untereinander ins Gespräch zu bringen (s. oben sowie Anm. 1). „Wie wollt Ihr/willst Du leben?“ lautet eine Grundfrage dieser Praxis. Wenn dabei unterschiedliche Vorstellungen darüber deutlich werden, wie Religion und Glauben im Alltag zu denken und zu leben sind und diese Vorstellungen nebeneinander stehen bleiben können, ist unseres Erachtens bereits ein wesentlicher Schritt zur Prävention islamistischer Weltbilder bzw. zu deren Irritation gelungen.

Ein zentrales Thema der Workshops im Zusammenhang mit dem Film über Scharia und Grundgesetz ist die Frage, was denn eigentlich ein „guter Muslim“ sei? In der Regel antworten die Jugendlichen zunächst mit ihrem – oft sehr verkürzten – Islamverständnis: „Fünfmal beten muss man, an Allah glauben, fasten ...“ Erst im zweiten Nachdenken und manchmal erst auf Nachfragen der Teamer kommen dann Werte ins Gespräch: „Gerecht soll ein Muslim sein ...“ oder „gut zu den Mitmenschen sein“. Darüber lässt sich unter den Jugendlichen meist schnell Übereinstimmung erzielen. In einem Workshop mit einer Jungengruppe eines Moscheevereins wurde einer der Jungen nach seiner Aussage „Fünfmal beten“ mit der nett gemeinten, gleichwohl provozierenden Gegenfrage konfrontiert: „Und, wie oft betest Du?“ Worauf sich eine allgemeine Diskussion entwickelte, wie oft man bete, wie wichtig das Beten sei, wozu es denn gut sei und welche anderen Dinge und Verhaltensformen vielleicht für einen „guten Muslim“ auch wichtig seien. Wenn es der Gesprächsverlauf zulässt, können die Teamer an dieser Stelle mit der Frage nachsetzen, ob ein „guter Muslim“ dann nicht eigentlich etwa das Gleiche wäre wie ein „guter Mensch“. Bereits zu diesem im Workshopverlauf frühen Zeitpunkt, an dem die Jugendlichen beginnen, darüber nachzudenken, ob zu einem „guten Muslim“ nicht mehr gehört als die strikte Befolgung der Glaubenspflichten, ist unseres Erachtens ein erstes Moment von Prävention gelungen: Viele Jugendliche sind es gewohnt, in religiösen Dingen unterwiesen zu werden. Das kann sie anfällig machen für die simplen Botschaften des Salafismus. In den Workshops sind sie hingegen aufgefordert, sich eigene Gedanken über ihren Glauben und dessen Bedeutung im Alltag zu machen. So sagte eine Schülerin im Anschluss an einen Workshop: „In der Moschee ist es meistens so, dass der Imam vorne sitzt und die ganze Zeit redet und man zuhört. Aber hier durften wir mitdiskutieren und zu allen Dingen was sagen.“

Dass dies auch bei bereits ideologisierten Jugendlichen wirken kann, zeigte sich in einer anderen Gruppe. Fünf bis sechs Jungen waren hier offensichtlich geprägt von salafistischem Denken und unter anderem davon überzeugt, dass alle Nichtmuslime zwangsläufig in die Hölle kommen würden. Denn: So stehe es nun einmal geschrieben. Vor diesem Hintergrund versuchten sie (in bester Absicht, könnte man sagen), andere davon zu überzeugen, zum Islam zu konvertieren. Die Gegenfrage bezog sich hier auf das dahinterstehende Gottesbild: „Meint Ihr wirklich, dass Gott auch Menschen in die Hölle schickt, die den ganzen Tag nur gute Taten vollbringen, zum Beispiel alten Menschen helfen, nur weil sie zufällig keine Muslime sind?“ Während der Wortführer der Gruppe auf seiner Haltung bestand, zogen sich andere aus der Diskussion zurück, an der sie vorher lebhaft teilgenommen hatten. Nicht „Bekehrung“ ist hier das pädagogische Ziel – das würde eher zu Verteidigung und Widerstand führen, sondern Irritation und Verunsicherung durch das Hinterfragen fester Positionen.

In einer anderen Workshopgruppe mit 16- bis 18-jährigen religiösen Schülerinnen und Schülern, von denen einige Kontakt mit einer salafistischen Moschee im Umfeld der Schule hatten, ging es anlässlich des Films über den Salafismus um die Frage von Koraninterpretationen. Und auch hier war der Alltagsbezug ein Schlüsselmoment: In einem Film der Kurzfilmreihe „Islam, Islamismus und Demokratie“ bezeichnet ein Prediger einen jungen Muslim als Ungläubigen, der sich gegen Handamputationen von Dieben ausspricht – „wie es im Koran steht“, wie der Prediger erklärt. In der Gruppe bestand zunächst Einigkeit darüber, dass Diebstahl ein Vergehen sei, das bestraft werden müsse, wie es ja im Koran stehe. Einigkeit bestand allerdings auch darin, dass die Amputation als Strafe „doch nicht geht“. Zumindest äußerte sich niemand aus der Gruppe in diese Richtung. Also entstand – als Beispiel diente ein Handydiebstahl unter Mitschülern – eine Diskussion über ein „gerechtes“ Strafmaß, mögliche mildernde Umstände („Vielleicht hat es jemand gestohlen, dessen Familie ganz arm ist?“), wer denn einen Dieb verfolgen und wer ein Strafmaß festlegen dürfe. Anhand eines Koranverses und einem Beispiel aus der Lebenswelt der Jugendlichen entstand so eine lebensnahe und kontroverse Diskussion über Interpretation und Umsetzung einer religiösen Vorgabe, bei der die Jugendlichen nebenbei noch eine ganze Menge über Gewaltenteilung gelernt haben.

Ähnlich begann ein Gespräch mit einer salafistisch geprägten Jungengruppe in Hamburg über die im Film über die Scharia thematisierten Frauenrechte. Laut offenbarter Erbschaftsregelung erben Frauen die Hälfte des Anteils ihrer Brüder. Eine für den Salafismus charakteristische wortwörtliche Interpretation würde diese Regelung auch auf die Gegenwart übertragen. Die Teamer gaben zunächst Hintergrundinformationen: „Zuvor hatten Frauen gar nichts geerbt. Nun konnten sie ihren kleineren Anteil für sich behalten, während die Männer mit ihrem größeren die Familie unterhalten mussten." Sie schlossen dann die Frage an: „Wenn Gott heute diesen Vers herabsenden würde, würde die Frau dann noch immer die Hälfte erben? Was meint Ihr?" Ziel solcher Fragen ist es zunächst, die Jugendlichen zum eigenen Nachdenken anzuregen. Im Weiteren kann dann versucht werden, ein Gespräch über die Absicht zu führen, in der solche Koranverse vielleicht offenbart wurden – z. B. Gerechtigkeit unter den Menschen herzustellen. Was aber als „gerecht" empfunden wird, kann sich unter wandelnden Bedingungen verändern. Im Film verweisen dazu religiöse Experten, Imame und Theologen auf die Notwendigkeit, den Koran zu interpretieren. Und es wird eine Erzählung aufgegriffen, derzufolge der Kalif Omar einen Baum ausreißen ließ, unter dem sein Sohn unbedingt beten wollte, weil schon der Prophet Muhammad dort gebetet habe. Seine Begründung: „Ihr sollt dem Propheten in seinem Geiste folgen und nicht in solchen Kleinigkeiten."

Aus diesen Erfahrungen mit den Jugendlichen lassen sich auch Schlüsse für die Arbeit mit Multiplikatoren ziehen. Schließlich nehmen v. a. Pädagogen in Schulen und Jugendeinrichtungen eine zentrale Stelle in der Prävention von Islamismus und ggf. auch der Deradikalisierung einzelner Jugendlicher und junger Erwachsener ein. Pädagogen wünschen sich dazu oft klare Handlungsanweisungen, Argumente und Materialien, mit denen sie problematischen Aussagen oder agitierenden Jugendlichen effektiv begegnen können. Tatsächlich können ausgeprägtes theologisches oder historisches Expertenwissen und überzeugende Argumente im einen oder anderen Fall einen Beitrag leisten – nur ist dieses für die meisten Pädagogen nur durch erheblichen Zeitaufwand zu gewinnen. Und: In der Regel bestärkt eine rein kognitiv geführte Konfrontation die Jugendlichen eher darin, sich für den nächsten „Kampf" noch „besser" zu wappnen und in die eigene Position hineinzuarbeiten. Das pädagogische Ziel der Verunsicherung und Irritation dürfte daher eher in Kombination mit einer zugewandt-hinterfragenden Haltung zu erreichen sein. Dabei können Materialien helfen, in denen glaubwürdige Experten (z. B. Theologen) Positionen formulieren, die zu denken geben. Auch sollten Pädagogen den Mut und die Geduld aufbringen, die Jugendlichen ruhig einmal ihre Überzeugungen präsentieren zu lassen und diese dann in die Gruppe weiterzureichen. In der Regel wird es dabei Punkte geben, an denen sich der Widerspruch anderer Gruppenmitglieder entzündet oder an denen durch kreatives Nachfragen, Perspektivwechsel, das Ausmalen von Konsequenzen oder Wunschfragen („Wie wollt Ihr leben?") Verunsicherung und Nachdenken ausgelöst werden können.[15]

Allerdings scheint es nicht wenigen Pädagogen aus teils sehr nachvollziehbaren Gründen schwerzufallen, im Umgang mit radikal-religiös und provozierend auftretenden Jugendlichen eine solche zugewandt-hinterfragende Haltung einzunehmen. Dabei spielen oft eigene Gefühle, Bilder, Ideale, Annahmen und Ansprüche eine Rolle. Zu vermitteln wäre ihnen vor diesem Hintergrund, dass ihre eigenen Gefühle, Annahmen und Ansprüche oft Teil einer von einzelnen Jugendlichen bewusst oder unbewusst angestrebten Dynamik sind, in der sich die Pädagogen den Jugendlichen gegenüber dann als ohnmächtig erleben. Diese Erkenntnis wäre eine wesentliche Voraussetzung dafür, aus dieser Dynamik ausbrechen, die Jugendlichen erreichen und in ihren ideologisch geprägten Überzeugungen und Verhaltensformen irritieren zu können. Für die Arbeit mit Multiplikatoren, die an ihren Einrichtungen präventiv oder gar deradikalisierend wirken sollen, ließe sich daraus ableiten, dass diese neben der Vermittlung von Informationen und pädagogischem Know-how auch supervisorische Elemente enthalten sollte.

Ziel aller Gespräche und Auseinandersetzungen mit Jugendlichen und jungen Erwachsenen ist nicht, ihnen einen „richtigen“ oder „richtig“ verstandenen Islam zu präsentieren und diesem einen „falschen“ gegenüberzustellen. Vielmehr geht es darum, dass Jugendliche sich eigene Gedanken über ihr Leben, ihren Glauben und darüber machen können, wie sie aus diesem abgeleitete Vorgaben in ihrem persönlichen Leben, aber auch im gesellschaftlichen Miteinander umsetzen möchten. Das sind Fragen, die alle Jugendlichen – auch die nichtmuslimischen und nichtreligiösen – interessieren können. Die Vermittlung von Vielfalt innerhalb des Islam; die Betonung von Werten („guter Muslim“) gegenüber Ritualen; die Erkenntnis, dass dabei mehrdeutige Auslegungen und Umsetzungen religiöser Vorgaben nicht nur zulässig, sondern unabdingbar sind; die Vereinbarkeit von Islam, Demokratie und Grundrechten; die Nähe zur Lebenswirklichkeit von Jugendlichen und jungen Erwachsenen; Methoden wie das kreative Nachfragen sowie deutliche Signale der Anerkennung und Zugehörigkeit – all dies sind zentrale Momente, die zur „Integration“ (verstanden als wechselseitiger Prozess) junger Muslime beitragen, sie gegenüber den Verheißungen fundamentalistischer Ideologien wie dem Salafismus immunisieren und auch zu einer Deradikalisierung bereits ideologisierter Jugendlicher und junger Erwachsener beitragen können.

Anmerkungen

1 In einem vom BMFSFJ („Initiative Demokratie Stärken“) geförderten Projekt arbeiten im Auftrag von HAW und *ufuq.de* junge Teamer (meist mit Migrationshintergrund) mit den Filmen im Rahmen von Workshops oder Projekttagen in Schulen und Jugendeinrichtungen – anfänglich in Hamburg und Berlin, inzwischen sind Essen und Bremen hinzugekommen. Außerdem bieten HAW und *ufuq.de* Fortbildungen für Multiplikatoren an: Hier geht es um Lebenswelten und Jugendkulturen junger Mus-

lime in Deutschland sowie um islamistische Strömungen und Möglichkeiten, deren Einfluss auf Jugendliche und junge Erwachsene vorzubeugen und (deradikalisierend) zu begegnen. Auch dabei spielen die Filme eine große Rolle, denn Pädagoginnen und Pädagogen müssen nicht erst zu Theologen werden, um mit den Jugendlichen zu arbeiten – vielmehr werden im Film glaubwürdige Experten und gläubige Muslime vorgestellt, auf deren Positionen sie verweisen können. Begleithefte geben ihnen zudem Hintergrundinformationen und Hinweise für die pädagogische Arbeit. Mittlerweile arbeitet eine Vielzahl pädagogischer Einrichtungen mit den Filmen. Ein Methodenhandbuch und zwei neue Filme zu Islamfeindschaft und Förderung von Medienkompetenz gegen islamistische Propaganda sowie zu Jihad und Gewalt im Internet werden ab Frühjahr 2014 zur Verfügung stehen. Mehr Informationen sowie Bestellung der Filme hier: http://www.ufuq.de/projekte und http://www.haw-hamburg.de/forschung/projekte-uebersicht/kib.html.

2 Prof. Eckart Osborg (HAW) hat diesen Begriff für die pädagogische Arbeit mit Jugendlichen zu Rechtsextremismus entwickelt. Zusammen mit ihm wurden in der Konzeption der Filme einige Erfahrungen aus dem Rechtsextremismus auf die Prävention und Begegnung von Islamismus übertragen (mehr zum pädagogischen Konzept der Filme in den Begleitheften).

3 Ganz bewusst arbeiten wir im Weiteren mit dem unspezifischen Begriff „problematisch".

4 Bernd Wagner schlägt hier den Begriff der „Freiheitsfeindlichkeit" vor: Bernd Wagner (2012): Freiheitsfeindliche Gewalt, in: ZDK (Hrsg.): EXIT-Journal,1-2012.

5 Bei Umfeld und Anhängerschaft des salafistischen Milieus handelt es sich meist um Jugendliche und junge Erwachsene zwischen 15 und 35 Jahren aus muslimischen sowie nichtmuslimischen Elternhäusern. (Zum Salafismus s. die vom ZDK herausgegebene Broschüre: Dantschke/Mansour/Müller/Serbest: „Ich lebe nur für Allah". Argumente + Anziehungskraft des Salafismus. Berlin 2011.)

6 Die Förderung kritischer Medienkompetenz insbesondere in Bezug auf das Internet wäre daher auch ein wesentlicher Bestandteil zur Prävention und Begegnung von Islamismus (s. Anm. 1).

7 In diesem Zusammenhang ließe sich durch Hinzufügen des Komplexes spezifischer *Werte*, die im Salafismus betont werden, die Formel auf WWWGGG erweitern.

8 Vgl. http://www.zeit.de/gesellschaft/zeitgeschehen/2012-05/salafisten-szene.

9 In unseren Fortbildungen machen wir daher Multiplikatorinnen und Multiplikatoren anhand von Musik-, Video-, Film- und Textmaterialien mit Lebenswirklichkeiten, Jugendkulturen und unterschiedlichen Religionsverständnissen junger Muslime ebenso vertraut wie mit Erscheinungsformen islamistisch geprägter Ideologie und Verhaltensformen (siehe dazu auch das von der Landeszentrale für politische Bildung Baden-Württemberg in Zusammenarbeit mit ufuq.de entwickelte Multiplikatorenfortbildungsmodul „Team meX": http://www.team-mex.de/islamistischerextremismus.html).

10 Baer/Weilnböck/Wiechmann (2010): Jugendarbeit in der politischen Bildung, in: ApuZ, 27/2010, S. 32.

11 Weitere Hinweise für Pädagogik und politische Bildung sowie Unterrichtsmodule für eine pädagogische Praxis zum Themenfeld Islam und Muslime in Deutschland, die auch präventiv in Bezug auf Islamismus wirken kann, finden sich in: ufuq.de/lpb Baden-Württemberg (Hrsg.) (2013): Muslime in Deutschland. Lebenswelten und Jugendkulturen, in: Politik & Unterricht. Zeitschrift für die Praxis der politischen Bildung, 3/4-2012, Stuttgart.

12 Abgeleitet aus der Biografie von Daniel Schneider, einem Kopf der „Sauerlandgruppe", ließe sich dazu folgendes Bild als Arbeitshypothese formulieren: Wenn in

einem entscheidenden biografischen Punkt im Leben von Daniel Schneider nicht ein salafistischer Mentor aufgetaucht, sondern Schneider durch einen Aktivisten von Amnesty International (o. Ä.) angesprochen worden wäre, säße er womöglich heute nicht als Terrorist im Gefängnis, sondern wäre in der Menschenrechtsarbeit oder bei Greenpeace engagiert.

13 Insbesondere in Hamburg machen wir in der Projektarbeit derzeit die Erfahrung, dass sich Schulen und Jugendeinrichtungen mit Hilferufen ans Projekt wenden, in denen Jugendliche aus offensichtlich islamistischen Milieus agitieren. Auch in diesem Kontext konnte wirksam interveniert und es konnten wertvolle Erfahrungen für eine Deradikalisierungsarbeit gesammelt werden.

14 Hier können auch Erfahrungen aus Peer-Education-Ansätzen nutzbar gemacht werden.

15 Von Fall zu Fall kann auch eine direkte Konfrontation – etwa im Sinne vor Agitatoren zu schützender anderer Gruppenmitglieder – geboten sein. Das kann auch den Ausschluss aus der Gruppe/Klasse/Schule umfassen, wobei hier in der Regel externe Stellen hinzugezogen werden sollten.

Herbert Czarnyan, Halit Pişmek

Das Netzwerk Essen-Katernberg

Ein Praxisbeispiel für eine gelungene Kooperation von Jugendhilfe, Polizei und Moscheen

Ausgangslage

Der Stadtbezirk VI liegt im Nordosten von Essen. Der Siedlungsbereich war überwiegend geprägt durch sozialen Wohnungsbau mit teilweise schlechter Bausubstanz und vielen maroden Bergarbeitersiedlungen. Durch den Niedergang von Kohle- und Stahlindustrie verloren viele Menschen ihre Arbeit und wanderten ab. Insbesondere die Schließung der Zeche Zollverein – mittlerweile Weltkulturerbe – betraf den Stadtbezirk stark. Aufgrund dieser wirtschaftlichen Situation wurde der Stadtbezirk zunehmend für Familien mit Migrationshintergrund attraktiv, denn er bot relativ günstigen Wohnraum. Mitte der 80er Jahre zogen in erheblichem Maße vor allem sozial benachteiligte Familien zu. Der Anteil der nichtdeutschen Wohnbevölkerung bzw. Bewohner mit Migrationshintergrund bei den unter 21-Jährigen liegt mittlerweile bei über 50 %. Eine Grundschule in diesem Bereich gibt für 2004 an, dass über 80 % der Kinder nicht Deutsch als Muttersprache haben. 1995 gehörte die Kriminalitätsbelastung des Stadtteils Katernberg zur höchsten in der Stadt. Es war eine zunehmende Bandenbildung vornehmlich unter libanesisch- und türkeistämmigen Kindern und Jugendlichen zu erkennen. Die Jugendlichen grenzten sich von anderen Jugendlichen des Stadtbezirks ab und es kam zu einer zunehmenden Ghettoisierung. Ab 1998 kamen durch den Zuzug von Jugendlichen aus Aussiedlerfamilien weitere Herausforderungen auf den Stadtbezirk zu.

Erste polizeiliche Reaktionen

Wegen der zunehmenden Jugendkriminalität wurden 1996 zuerst zwei, später drei Sachbearbeiter eines Kriminalkommissariats mit dem Schwerpunkt Jugendkriminalität im Umfeld der Schulen im Stadtbezirk eingesetzt. Abweichend von der damaligen Geschäftsordnung ermittelten diese Sachbearbeiter täterorientiert und wohnumfeldbezogen. Das Ziel dieser Maßnahme war

- konsequentes Einschreiten bei Straftaten,
- dadurch bedingt Senken der Kriminalitätsbelastung,
- Vertrauensbildung und Wertevermittlung bei den Jugendlichen und ihren Familien.

Wichtig war zudem die örtliche Präsenz dieser Beamten durch Anbindung an die im Stadtbezirk befindliche Polizeiwache. Durch Zuteilung der jugendlichen Täter an einen bzw. „seinen" Sachbearbeiter wurden die Jugendlichen zunehmend aus der scheinbaren Anonymität genommen. Durch intensive Gespräche und das Fertigen von Fotos zur polizeidienstlichen Erkennung entstand bei den Jugendlichen das Gefühl, dass Straftaten sich nicht lohnen bzw. in jedem Fall eine Konsequenz nach sich ziehen.

Netzwerke

Zu diesem Zeitpunkt wirkten in Katernberg bereits verschiedene Institutionen, wie das Jugendamt, freie Träger der Jugendarbeit, Kindergärten und Schulen, in einem Jugendhilfenetzwerk zusammen. 1996 kam nun die Polizei als wichtiger Partner dazu. Das sozialraumorientierte Netzwerk hatte zum Ziel, ein friedliches Zusammenleben aller Jugendlichen im Stadtbezirk auf der Grundlage des gegenseitigen Respekts zu gewährleisten. Aufgrund der Anregung des Leiters einer Schule mit hohem Migrantenanteil wurde 1997 ein Arbeitskreis „Kriminalitätsprävention" gegründet. Der Effekt des Arbeitskreises liegt in der unmittelbaren Umsetzung von Konfliktlösungen durch die Netzwerkpartner.

Einbindung der Moscheevereine in die Netzwerkstrukturen

Da nach wie vor überwiegend Jugendliche islamischen Glaubens in Straftaten verwickelt waren und Konflikte mit Bürgern des Stadtbezirks auslösten, war es notwendig, Maßnahmen auf diese Zielgruppe zu konzentrieren. Der Kontakt zu den Eltern war vielfach schon durch Sprachdefizite erheblich erschwert. Da aber viele der Familien regelmäßig eine der in Katernberg befindlichen drei Moscheen aufsuchten, sollte der Kontakt zu den Eltern über den Einfluss der Moscheevereine und ihrer Imame erfolgen. Über den Bau einer neuen Moschee im Stadtbezirk und über die Verkehrserziehung fand die Polizei eine Zugangsmöglichkeit. Gemeinsam organisierte man mit großem Erfolg für die muslimischen Kinder und Jugendlichen eine Verkehrsaufklärungsaktion. Die Begeisterung der islamischen Gemeinde war so groß, dass der Ruf nach weiteren Veranstaltungen laut wurde. Andere Moscheevereine wurden neugierig und nahmen nun ihrerseits den Kontakt zur Polizei auf. Inzwischen sind die Imame der Moscheevereine fester Bestandteil der Regelnetzwerkstrukturen im Stadtbezirk.

Begleitende Maßnahmen zur Kriminalitätsminderung

Wegen der Häufung von Trickdiebstählen durch libanesische Jugendliche schlug der Vorstand des Moscheevereins der libanesischen Moschee Katernberg 1997 vor, die Geschäftsleute des Stadtteils in das Vereinslokal zu laden, um in einem gemeinsamen Gespräch den Geschäftsleuten Unterstützung des Vereins und des ebenfalls anwesenden Arbeitskreises anzubieten. Viele Geschäftsleute erschienen und nutzten die Möglichkeit, die Ängste und Probleme im Umgang mit diesen Jugendbanden vorzutragen. Die Eltern erfuhren auf diesem Weg zum ersten Mal, wie sich ihre Kinder im Stadtteil benehmen. Sie versprachen im Beisein des Imam, positiv auf ihre Kinder einzuwirken.

Zwei Jahre lang traf sich dieser Kreis regelmäßig, bis es keinen Grund mehr dafür gab: Trickdiebstähle kamen in diesem Stadtteil nicht mehr vor. Die Kontakte zwischen muslimischen Jugendlichen und der Polizei intensivierten sich. Obwohl diese für die Jugendlichen meist negativ behaftet waren, kam es vonseiten der Jugendlichen zu dem Vorschlag, eine „friedliche Auseinandersetzung" zu organisieren: ein Fußballspiel zwischen Polizei und muslimischen Jugendlichen. Da mehrere Institutionen wie u. a. die Arbeiterwohlfahrt, Kreisverband Essen e.V. (AWO), die Moscheevereine und die Ruhrkohle Bildungsgesellschaft ebenfalls Interesse hatten, kam es 1999 zum ersten Fußballturnier „Kids und Cops" zwischen Polizeibeamten des Bezirks und Jugendlichen aus dem Stadtteil. Aufgrund des großen Erfolges aus der Sicht aller Beteiligten folgten weitere Turniere. Bei dem alle zwei Jahre stattfindenden Turnier nehmen neben der Polizei und einer Mannschaft der Jugendsozialarbeiter noch acht weitere kulturell gemischte Jugendmannschaften teil.

Am 04.04.2001 gab es eine Veranstaltung in der Carl-Meyer-Schule mit muslimischen Familien unter dem Motto „Salam Aleikum". Anlass war die nach wie vor konfliktbeladene Stimmung zwischen muslimischen Schülern und Lehrern. Der Imam verfasste einen Informationsbrief, in dem er die Familien aufforderte, zu dem Treffen zu erscheinen. Bei besonders problembehafteten Familien machte er einen Hausbesuch, um sie persönlich auf die Veranstaltung hinzuweisen und gab zudem bekannt, dass er selbst bei diesem Zusammentreffen zu den Familien sprechen wolle. Es kamen schließlich mehr als 100 Menschen libanesischer Herkunft in die Carl-Meyer-Schule. Mitarbeiter der AWO, eines überwiegend von Libanesen besuchten Jugendhauses, der Schule, der Polizei und, als wichtigste Person, der Imam teilten den Erziehungsberechtigten mit, wie sich ihre Söhne im Stadtteil, in der Schule und in der Freizeit verhielten. Der Imam forderte die Eltern auf, ihrem Erziehungsauftrag gerecht zu werden. Er selbst würde die Mitarbeit der Familien überprüfen und baute somit unter den Familien eine soziale Kontrolle auf. Schließlich wurde eine Verpflichtungserklärung aufgesetzt, die das zukünftige Verhalten der Jugendlichen in der Schule regelte und die alle beteiligten Institutionen sowie die Jugendlichen unterschrieben. Der Imam, als religiöse Autorität, unterschrieb stellvertretend für die Familien und erzeugte somit zusätzlich moralischen Druck und erhöhte die soziale Kontrolle.

In den folgenden Wochen erhöhte die Polizei den repressiven Druck an der Schule. Vergehen, auch geringe Delikte wurden für alle Schüler sichtbar konsequent strafrechtlich verfolgt. Eine regelmäßige Rückmeldung des Schulleiters in der Sozialraumkonferenz Katernberg ergab, dass sich in kurzer Zeit die Situation besserte, die Schüler sich angemessen verhielten und dieser Zustand bis heute anhält. Aufgrund dieses Erfolges kam es zu weiteren Veranstaltungen in anderen Schulen des Stadtbezirks und darüber hinaus unter Beteiligung des Imams.

Während des Fastenmonats Ramadan nutzten die Beamten der Polizeiwache Katernberg die Gelegenheit anlässlich des damit verbundenen stärkeren Moscheebesuches und boten den in Katernberg ansässigen Moscheevereinen die Möglichkeit zu verschiedenen Info-Veranstaltungen an. Die drei Moscheevereine hatten großes Interesse und so wurden mehrere Veranstaltungen in Kooperation mit der AWO und dem Jugendamt Katernberg durchgeführt. Bei den Themen handelte es sich um das „neue Waffenrecht" und das Thema „Gewalt in der Familie". Die gut besuchten Veranstaltungen fanden in einer libanesischen und in zwei türkischen Moscheen im Stadtteil statt.

Anlässlich zunehmender Gewaltanwendung im häuslichen Bereich, vor allen Dingen gegenüber den Mädchen der Familien, entwickelten die Netzwerkpartner der libanesischen Moschee Salah Eddin, Polizeiwache Katernberg, AWO sowie Jugendamt Katernberg, auf Anregung der Polizei eine gemeinsame Informationsbroschüre zum Thema „Erziehung ohne Gewalt". Die Informationsbroschüren wurden während der Veranstaltungen in den Moscheen und darüber hinaus durch Familienbetreuer der AWO bei Hausbesuchen an die Erziehungsberechtigten ausgehändigt. Auf Wunsch der Moscheevorstände bzw. Imame gab es weitere Informationsabende, u. a. von der Opferschutzbeauftragten des Polizeipräsidiums Essen, die zu den Frauen dieser Gemeinden sprach. Die Veranstaltungen fanden bei den teilweise über 100 Teilnehmern großes Interesse.

Inzwischen liegen Anfragen der Moscheevereine zu weiteren Veranstaltungen während des nächsten Ramadan vor. Im Rahmen von Vereinbarungen zwischen der Polizeiwache Essen-Katernberg, der libanesischen Salah-Eddin-Moschee, den türkischen Moscheen und der evangelischen Kirchengemeinde Essen-Altenessen kam es zu mehreren gemeinsamen Veranstaltungen mit den libanesischen Jugendlichen der Gemeinden zum Thema „Wie vermeide ich Gewalt". Etwa 30 Jugendliche pro Moschee nahmen teil und erarbeiteten in Arbeitsgruppen Strategien zur Vermeidung von Gewalt. Im Rahmen der oben genannten Kooperation besuchten die Jugendlichen die Jugendarrestanstalt in Essen-Werden. In Gesprächen mit dem Jugendkontaktbeamten der Polizei, dem zuständigen Justizvollzugsbeamten und dem Vorsitzenden Jugendrichter erhielten die Jugendlichen zahlreiche Informationen über den Arrestalltag und die Konsequenzen bei der Begehung von Gewaltstraftaten.

Reaktionen

2004 besuchte der damalige Innenminister des Landes Nordrhein-Westfalen, Herr Dr. Behrens, auf Einladung der Moscheegemeinde die türkische Moschee in Essen-Katernberg. Der Innenminister würdigte während dieses Besuches die gute Zusammenarbeit der Moscheevereine mit dem dortigen Netzwerk Katernberg im Allgemeinen und der Polizei im Besonderen. 2005 wurde den Vertretern des Netzwerks Katernberg der Landespräventionspreis verliehen. Das Projekt mit dem Titel „Miteinander der Kulturen/Polizei im Dialog" wurde besonders für die beispielhafte Zusammenarbeit mit den Moscheevereinen in Katernberg gewürdigt. Stellvertretend für die Moscheevereine nahm der libanesische Imam die Ehrung entgegen.

Kriminalitätsentwicklung im Stadtbezirk VI

In den neunziger Jahren war der Anteil von jugendlichen Intensivtätern mit Migrationshintergrund im Stadtbezirk überproportional hoch mit steigender Tendenz. Sie profitierten hierbei durch ihre Gruppenstärke und durch relative Anonymität und das Gefühl, in ihrem Wirkungsbereich in einem rechtsfreien Raum zu agieren. Jugendliche Opfer schwiegen zu den Vorfällen oder gaben vor, die Täter nicht zu kennen. Durch das Einsetzen speziell geschulter Jugendsachbearbeiter und Präventionsbeamte der Polizei im Stadtbezirk gelang es, die Jugendlichen aus ihrer Anonymität zu holen. Durch gemeinsam erzeugten Druck der Netzwerkpartner auf die Intensivtäter wurde nebenbei auch eine Stärkung der Opfer bewirkt. Inzwischen ist es normaler Arbeitsalltag, dass Anzeigen oder Hinweise von Netzwerkpartnern zeitnah der Polizei NRW mitgeteilt werden. Sowohl das Einbinden der Netzwerkpartner in die Konfliktlösung als auch die Weiterführung betreuender Maßnahmen nach dem Kinder- und Jugendhilfegesetz funktionieren in der Regel reibungslos.

Aktionsbündnis sicheres Altenessen

Am 25.08.2010 berichtete die WAZ in Essen über die sogenannte „Angstzone Bahnhof Altenessen". Eine durch die AWO durchgeführte Bürgerbefragung bestätigte, dass viele Bürger negative Erfahrungen speziell mit Jugendlichen in dem Stadtteil gemacht haben. Mit Unterstützung der Stadt Essen, hier besonders zu erwähnen das Jugendamt und die Regionale Arbeitsstelle zur Förderung von Kindern und Jugendlichen aus Zuwandererfamilien (RAA), wurde das „Aktionsbündnis sicheres Altenessen" gegründet, ein Zusammenschluss von Netzwerkpartnern nach dem Vorbild des Netzwerks Essen-Katernberg.

Auch in Altenessen wurde verstärkt Wert auf die Zusammenarbeit mit den Moschee- und den Migrantenvereinen gelegt. Ein erstes gemeinsames Zeichen wurde in der Veranstaltung „Respekt statt Gewalt" in einer Schule mit hohem Migrantenanteil gesetzt.

Gemeinsam mit Vertretern der Kirche und den Vorbetern der türkischen und der libanesischen Moscheegemeinde wurde in einer gemeinsamen Verpflichtungserklärung das friedliche Zusammenleben und der gegenseitige Respekt erklärt. Weitere gemeinsame Veranstaltungen in Schulen und bei Stadtteilfesten sind geplant.

Fazit

Die Erfahrungen aus Katernberg und Altenessen zeigen, dass durch die Polizei viele Anstöße gegeben werden können, dass aber eine nachhaltige Wirkung nur in Zusammenarbeit mit anderen (Netzwerkpartnern) erreicht werden kann. Vor allem islamische Gemeinden können wertvolle Kooperationspartner sein, um Jugendliche und deren Familien zu erreichen. Auch die Sozialarbeit kann davon profitieren, da die Polizei ein hohes Ansehen bei den muslimischen Familien genießt und dort eine Autorität darstellt. Jedoch erst das gemeinsame Auftreten von Polizei, Jugendsozialarbeit und Moscheevereinen wirkt nachhaltig.

Durch die anerkannten, gemeinsamen Ziele von Behörden und Vertretern der islamischen Gemeinden hat sich ein vertrauensvolles Miteinander entwickelt. Dabei haben die Vertreter der islamischen Gemeinden, hier besonders die Imame, eine gesellschaftliche Verantwortung über ihre Gemeinde hinaus entwickelt.

Entscheidend für den Erfolg des Netzwerkes ist die Konzentration auf problemorientiertes, konkretes Handeln. Die frühzeitige Einbindung der Moscheevereine ermöglicht den Zugang zu den Familien.

Der Imam als interkultureller Vermittler

Mittlerweile ist ein Imam als interkultureller muslimischer Vermittler, durch die Unterstützung der RAA, bei der AWO eingestellt. Das ist deutschlandweit der erste Träger der Jugendhilfe, der folgerichtig diesen Weg gegangen ist, einen Imam zu beschäftigen, ihn in eine Regeleinrichtung zu integrieren und zu professionalisieren. Gefördert wird diese Stelle durch das interkulturelle Handlungskonzept der Stadt Essen. Dies war aus Sicht der muslimischen Mitbürger im Bezirk einer der wichtigsten Schritte im Rahmen gesellschaftlicher Beteiligung.

Die Moscheen in Deutschland haben sich mittlerweile zu multifunktionalen Einrichtungen entwickelt. Hier sind die Moscheen nicht wie in den Herkunftsländern nur zum Gebet da, sondern heute übernehmen Moscheen in Deutschland und in anderen europäischen Staaten vielfältige Funktionen. Deshalb sind auch die Anforderungen an die Imame gewachsen, d. h., der Imam ist nicht nur für religiöse Aufgaben zuständig, sondern man erwartet von ihm auch seelsorgerische Hilfeleistungen. Imame haben eine Brückenfunktion inne. In Deutschland gehen viele Gemeindemitglieder mit den unterschiedlichsten Problemen zum Imam, und zwar nicht nur, wenn sie religiöse Fragen haben, sondern beispielsweise auch bei Scheidungskonflikten, Ehe-, Erziehungs- und Nachbarschaftsproblemen.

Somit besteht die Aufgabe des Imam nicht nur in der Beantwortung religionsbezogener Fragen der Gläubigen. Er bietet auch Beratung zur Bewältigung alltäglicher Lebensprobleme, Streitschlichtung und Mediation bei Familienproblemen, Durchführung von islamischen Eheschließungen und Scheidungen, Krankenbesuchen und Betreuung von Inhaftierten, Totenwaschung und Totengebet, Trauerbegleitung, Repräsentation der Moschee durch Öffentlichkeitsarbeit und interreligiöse Dialogaktivitäten.

In vielen Fällen kann der Imam alleine das an ihn herangetragene Problem nicht lösen. In solchen Fällen muss er mit Fachpersonen und Institutionen zusammenarbeiten. Er nutzt das Vertrauen der Gemeindemitglieder, um diese Menschen mit ihren Problemen an professionelle Stellen weiterzuleiten. Damit er diese Brückenfunktion auch innehaben kann, muss er allerdings auch die Institutionen kennen. Somit ist der Vorbeter nicht nur in religiösen Aufgaben gefragt, sondern auch bei sozialen Hilfestellungen.

Der Vorbeter erreicht die Menschen am besten am Freitag bei den Freitagsgebeten. Die dort abgehaltenen Predigten sind sehr wichtig, weil das Freitagsgebet von sehr vielen Muslimen in der Moschee vollzogen wird. Dann kommen auch viele Muslime, die vielleicht nicht praktizierend sind, die vielleicht einen anderen Lebensstil führen, aber dennoch ihr spirituelles Bedürfnis an den Freitagen befriedigen wollen. Die Tradition sieht es eigentlich vor, dass in der Freitagspredigt vor allem lokale Probleme der Gemeinde angesprochen werden.

Wenn dies nun auf Essen-Katernberg bezogen wird, dann ist das Hauptziel der Gemeinde, erstens die Kinder und Jugendlichen in die demokratische Gesellschaft integriert zu erziehen und diesen zweitens einen hohen Bildungsstand zu ermöglichen, damit sie eine wichtige Position in der Gesellschaft und im friedlichen Zusammenleben erreichen können. Deshalb hat die Gemeinde als Erstes mit dem Jugendhilfenetzwerk zusammengearbeitet, danach kam sie mit Institutionen wie den Schulen, der Polizei, dem Jugendamt, den kirchlichen Gemeinden und der interreligiösen Dialoggruppe ins Gespräch.

Durch die Zusammenarbeit hat die islamische Gemeinde gemerkt, dass die Wünsche und Bedürfnisse von allen Seiten gleich sind. Somit ist man in der Familienarbeit auch der Arbeit mit Jugendlichen intensiver nachgegangen. Die Jugendkriminalität stellt nach wie vor ein Hauptproblem in den Familien dar. Deshalb geht die Gemeinde mit diesen Herausforderungen viel intensiver um. Um diese und andere zu bewältigen, haben die Familien aktiv an den Kooperationsprojekten teilgenommen. Diese Projekte sind: Integrationskurse, Elternschule, Hausaufgabenhilfe, Mütter im Dialog, Informationsveranstaltungen, wie z. B. Gewalt in der Familie, neues Waffenrecht, Funktion des Jugendamtes, Jugendstrafrecht, Strafmündigkeit und zuletzt – Väter im Dialog. Diese Projekte haben dazu geführt, dass die Familien ihre alltäglichen Probleme besser bewältigen und die Institutionen viel offener aufsuchen konnten.

Die muslimischen Mitbürger wollen einerseits, dass ihre Kinder sich in Deutschland integrieren, aber andererseits haben sie auch Befürchtungen, dass die Kinder ihre Religion und Kultur vergessen. Der Erfolg der Zusammenarbeit in Katernberg besteht darin, dass die Arbeit mit interkultureller Kompetenz durchgeführt wurde. Somit wurden auch gegenseitige Vorurteile und Ängste abgebaut. Diese Erfahrungen wurden an die Schulen, Kindergärten und Jugendhäuser weitergeleitet, wodurch auch gleiche Erfolge erzielt werden konnten.

Für die Moscheegemeinde ist der gute Kontakt zu den Familien und den Kindern und Jugendlichen sehr wichtig. Durch ihre guten Beziehungen zu den Behörden und zu den Familien können sie ein wichtiges Bindeglied darstellen und dazu beitragen, das friedliche Miteinander der Kulturen zu unterstützen. Der Koran sagt dazu in Sure 2, Vers 148:

Jeder hat eine Richtung, der er sich zuwendet.
So wetteifert miteinander in guten Werken.
Wo immer Ihr auch seid, Allah wird Euch allesamt zusammen führen.
Wahrlich, Allah hat Macht über alle Dinge.

Dirk Sauerborn

Zwischen Harmonie und Konsequenz

Der Kontaktbeamte der Polizei zu muslimischen Institutionen – Er informiert. Er hört zu und fragt. Und er ist Polizist – mit allen Rechten und Pflichten.

Die Mitglieder des Runden Tischs im Düsseldorfer Norden sind besorgt. Am Tisch sitzen Akteure im Stadtteil: Schulleitungen, Bezirkssozialdienst, Familienzentrum, Kirchen, Integrationsagenturen. Die Rektorin an der einzigen Hauptschule im Quartier berichtet von Beleidigungen und Schubsereien auf dem Schulhof unter Muslimen. „Die guten Muslime prügeln sich mit den schlechten", sagt die erfahrene Pädagogin. „Und wer ein guter und wer ein schlechter Muslim ist, das bestimmen mittlerweile die von Moschee zu Moschee karawanisierenden Wanderprediger", weiß sie aus vielen Gesprächen mit ihren Schülerinnen und Schülern. Das war früher anders, da trugen alle eine Einheitsuniform: Blue Jeans, T-Shirts, Turnschuhe. „Die strengen Muslime erkenne ich jetzt an ihren Hochwasserhosen, die dürfen nicht über den Boden schleifen, denn das wäre haram (verboten)." Der Streetworker kann diesen Eindruck bestätigen, sieht den Stadtteil allerdings mit einem weiteren Phänomen konfrontiert. „Die rechte Szene macht mobil, ich spüre hier eine immer mehr zunehmende Ausländerfeindlichkeit, höre rechte Sprüche. Farbschmierereien mit beleidigenden Inhalten sind an der Tagesordnung."

Diese Problematik gibt es nicht nur in Düsseldorf, sondern in vielen Städten im Land. Es herrschen Unsicherheit, Unkenntnis und Vorurteile bei dem Thema. Bisweilen berichten die Medien zudem sehr einseitig und können damit auch Ängste schüren. Das (alles) kann sich zu einer explosiven Mischung entwickeln.

Genau diese Befürchtung hatte vor gut acht Jahren der damalige Innenminister Dr. Fritz Behrens (SPD). Vier Jahre nach dem Attentat auf das World Trade Center in New York hat er der Zusammenarbeit der Polizei mit den islamischen Gemeinden in Nordrhein-Westfalen einen wichtigen Impuls verliehen. „Wichtig ist, dass beide Seiten aufeinander zugehen", forderte Behrens. „Alle Polizeibehörden werden in Zukunft verstärkt Kontakt mit den Moscheevereinen aufnehmen."[1] Im Rahmen einer Pressekonferenz in der Fatih-Moschee in Essen-Katernberg erklärte er, dass Nordrhein-Westfalen zudem dabei sei, geeignete Polizeibeamte als Kontaktbeamte in den Polizeibehörden einzusetzen. „Solche Islam-Experten sind sowohl Ansprechpartner für die muslimischen Mitbürger als auch Berater für die Kollegen bei der Polizei", führte Dr. Behrens weiter aus. Diese Beamten sollen vertrauensvoll mit den Moscheegemeinden zusammenarbeiten, sensible Informationen entgegennehmen und ihre Kolleginnen und Kollegen innerhalb der eigenen Behörden fortbilden. Damit war der offizielle Rahmen abgesteckt, die Behörden waren mit großem Handlungsspielraum ausgestattet, die Arbeit ihres Kontaktbeamten zu Muslimischen Institutionen (KMI) zu strukturieren.

Der Runde Tisch

Die Weisung von Dr. Behrens fiel in der Landeshauptstadt Düsseldorf auf fruchtbaren und bereits vorbereiteten Boden. Polizeipräsident a. D. Michael Dybowski hatte bereits im November 2001, also wenige Wochen nach 9/11, den ersten „Runden Tisch" zusammengerufen. Eingeladen waren die Vorsitzenden der Düsseldorfer Moscheevereine. Michael Dybowski war es damals wichtig, den gut 30 000 Muslimen in Düsseldorf zu zeigen: „Sie stehen nicht unter einem pauschalen Verdacht, wir wollen aufeinander zugehen, wir wollen unsere Maßnahmen erklären, wir wollen aber auch wissen, wo bei den Gemeinden der Schuh drückt. Und es gab nach dem Anschlag in New York auch Drohanrufe und Drohschreiben an die Moscheegemeinden. Hier wollten wir um Vertrauen in den Schutz der Polizei werben." Zum ersten Treffen kamen gut 15 Vereinsvertreter, im Laufe der Jahre wurden es mehr, heute sitzen drei- bis viermal im Jahr bis zu 30 Vorstandsmitglieder beisammen.

Herbert Schenkelberg, Nachfolger von Michael Dybowski und damit seit 2006 amtierender Düsseldorfer Polizeipräsident, hat den Runden Tisch nahtlos übernommen. „Wir sprechen hier ausschließlich über Sicherheitsthemen", unterstreicht er. „Die Polizei ist keine Integrationsbehörde, aber gelingende Integration ist ein wesentlicher Beitrag für das gesamtgesellschaftliche Wohl; und dazu gehört auch und nicht zuletzt die Sicherheit." Für Schenkelberg ist der Dialog mit den Muslimen unverzichtbar: Am Gespräch gehe kein Weg vorbei, betont er. „Die Alternative wäre: Nicht mit ihnen zu sprechen – und das wäre die schlechteste Lösung", ist er überzeugt. Ihm ist es ebenso wichtig, mit der Arbeit des Runden Tisches auch dezidiert die ganz überwiegend friedlichen Muslime dazu zu gewinnen, zusammen mit der Polizei gegen extremistische Tendenzen vorzugehen. Der Polizeipräsident: „Ich bin überzeugt: Wir brauchen diese Muslime, um überhaupt eine Chance gegen die extremistischen Kräfte zu haben, die bei uns leben und sich hier radikalisieren."

Für Schenkelberg ist es wichtig, einen Ansprechpartner zu haben, der seit Jahren die Vereine und die Personen dort kennt und das Vertrauen der Muslime genießt. Der Düsseldorfer Kontaktbeamte ist dem Polizeipräsidenten unmittelbar unterstellt. Der polizeiliche Dialog mit den Muslimen ist Chefsache!

Weder Spitzel noch Harmoniebeauftragter

Das Vertrauen entsteht nicht von selbst. Seit gut zehn Jahren besteht nun in Düsseldorf der Runde Tisch, der von dem Kontaktbeamten der Polizei moderiert wird. In den ersten Jahren wurde er von einigen Vereinsvertretern noch als „Spitzel des Staats- und Verfassungsschutzes" angesehen. „Wir wissen jetzt, dass das so nicht ist!" Bis sich diese Einschätzung änderte, war viel Präsenz des Beamten in den Vereinen gefragt, waren viele Gespräche zu führen – eine engagement- und zeitintensive Aufgabe. Die dadurch geschaffene Harmonie ist eine wichtige Basis für das gegenseitige Vertrauen. Der Kontaktbeamte ist aber nicht nur ein „Harmoniebeauftragter". Genauso wesentlich ist auch die Definition der Rolle als Polizist. Die Verpflichtung zur Strafverfolgung gibt der Beamte nicht an der Tür zur Moschee ab. Darauf weist er auch immer wieder in Gesprächen hin. Er spielt mit offenen Karten. Stellt er Straftaten fest, dann ist Schluss mit der Harmonie.

Dem Vorstandsvorsitzenden einer islamischen Gemeinde in der Düsseldorfer Innenstadt ist das bewusst. „Ich habe Herrn Sauerborn vor Jahren mal gesagt, dass er eigentlich 24 Stunden in den Vereinen sein müsste. Dann erführe er noch mehr – auch Dinge, bei denen er einschreiten und Anzeigen schreiben müsste. Und das kommt ja allen hier in Düsseldorf zugute – auch und gerade uns Muslimen, denn wir sind Bürgerinnen und Bürger der Stadt wie alle anderen auch."

Das Programm gegen Pseudo-Salafismus[2]

Dieser Überzeugung sind mittlerweile alle Vereinsvertreter in Düsseldorf. Der Vertreter der Deutsch-Islamischen-Moschee-Stiftung, Dr. Albert Al Khatib, sagt dazu: „Ich habe Herrn Sauerborn empfohlen, dass wir etwas gegen den um sich greifenden Pseudo-Salafismus tun müssen. Und mit ‚Wir' meinen wir in erster Linie die Muslime hier." Er verfügt über gute Beziehungen zu vielen Muslimen in Düsseldorf und über die Stadtgrenzen hinweg. Er hat den Kontakt zu Mohamed Bourakbaoui und Ali Seamari hergestellt. Bourakbaoui ist Vorsitzender von knapp 100 marokkanischen Imamen in Nordrhein-Westfalen, Ali Seamari ist Islamkundelehrer im Kreis Mettmann. Zu einem ersten Treffen in Düsseldorf kamen zehn Imame aus NRW zusammen. Sie stellten anhand ausgewählter Koransuren die Notwendigkeit der Zusammenarbeit der Muslime mit der Polizei dar und verdeutlichten damit, wie wichtig den Muslimen die Zusammenarbeit mit der Sicherheitsbehörde ist. Die Imame haben oft kein Gehör erhalten. Das – beidseitige – Schweigen soll durch ein gemeinsames Projekt gebrochen werden. Mittlerweise haben mehrere Sitzungen stattgefunden. Das Ziel des Projektes ist, Jugendliche und junge Heranwachsende, die in Pseudo-Salafismus und

Terrorismus abzudriften drohen, aufzufangen, ihnen Orientierung und Alternativen zu bieten. Und dabei spielen die Imame und die Dialogbeauftragten der marokkanischen Gemeinden eine entscheidende Rolle. Sie sollen vermitteln, Gespräche, religiöse Debatten und Diskurse mit den Jugendlichen führen. Die Imame sollen die, die abzudriften drohen, stark machen gegen hetzerische Sprüche von Leuten wie Pierre Vogel und der Gefolgschaft vom Verein „Einladung zum Paradies". Und man weiß von ersten Erfolgen zu berichten. Das Netzwerk funktioniert, es sind schon mehrere Fälle bekannt, in denen die Dialogbeauftragten des Netzwerkes gut gearbeitet haben und für einen Ausstieg aus dem Pseudo-Salafismus sorgen konnten.

Dabei ist es wichtig, dass das Programm von den Muslimen initiiert wurde. Es ist keine Veranstaltung von Polizei oder Verfassungsschutz, sondern das Ganze wächst von der muslimischen Basis heran. Der Kontaktbeamte hilft, unterstützt – nicht mehr, aber auch nicht weniger.

Die Düsseldorfer Erklärung

„Ich will nichts überstülpen – nur zur Diskussion stellen", betonte Polizeipräsident Herbert Schenkelberg, der den Mitgliedern des Runden Tischs kurz nach seinem Amtsantritt im Jahre 2006 im Polizeipräsidium Düsseldorf eine Erklärung von Muslimen aus Essen, wo er fünf Jahre lang die Geschicke der Polizei führte, vorstellte (siehe S. 174). „Mir war damals wichtig, den Diskussionsprozess über sicherheitsrelevante Fragen mit den Muslimen in der Landeshauptstadt in Gang zu bringen – das Ergebnis war für mich zunächst offen." Die Muslime waren einverstanden, Inhalte einer potenziellen Düsseldorfer Erklärung zu erarbeiten. Und das gelang. Nach teilweise überaus kritisch-konstruktiven Erörterungen, nach dem Ringen um jedes Wort, nach insgesamt fünf Sitzungen einer Arbeitskommission konnte der Entwurf der Düsseldorfer Erklärung dem Gesamtgremium vorgestellt werden. Die Teilnehmer des Runden Tisches sind stolz auf die Erklärung – vor allem auf das Zustandekommen. „Wir haben gestritten, im besten Sinne des Wortes. Wir haben das sehr ernst genommen. Wir haben auch erkannt, dass Polizeipräsident Schenkelberg es ernst meinte mit seiner Äußerung, dass er jedes Ergebnis akzeptiere, auch das Nichtzustandekommen einer Erklärung", so ein Mitglied des Runden Tisches. Die Erklärung wurde in einer kleinen Feierstunde am 25. April 2007 von damals 22 islamischen Vereinen unterzeichnet und ist ein Symbol für die gute Zusammenarbeit der Muslime mit der Sicherheitsbehörde. In einer großen Ramadanfeier in der Düsseldorfer Philipshalle hat eine Delegation des Runden Tisches die Erklärung verlesen – und mehr als 4000 Muslime haben immer wieder Szenenapplaus gegeben. Die Düsseldorfer Erklärung hat Symbolcharakter – und sie zeigt Wirkung. Es erfolgen

Muslime in Düsseldorf für Dialog, Frieden und Integration

Aus dem Selbstverständnis heraus, dass wir Muslime in Düsseldorf leben und unseren Teil zum sicheren Zusammenleben beitragen, erklären wir:

Wir, die in Düsseldorf lebenden Muslime, haben die gleichen Rechte und Verpflichtungen wie alle anderen Einwohner dieser Stadt.

Es ist selbstverständlich, dass wir uns zur Verfassung der Bundesrepublik Deutschland und zur freiheitlichen demokratischen Grundordnung bekennen.

Islam bedeutet Frieden.

Islam ist Barmherzigkeit für die gesamte Menschheit.

Wir verurteilen Terror und Gewalt, Intoleranz, Fremdenfeindlichkeit, Diskriminierung und Ausgrenzung, Pauschalisierungen und Unfrieden.

Wir distanzieren uns von allen Bestrebungen, die muslimische Religion zur Erreichung von Zielen, die nicht mit den Grundzügen eines friedlichen Islam zu vereinbaren sind, zu instrumentalisieren.

Wir betrachten es als selbstverständlich, dass wir zusammen mit allen anderen Mitbürgern, demokratischen Strukturen, politischen Institutionen und Sicherheitsbehörden für Frieden und Sicherheit in Düsseldorf und in ganz Deutschland arbeiten. Wir waren und sind uns stets der Verantwortung der sich aus § 138 Strafgesetzbuch für alle Personen geltenden Verpflichtung bewusst und werden uns bekannt gewordene geplante Straftaten bei der Polizei zur Anzeige bringen.

Wir wünschen uns bürgerschaftliches und demokratisches Engagement gegen Tendenzen, die die Angst in unserer Gesellschaft schüren, dabei Muslime in ihrer Gesamtheit in den Fokus rücken und eine Ausgrenzung im sozialen, schulischen und beruflichen Lebensalltag erreichen wollen.

Wir wünschen uns insbesondere eine vorurteilsfreie, sachliche, tendenziell nicht in eine Richtung zielende Berichterstattung über den Islam und die Muslime in unserer Gesellschaft.

Sicherheit ist uns wichtig!
Unsere Vorstellung vom Islam steht unmissverständlich für die Achtung des Lebens!

Hinweise auf Wanderprediger, auf Jugendliche aus den Vereinen, die in den islamistischen Radikalismus abzudriften drohen. Strafrechtlich relevante Dinge, die man früher eher „untereinander geregelt" hat, kommen zur Anzeige. Die Vereinsvertreter fühlen sich an das gebunden, was sie unterschrieben haben – für sich und ihre Mitglieder. An einigen Moscheen hängt die Erklärung am Schwarzen Brett, deutlich sichtbar für jeden, der die Moschee betritt.

Gut aufgehoben in Netzwerken

Der Kontaktbeamte hält aber nicht nur den Kontakt zu den Moscheevereinen. Ein großer Bestandteil seiner Tätigkeit ist die Netzwerkarbeit. In der Stadt gibt es viele Behörden, Verbände, Vereine und Organisationen, die sich mit dem Thema rund um Integration und kulturelle Diversität befassen. Es gehört zu den Aufgaben des Beamten, sich an diesen Netzwerken zu beteiligen und dort eingebunden zu sein. Er bietet in Kooperation mit Trägern der Wohlfahrtspflege, wie z. B. der AWO-Integrationsagentur, Informationsveranstaltungen an. So hat ein wissenschaftlicher Mitarbeiter in den letzten Jahren zu den verschiedensten Ausprägungen des Islam und auch des falsch interpretierten Salafismus referiert. Die Veranstaltungen waren stets gut besucht, der Informationsbedarf ist groß. Viele Menschen haben Scheu, zur Polizei zu gehen. Das Angebot eines unabhängigen Verbandes ist dagegen niedrigschwellig, sodass die Leute erreicht werden. Eine ganz wesentliche Botschaft dabei lautet: „Schauen Sie differenziert hin, informieren Sie sich, bilden Sie sich erst dann ein Urteil." Der Kontaktbeamte vertritt deshalb auch das Polizeipräsidium Düsseldorf im Kreise der Veranstalter von „Respekt und Mut". Hier werden im Herbst eines jeden Jahres zahlreiche öffentliche Veranstaltungen zur interkulturellen Verständigung angeboten. Mittlerweile nicht mehr aus dem Programm wegzudenken sind die interkulturellen Stadtteilrundgänge im Rahmen des Themas „Ganze Sicherheit für unser Viertel!" mit dem obligatorischen Besuch von Moscheeräumen im Quartier. Die Teilnehmer können einen Einblick erhalten, Schwellen überschreiten. Die Nachbarinnen und Nachbarn des Quartiers zeigen: „Hier braucht ihr keine Angst zu haben!" Das ist klassische Präventionsarbeit, als Beamter vor Ort präsent zu sein, ansprechbar zu sein.

© Dirk Sauerborn

Puzzle: Das Projekt „Präventiv- und Sozialaktion gegen politischen und religiösen Radikalismus"

Ganz konkret wird es mit der Prävention im Projekt „Präventiv- und Sozialaktion gegen politischen und religiösen Radikalismus" im Düsseldorfer Stadtteil Oberbilk. Oberbilk ist von Zuwanderung und Vielfalt geprägt, es gibt mehrere Moscheevereine, einer davon beherbergt zum Freitagsgebet regelmäßig bis zu 1300 Muslime.

Das Projekt will Jugendliche dabei unterstützen, Andersgläubigen und -denkenden mit Toleranz zu begegnen und soll dem Versuch radikaler und religiöser Kräfte entgegenwirken, Jugendliche und junge Erwachsene für extremistische Ziele zu missbrauchen. Insgesamt soll dieses Programm Integrationsprozesse muslimischer Jugendlicher und junger Erwachsener fördern. Der Kontaktbeamte beteiligt sich an diesem Projekt, das von der AWO durchgeführt wird und kein Polizeiprojekt ist. Der Ansatz der Polizei lautet: Zurückhaltung wahren, dabei sein, die Projektidee stützen und unter anderem auch für Infos sorgen. Und natürlich Ansprechpartner sein für bestimmte Sachfragen. Aber auch für ganz konkrete Ansprachen. Eine Schulleiterin wandte sich an den Projektleiter bei der AWO mit einer ihr Sorge bereitenden Beobachtung. Ein junger Schüler habe sich verändert, trug sie vor. Der ehemals mittelmäßige Schüler und überzeugte Fußballfan trage „urplötzlich", nachdem er zum Islam konvertiert sei, auffällige Kleidung und maßregele seine muslimischen Mitschüler, dass sie zu westlich gekleidet seien und sich nicht wie „richtige" Muslime verhielten. Auch habe der Junge stolz darüber berichtet, dass er bald in ein „Camp in Saudi-Arabien" ginge. Bei der Pädagogin schrillten die Alarmglocken, sie sah ihren 16-jährigen Schüler schon als schwer bewaffneten Jihadisten nach Deutschland zurückkehren. Der Kontaktbeamte hat mit den Eltern und dem Jungen ein Gespräch vereinbart. Zu Hause, am vertrauten Ort, in einem einfühlsam geführten Gespräch konnte die persönliche Situation des Jungen erfasst werden, Hintergründe konnten beleuchtet und auch analysiert werden. Die Erzieherin wurde eingehend beraten und mit einschlägigen Infos versorgt. Der Junge ist mittlerweile aus dem sogenannten salafistischen Spektrum ausgestiegen und geht sehr westlich gekleidet altersgerechten Hobbys nach.

Muslim und Polizist? Geht! Gut!

Vielleicht wäre er, wenn er sich in zwei Jahren für einen Beruf entscheiden muss, auch ein potenzieller Kandidat für den Polizeidienst? Auch das ist Alltag für den Kontaktbeamten: In Zusammenarbeit mit den Einstellungsberatern des Polizeipräsidiums offensiv auf die Moscheevereine zuzugehen und aktiv junge Muslime für den Polizeidienst zu begeistern. Die Polizei braucht Nachwuchs, gerade auch mit Zuwanderungsgeschichte in einer Welt, die immer heterogener wird. In Düsseldorf leben knapp 20 Prozent Ausländer. Dazu kommen noch einmal knapp 15 Prozent Deutsche, die ihre Wurzeln in einem anderen Land haben; jeder Dritte hat also eine Zuwanderungsgeschichte. In absehbarer Zeit wird der Anteil der christlichen Wohnbevölkerung in den Großstädten unter 50 Prozent sinken. Die Statistik schreibt eindeutige Zahlen. Und zu einer professionell arbeitenden Polizei gehört auch die interkulturelle Kompetenz. Kollegen mit Zuwanderungsgeschichte wissen, dass die unterschiedlichsten Kulturen ein wenig anders „ticken" und reagieren entsprechend sensibel. Sie berichten, dass sie teilweise mit einem Blick, einer bestimmten Geste und auch einem Schlüsselwort die Situation deeskalieren können.

Gefragt: Interkulturelle Kompetenz im Einsatz

Genau diese interkulturelle Kompetenz ist auch in Großeinsatzlagen gefragt. „Ich finde es richtig gut, dass wir hier einem Polizeibeamten in Uniform begegnen, der unsere Sprache beherrscht ...", so das Statement eines Teilnehmers bei einer Demonstration von Kurden in Düsseldorf. Zeki Coşkun, in Norddeutschland als Sohn kurdischer Eltern geboren, war gemeinsam mit dem Kontaktbeamten für muslimische Institutionen eingesetzt, um im Bedarfsfall dem Polizeiführer interkulturell kompetent beratend zur Seite zu stehen. Zu den Aufgaben des Kontaktbeamten gehört es auch, ein Netzwerk innerhalb der Polizei zu pflegen, gemeinsam mit Mitarbeitern, die Zuwanderungsgeschichte haben, im Einsatz beratend tätig zu werden. Ein Polizeiführer meinte dazu: „Gut zu wissen, Polizeibeamte im Einsatz zu haben, die sich mit der Kultur auskennen und mir gegebenenfalls beratend zur Seite stehen."

Noch mal Netzwerke: Innerhalb der Polizei

Ein wesentliches Netzwerk sind auch die gut 25 Bezirksbeamtinnen und -beamten in Düsseldorf, die eine islamische Institution in ihrem Bereich haben. Sie treffen sich regelmäßig, tauschen sich zu aktuellen Entwicklungen und Ereignissen aus. Obligatorisch ist die Teilnahme von Mitarbeitern des polizeilichen Staatsschutzes an diesen Treffen. Hier gibt es dann die neuesten Erkenntnisse zur aktuellen Entwicklung im Bereich der Früherkennung des islamistischen Terrorismus. Überörtlich treffen sich die Kontaktbeamten regelmäßig zum Erfahrungsaustausch beim Landeskriminalamt, aber auch in kleinen regionalen Kreisen. Informationsgewinnung und -weitergabe ist das A und O der Arbeit.

Genauso unabdingbar ist eine gute Wissensgrundlage. Für das nötige Basiswissen sorgt das Landesinstitut für Fortbildung der Polizei unter anderem durch die Seminare „Grundwissen Islam“ und „Interkulturelle Kompetenz“. Von zentraler Bedeutung sind die Einführungs- und Anpassungsfortbildungen für die Kontaktbeamtinnen und Kontaktbeamten des Landes. Dazu kommt für sie das Selbststudium aktueller Lageberichte, diverser Zeitschriften und Publikationen. Zu der Tätigkeit gehört auch, andere Wege im Rahmen der Präventionsarbeit zu beschreiten und neue Kooperationspartner zu gewinnen, bei denen ein „Mehrwert der Zusammenarbeit“ zunächst nicht offensichtlich erscheint.

Die Vernetzungsgruppe Justizvollzugsanstalten (JVA)

Prävention im Knast? Klingt absurd, denn – das Kind ist ja schon in den Brunnen gefallen. Der Ausländerbeauftragte der JVA in Düsseldorf betont, dass es in der Justizvollzugsanstalt nicht zur Radikalisierung von jungen Muslimen kommen soll. Diesem Phänomen stellt man sich dort engagiert entgegen. Gesetzt wird auf den Dialog von und mit den Muslimen in diversen Gesprächskreisen. Die Gruppe setzt sich dafür ein, bald einen muslimischen Theologen einstellen zu können. Er soll das Freitagsgebet halten und die muslimischen Inhaftierten seelsorgerisch betreuen. Gewünscht ist aber auch, dass er sehr kritisch mit den Themen Salafismus und Radikalisierung umgeht, die Inhaftierten aufklärt und berät.

Dialog ist (fast) alles!

Einladungen des Kontaktbeamten zu islamischen Festen sind mittlerweile eine Selbstverständlichkeit geworden. Es gehört für ihn einfach dazu, sich mit den Ritualen des islamischen Glaubens zu befassen und auch dabei zu sein. Das ist aber keine Einbahnstraße.

Mehr als 25 Düsseldorfer Bürgerinnen und Bürger islamischen Glaubens waren der Einladung des Polizeipräsidenten und des Kontaktbeamten gefolgt, um das 37. Weihnachtskonzert der Düsseldorfer Polizei in der Tonhalle genießen zu können. Die Muslime konnten einiges über die Bedeutung des Advents und weihnachtlicher Lieder im Christentum erfahren. Es ging aber vor allem darum, den interkulturellen und interreligiösen Dialog zu pflegen. Höhepunkt, wie in jedem Jahr, war das von allen Anwesenden gemeinsam gesungene Schlusslied „O du fröhliche“. Einer der muslimischen Gäste betonte: „Ich bin vor allem deshalb hierhergekommen: Als Zeichen der Verbundenheit – und deshalb habe ich auch laut mitgesungen.“

Anmerkungen

1 http://www.mik.nrw.de/presse-mediathek/aktuelle-meldungen/archiv/archiv-meldungen-im-detail/news/aufruf-zu-buendnis-gegen-islamismus-terror-und-gewalt-innenminister-behrens-und-moscheevereine-i.html.
2 Mit Pseudo-Salafismus ist der fehlinterpretierte und nicht religiös begründbare Salafismus gemeint.

Wael El-Gayar

Epilog

Jahrzehntelang wurde diskutiert, wie das Phänomen des radikalen Islam terminologisch festgelegt werden kann. Der Fundamentalismusdebatte folgte die Islamismusdiskussion. Zwischendurch war die Rede von radikalen Muslimen. Um dem Vorurteil zu entgehen, alle Muslime seien radikal und die Radikalität sei dem Islam immanent, wurde dann differenziert von radikalisierten Muslimen gesprochen. Heute schwirren noch mehr Begriffe umher: Jihadisten, Taliban, Al-Qaida-Kämpfer, Islamisten, Salafisten. Wichtig ist in diesem Kontext, dass es sowohl Musliminnen und Muslime als auch Islamistinnen und Islamisten bzw. Salafistinnen und Salafisten gibt und die eine Gruppe von Menschen sich von der anderen gravierend unterscheidet!

Das aktuell im öffentlichen Diskurs in Deutschland auftauchende Phänomen ist der Salafismus, eine Spielart des Islamismus. In Nordafrika etabliert er sich parteipolitisch und hatte beispielsweise in Ägypten bis vor kurzem gemeinsam mit der islamistischen Gruppierung der Muslimbruderschaft die Mehrheit im Parlament. In Deutschland bilden die Salafisten keine Einheit, sind aber seit wenigen Jahren im Fadenkreuz deutscher Sicherheitsbehörden.

Die salafistischen Bewegungen in Deutschland erhalten immer mehr Zulauf. Allein in Nordrhein-Westfalen stieg die Zahl innerhalb des letzten Jahres von 500 auf 1000. Die Tendenz ist steigend. Ein erhöhter Zulauf zeigt sich bei jungen Männern unter 30 Jahren. Auffällig ist zudem der große Anteil an Konvertitinnen und Konvertiten.

Eine mögliche Ursache für die Hinwendung zum Salafismus lässt sich psycho- und sozialanalytisch erklären. Der Salafismus bietet ein Lebensprogramm mit der Verheißung, ins Paradies zu gelangen. Junge Menschen, die emotional und spirituell noch oder erneut auf der Suche sind, verfallen salafistischen Seelenfängern, deren Anleitung zum Leben mittels des „einzig wahren Glaubens" eine vermeintliche gute Stütze bietet. In die neue Lebensgemeinschaft integriert, finden die „Jünger" Geborgenheit, Solidarität und Freundschaft. Sie werden Teil eines sozialen Netzwerks. Umso einfacher erfolgt dann eine Indoktrination. Es entwickelt sich der Gedanke der spirituellen Pflicht, sein Leben für eine „heilige Sache" herzugeben. Die ultimative Radikalisierungsstufe ist erreicht, wenn der Gedanke des Märtyrertums als höchster Akt an Heldentum und Anbetung zugleich dazu führt, in den bewaffneten Jihad zu ziehen. Deutsche Salafisten, die nach Afghanistan oder nun auch nach Syrien ausreisen, stehen genau dafür.

Wie kann es zu einer derartigen Radikalisierung kommen? Welche Faktoren können junge Menschen, die in einem sicheren sozialen System, wie dem in der Bundesrepublik Deutschland, aufwachsen, dazu verleiten, einen derart destruktiven Weg einzuschlagen? Selbstreflektiv muss die Frage gestellt werden, ob dies auch eine Schuld der deutschen Gesellschaft ist. Zwar spricht die Politik seit Jahren von der multiethnischen Gesellschaft als Bereicherung. Jedoch scheinen weder dieser Gedanke noch die offensichtliche Realität in Deutschland in den Köpfen und im Bewusstsein der sogenannten Mehrheitsgesellschaft angekommen zu sein.

Radikalisierungen stoßen auf fruchtbaren Boden, wo Ausgrenzung und Diskriminierung verstärkt individuell und subjektiv empfunden werden. Die Fehlgeleiteten des Salafismus sind in diesem Sinne zum Teil auch Opfer dieser Zustände. Empfundene Unverbindlichkeit, Indifferenz, Exklusion, Fremdzuschreibungen und persönliche und kulturelle Demütigungen führen dazu. Salafistische Demagogen nutzen diesen Zustand einer gefühlten Hilfs- und Hoffnungslosigkeit. Für sie ist es ein Leichtes, darauf aufbauend ein Feindbild zu zeichnen. Plakativ gesagt, sind es der Kapitalismus, die Moderne, der Säkularismus – schlicht gesagt, ist es „der Westen“. Bedroht wird die Tradition. Gleichzeitig entwickeln sie aber resiliente Netzwerke, die alle Vorzüge des Fortschritts nutzen, wie zum Beispiel das Internet.

Es besteht Handlungsbedarf – seitens des Staates – seitens der Zivilgesellschaft.

Das Handlungsinstrument lautet „Prävention“, der Weg heißt „Integration“. Die Bekämpfung des Salafismus kann nicht allein Aufgabe der Sicherheitsbehörden sein. Es muss früher angesetzt werden. Betrachtet man die möglichen Ursachen der Hinwendung zu radikalen Bewegungen, so ist zu erkennen, dass soziale, ökonomische und mentale Stabilität Extremismus verhindern können. Es sollten sowohl Maßnahmen entwickelt werden, die davor schützen, in die Fänge des Salafismus zu geraten, als auch solche, die jenen helfen können, sich aus dem Milieu zu lösen.

Eine starke Integrationspolitik, die darauf abzielt, Integration als gesamtgesellschaftliche Aufgabe aller Bürgerinnen und Bürger zu verstehen, wäre ein Anfang. Dem liegen ein neues Verständnis der „deutschen Gesellschaft“ und ein klares Bekenntnis zu Deutschland als Einwanderungsland zugrunde. Die oft gestellte Frage nach der Herkunft sollte auf Neugier und nicht auf beabsichtigter Selektion beruhen. Die Religionszugehörigkeit zum Islam dürfte nicht als fremd oder bedrohlich dargestellt werden, sondern als „normal“ gelten. Diese Aspekte verlangen der alteingesessenen deutschen Urbevölkerung ein großes Maß an Toleranz und Willen ab, die gegebenen Realitäten zu akzeptieren und als positiv zu erachten. Den im letzten Jahrhundert Zugewanderten wird eine vorrangige Identifizierung mit der neuen Heimat abverlangt, die wiederum einen Abnabelungsprozess vom Herkunftsland voraussetzt. Für die in Deutschland geborenen und aufgewachsenen Generationen dürfte die Identifizierung mit der geografischen Heimat und die Akzeptanz der multiethnischen und -religiösen Gesellschaft nicht schwerfallen. Wichtig ist hier ein klares Verständnis vom Islam als friedvolle Religion. Dies kann zum Beispiel in Form eines bekenntnisorientierten islamischen Religionsunterrichts in deutscher Sprache von in Deutschland ausgebildeten Lehrkräften geleistet werden. In mehreren Bundesländern wird dieser erste Schritt bereits umgesetzt.

Grundvoraussetzung für ein friedliches Miteinander und eine gelebte gemeinsame Integration in diese neue deutsche Gesellschaft ist der gegenseitige Respekt und die Motivation, die Gesellschaft gemeinsam zu gestalten.

Denjenigen, die bereits im salafistischen Milieu verhaftet sind, müssen Wege aus dem Extremismus aufgezeigt und ermöglicht werden. Dabei wird nicht darauf abgezielt, sie dazu zu verleiten, ihren islamischen Glauben aufzugeben. Vielmehr müssen sie an die Glaubensgrundsätze des Islam neu herangeführt werden. Dies kann nicht durch den Staat allein, sondern in Kooperation mit islamischen Gemeinden vollzogen werden. Hier sind vor allem auch die in Deutschland ansässigen islamischen Dachverbände und Moscheegemeinden in der Pflicht. Die argumentativ ideologische Schwächung salafistischer Demagogen kann nur durch die Muslime selbst gelingen. Den Salafisten darf weder der Absolutheitsanspruch ihrer Ideologie noch das Deutungsmonopol überlassen werden. Notwendige zivilgesellschaftliche Kooperationspartner vor Ort, also auf der lokalen Ebene, sind ebenfalls unabdingbar. Ideal wäre ein Beratungsnetzwerk, das sich auch um die hilfebedürftigen und oft ratlosen Angehörigen im Umfeld einer radikalisierten Person kümmert. In Nordrhein-Westfalen ist das Präventionsprogramm „Wegweiser" gestartet, welches diesen Ansatz intensiv verfolgt.

Der Staat muss einerseits repressiv gegen Gewalt anwendende und verherrlichende – also jihadistische – Salafisten deutlich vorgehen. Dies muss auf mindestens zwei Ebenen geschehen. Einerseits auf der ordnungspolitischen Ebene, wo Vereinigungen mit Verboten belegt und gewalttätige Akteure in Gewahrsam genommen werden müssen. Andererseits auf der bildungspolitischen Ebene, wo Demokratieerziehung mit Nachdruck betrieben werden muss.

Sicher ist auch, dass die im Westen aufsteigende Muslimfeindlichkeit bekämpft werden muss. Auch hier ist auf die Terminologie zu achten. Im öffentlichen Diskurs ist von der Islamophobie die Rede. Dieser Begriff irritiert jedoch, da er suggeriert, dass jene, von denen diese Phobie ausgeht, selbst nichts dafür können oder gar unter einer Krankheit oder einem Defekt leiden. Dabei wird ausgeblendet, dass es um Feindseligkeiten geht, die schwerwiegende Konsequenzen haben können. Einerseits kann dieser Hass zu physischer Gewalt gegen Musliminnen und Muslime führen, andererseits können sich dadurch Musliminnen und Muslime derart in die

Ecke gedrängt fühlen, dass sie zur leichten Beute für extremistische Rattenfänger werden. Diesen Teufelskreis gilt es zu zerschlagen.

Extremistische Bewegungen stellen immer eine Bedrohung für demokratische und plurale Gesellschaften dar. Die Bekämpfung der Extremisten hängt dabei von der Stärke der jeweiligen Gesellschaft, also auch von deren Zusammenhalt ab. Eine starke Gesellschaft von Nichtmuslimen und Muslimen in Deutschland kann der salafistischen Bedrohung die Stirn bieten und erfolgreich dagegen vorgehen, sodass junge Musliminnen und Muslime diesen Pfad meiden.

Autorinnen und Autoren

Bernd Ridwan Bauknecht
ist Lehrer für Islamkunde und Islamischen Religionsunterricht in Bonn. Er studierte Islamwissenschaft und Empirische Kulturwissenschaft in Tübingen und ist Mitglied der Deutschen Islam Konferenz (DIK) der Bundesregierung. Als Sachverständiger ist er am „dialog forum islam" (dfi) der nordrhein-westfälischen Landesregierung beteiligt.

Herbert Czarnyan
ist Kriminalhauptkommissar und Jugendkontaktbeamter für den Essener Norden beim Kommissariat Prävention/Opferschutz der Essener Polizei.

Wael El-Gayar
ist stellvertretender Referatsleiter im Ministerium für Arbeit, Integration und Soziales des Landes Nordrhein-Westfalen. Als Politik- und Islamwissenschaftler zählen zu seinen Arbeitsschwerpunkten die Themenbereiche „Dialog mit dem Islam" und „Integration durch Bildung". Er hat als Referent im Bundesministerium des Innern am Konzept der Deutschen Islam Konferenz maßgeblich mitgewirkt und ist heute Geschäftsführer des „dialog forum islam" (dfi) der nordrhein-westfälischen Landesregierung.

Dr. Olaf Farschid
ist wissenschaftlicher Referent für Islamismus und islamistischen Terrorismus in der Senatsverwaltung für Inneres Berlin. Als Islamwissenschaftler arbeitet er an den Themen islamistische Ideologie, islamische Ökonomik und politische Ikonografie des Nahen Ostens.

Dr. Michael Kiefer
leitet in Düsseldorf das Dialoggruppenprojekt „Ibrahim trifft Abraham" und arbeitet als Islam- und Politikwissenschaftler am Zentrum für Islamische Theologie der Universität Osnabrück zu Fragen des interreligiösen Dialogs und der Radikalisierungsprävention.

Prof. Dr. Mouhanad Khorchide
ist Professor für Islamische Religionspädagogik und Leiter des Zentrums für Islamische Theologie der Westfälischen Wilhelms-Universität (WWU) Münster. Als Soziologe und islamischer Theologe ist er zudem Koordinator des Graduiertenkollegs Islamische Theologie der Stiftung Mercator. Ferner ist er als Sachverständiger am „dialog forum islam" (dfi) der nordrhein-westfälischen Landesregierung beteiligt.

Roland Mecklenburg
ist Vorsitzender des Landesjugendrings Nordrhein-Westfalen und Referent für Jugendpolitik bei der Arbeitsgemeinschaft der Evangelischen Jugend in Nordrhein-Westfalen. Er ist zuständig für das Handlungsfeld Interkulturelle Öffnung.

Dr. Jochen Müller
ist Islamwissenschaftler und gemeinsam mit Dr. Götz Nordbruch Gründer des Vereins ufuq.de in Berlin. Seine Schwerpunktthemen sind Islam und Islamismus, Jugendkulturen und Medien in der Einwanderungsgesellschaft sowie Islamfeindlichkeit. Er erstellt Materialien und Module für die pädagogische Arbeit und bietet Fortbildungsveranstaltungen für Multiplikatorinnen und Multiplikatoren an.

Dr. Götz Nordbruch
ist Islamwissenschaftler und gemeinsam mit Dr. Jochen Müller Gründer des Vereins ufuq.de in Berlin. Seine Schwerpunktthemen sind Islam und Islamismus, Jugendkulturen und Medien in der Einwanderungsgesellschaft sowie Islamfeindlichkeit. Er erstellt Materialien und Module für die pädagogische Arbeit und bietet Fortbildungsveranstaltungen für Multiplikatorinnen und Multiplikatoren an.

Halit Pişmek
ist der Imam der Essener Ayassofya-Moschee und Konfliktvermittler bei der Arbeiterwohlfahrt Essen.

Dirk Sauerborn
ist Polizeihauptkommissar im Polizeipräsidium Düsseldorf, Ansprechpartner für interkulturelle Aufgaben der Polizei und Kontaktbeamter für muslimische Institutionen.

Dr. Riem Spielhaus
forscht am Erlanger Zentrum für Islam und Recht in Europa (EZIRE) der Friedrich-Alexander-Universität Erlangen-Nürnberg zu urbanen Lebenswelten und der Religionspraxis von Musliminnen und Muslimen sowie der Institutionalisierung des Islams in Europa. Sie war ständiges Mitglied des Gesprächskreises Sicherheit und Islamismus der Deutschen Islam Konferenz (DIK). Sie ist Trägerin des Augsburger Wissenschaftspreises für interkulturelle Studien 2010.

Katrin Strunk
ist Referentin im Ministerium für Inneres und Kommunales des Landes Nordrhein-Westfalen. Als Arabistin und Turkologin ist sie in der Abteilung Verfassungsschutz für den Themenbereich „Islamismusprävention" zuständig und für das Präventionsprogramm „Wegweiser" verantwortlich.

Deniz Ünlü
ist Sozialwissenschaftlerin und Wissenschaftliche Mitarbeiterin der Hochschule für Angewandte Wissenschaften Hamburg (HAW). Gemeinsam mit dem Verein ufuq.de arbeitet sie seit Jahren in verschiedenen Projekten zu Jugendkulturen sowie Islam und Islamismus in Deutschland. Sie ist auch Autorin der siebenteiligen Filmreihe „Islam, Islamismus und Demokratie".

Prof. Dr. Hacı-Halil Uslucan
ist der wissenschaftliche Direktor des Zentrums für Türkeistudien und Integrationsforschung sowie Professor für Moderne Türkeistudien und Integrationsforschung an der Universität Duisburg-Essen. Als Psychologe zählen zu seinen Forschungsschwerpunkten die Themenbereiche: Intellektuelle Entwicklung im Kindesalter, Jugendgewalt und Jugendentwicklung im kulturellen und interkulturellen Kontext, Interkulturelle Familien- und Erziehungsforschung, Islam und Integration, Gesundheit und Migration. Als Sachverständiger ist er am „dialog forum islam" (dfi) der nordrhein-westfälischen Landesregierung beteiligt.

Prof. Dr. Hans-Jürgen von Wensierski
ist Professor für Erziehungswissenschaft an der Universität Rostock und als Diplom-Pädagoge Projektleiter des DFG-Forschungsprojektes „Junge Muslime in Deutschland". Seine Arbeitsschwerpunkte sind: Jugendforschung, Biografieforschung, Jugendhilfeforschung, Jugendbildung, Medienpädagogik.

Halima Zaghdoud
ist Dipl. Sozialpädagogin, Dialogprozessbegleiterin und Anti-Gewalt und Deeskalationstrainerin; sie arbeitet im Fachbereich Interkulturelle Orientierung/Kommunales Integrationszentrum der Stadt Essen. Sie leitet das Projekt „Interkulturelles Dialogkonzept".